**5000년 부의 흐름을 읽는**

## 세상에서 가장 짧은 경제사

**일러두기**

- 단행본은 겹낫표(『』)로, 논문·기사·단편·시·장절 등의 제목은 낫표(「」)로, 신문·잡지 등 정기간행물은 겹꺾쇠(《》), 영화·음악·미술 등 예술 작품의 제목은 홑꺾쇠(〈〉)로 표기했다.
- 원서에서 저자가 이탤릭체로 강조한 단어를 이 책에서는 굵은 글자로 표시했다.
- 본문 중 각주는 옮긴이의 것이다.

THE SHORTEST HISTORY OF ECONOMICS
Copyright © 2024 by Andrew Leigh
All rights reserved.

Korean Translation Copyright © 2025 by Woongjin Think Big Co., Ltd.
Korean edition is published by arrangement with Black Inc.
through Duran Kim Agency Co., Ltd.

이 책의 한국어판 저작권은 듀란킴 에이전시를 통한 저작권사와의 독점 계약으로 ㈜웅진씽크빅에 있습니다. 저작권법에 의해 한국 내에서 보호를 받는 저작물이므로 무단 전재와 무단 복제를 금합니다.

# 5000년 부의 흐름을 읽는

앤드루 리 지음 | 고현석 옮김

## 세상에서 가장 짧은
# 경제사

THE SHORTEST
HISTORY OF
ECONOMICS

웅진 지식하우스

# 차례

들어가는 말 ▪ 9

1장

## 인류의 아프리카 탈출과 농경의 시작    21
### 고대 문명에서 최초의 부가 탄생하다

농업혁명과 최초의 부 ▪ 지리적 요인과 기술 혁신 ▪ 농업혁명의 덫 ▪ 혁신의 인센티브 ▪ 화폐가 등장하다 ▪ 국가 간 교역이 이뤄지다

세상을 읽는 경제학   종교의 경제학

2장

## 대운하, 인쇄기 그리고 흑사병    45
### 중세 도시의 상업과 경제 발전

물이 있는 곳에 돈이 모이다 ▪ 인쇄혁명 ▪ 중세의 삶 ▪ 흑사병이 가져온 호황

세상을 읽는 경제학   사회적 이동성

3장

## 탐험의 시대    59
### 신대륙 발견이 바꾼 세계 질서

신대륙 발견의 명암 ▪ 왜 아프리카는 노예 공급처가 되었나 ▪ 최초의 주식회사 ▪ 해상 보험과 빈민법의 탄생

세상을 읽는 경제학   튤립 파동

### 4장

## 산업혁명과 국가의 부   75
지속적인 경제 성장이 가능해지다

산업혁명은 왜 영국에서 일어났을까 ▪ 애덤 스미스의 국부론 ▪ 시민혁명과 자유로운 경제 활동 ▪ 공리주의와 경제학 ▪ 산업화의 그늘 ▪ 보호 무역 대 자유 무역

### 5장

## 무역, 이주 그리고 깨끗한 도시   97
더 많은 사람이 더 나은 삶을 누리다

서구 제국주의의 팽창 ▪ 산업화로 인한 변화들 ▪ 사회 개혁과 위생 혁신 ▪ 독점 자본의 등장

**세상을 읽는 경제학** 원숙한 거장과 젊은 천재

### 6장

## 중앙은행, 현대적 공장 그리고 대중 소비   117
일상으로 파고든 자본주의

마셜의 경제 모델 ▪ 연방준비제도의 설립 ▪ 대량 생산 체제와 소비주의 ▪ 제1차 세계대전과 공산주의 혁명

**세상을 읽는 경제학** 공유지의 비극

**7장**

# 제1차 세계대전과 대공황　　133
### 보호 무역이 낳을 수 있는 최악의 결과

대공황이 세계를 강타하다 ▪ 케인스 대 하이에크 ▪ 불황이 길어진 이유 ▪ 각성과 개혁 ▪ 국가 회계의 도입

`세상을 읽는 경제학` 세이디 알렉산더

**8장**

# 제2차 세계대전과 브레튼우즈 체제　　153
### 세계 경제 통합의 기틀을 닦다

연합국의 승리는 이미 정해져 있었다 ▪ 폭격기에서 배운 통계의 오류 ▪ 전후 새로운 세계 질서 ▪ 케인스 이론이 전 세계로 뻗어나가다 ▪ 요람에서 무덤까지

**9장**

# 영광의 30년?　　167
### 부국과 빈국의 운명이 갈리다

노동조합의 성장 ▪ 자본주의의 황금기 ▪ 경제학의 분화와 발전 ▪ 컨테이너가 발명되다 ▪ 심화되는 상호 연결성 ▪ 경제 번영에 실패한 나라들 ▪ 민주주의 국가는 기근을 겪지 않는다

`세상을 읽는 경제학` 변화에 대한 갈망

## 10장

### 어디에나 시장이 있다    193
#### 작은 정부와 신자유주의의 시대

큰 정부에서 작은 정부로 ▪ 신자유주의 경제학 ▪ 민영화의 진실

`세상을 읽는 경제학` `아름다움은 이익이 된다`

## 11장

### 인플레이션과의 전쟁    207
#### 금융 자본주의의 문이 활짝 열리다

중앙은행의 독립성을 강화하다 ▪ 왜 금리가 중요할까 ▪ 인도의 경제혁명 ▪ 아시아의 호랑이들 ▪ 부국은 어떻게 만들어지는가 ▪ 인구 폭발과 녹색혁명 ▪ 기대수명이 늘어나다 ▪ 더욱 벌어진 빈부 격차 ▪ 불평등에 대한 서로 다른 해법

`세상을 읽는 경제학` `스포츠의 경제학`

## 12장

### 뜨거워진 시장과 더 뜨거워지는 지구    237
#### 비합리적 과열에 대한 가장 합리적인 설명

행동경제학이 주는 교훈 ▪ 인류 역사상 최악의 시장 실패 ▪ 도덕적 해이와 금융위기 ▪ 부패의 경제학 ▪ 사람은 시장을 이길 수 없다 ▪ 구조적 침체와 고립주의의 망령

`세상을 읽는 경제학` `성별 임금 격차`

## 13장
### 팬데믹과 그 이후
전염병, 알고리즘, 빅데이터

265

딜레마에 빠진 중앙은행 ▪ 공급망과 데이터 독점의 폐해 ▪ 빅데이터와 경제학
`세상을 읽는 경제학` 포렌식 경제학

## 14장
### 경제학의 현재와 미래
불확실성의 시대가 던지는 새로운 과제들

281

무엇이 번영을 이끄는가 ▪ 행복은 어디서 오는가 ▪ 미래 위험을 헤지할 수 있을까 ▪ 경기 침체는 불가피한가 ▪ 정부의 바람직한 역할을 무엇인가 ▪ 아는 만큼 보인다
`세상을 읽는 경제학` 최악의 경우, 어떤 일이 벌어질까?

감사의 말 ▪ 300
주 ▪ 302
도판 저작권 ▪ 322
찾아보기 ▪ 324

## 들어가는 말

선사시대 인류에게 유일한 인공조명은 장작불이었다. 오늘날 가정용 전구가 한 시간 동안 내는 만큼의 빛을 만들어내기 위해 선사시대의 조상들은 무려 58시간을 장작용 나무를 찾아다녀야 했다.[1] 바빌로니아 시대에 최고의 조명 장치는 참기름을 태우는 등불이었다. 기원전 1750년쯤의 바빌로니아 노동자는 이 정도의 빛을 만들어내기 위해 41시간을 일해야 했다.

그러다 양초가 등장했다. 처음에는 동물에서 얻은 기름을 사용했던 양초는 만드는 데 시간이 많이 걸렸고 악취도 심했다. 1700년대 후반에 이르러서도, 오늘날 가정용 전구가 한 시간 동안 내는 만큼의 빛을 내는 양초를 만들기 위해서는 노동자 한 명이 5시간을 일해야 했다. 1800년대를 거치며 가스등이 개발되었고, 한 시간 분량의 빛을 얻는 데 필요한 노동 시간은 몇 시간으로 줄어들었다.

면 심지와 기름 또는 기ghee 버터로 빛을 내던 토기 등잔.

전구의 발명으로 조명의 제조 비용은 크게 떨어졌다. 1900년대 초반이 되자, 한 시간 분량의 빛을 만드는 데 드는 시간은 몇 분 정도로 줄었다. 현대에는 1초도 안 되는 짧은 시간의 노동만으로도 오늘날 가정용 전구를 한 시간 동안 켜는 데 필요한 돈을 벌 수 있다. 인공조명을 기준으로 보면, 오늘날 노동을 통해 얻는 수입은 선사시대에 비해 30만 배나 많아졌고, 1800년에 비해서도 3만 배나 상승했다. 밤을 밝히기 위해 고된 노동을 하던 고대 조상들과 달리, 우리는 불을 켜면서 그 비용에 대해 거의 생각조차 하지 않는다.

이 놀라운 변화의 이면에는 두 가지 핵심 동력이 있다. 하나는 조명 기술의 발전이고(조명 기술은 지금도 날마다 개선되고 있

조명 기술의 발달 과정: 양초, 백열전구, 형광등, LED 전구.

다), 다른 하나는 노동 생산성의 향상이다(우리는 조상들보다 시간당 더 많은 돈을 벌고 있다).

　이렇게 조명의 역사만 살펴봐도 독자들은 이 책의 가장 중요한 주제 중 일부를 파악할 수 있을 것이다. 선사시대 사람들은 모든 것을 스스로 해결해야 했지만, 현대의 노동자들은 자신이 가장 잘하는 일만을 한다. 이는 우리가 만들어낸 것을 다른 사람들이 만들어낸 것과 교환할 수 있게 해주는 시장 경제가 존재하기 때문이다. 시장에서 형성되는 가격은 어떤 물건이 부족할 때는 더 많이, 너무 많을 때는 더 적게 생산하도록 유도하는 인센티브incentive(유인)를 만들어낸다. 하지만 시장 경제는 결코 완벽하지 않다. 실업, 카르텔, 교통 혼잡, 남획, 공해 등은 시장이 실패할 때 나타나는 문제들 가운데 일부에 불과하다.

이 책은 짧지만 거대한 이야기를 들려주는 책이다. 그것은 자본주의에 관한 이야기, 즉 시장 경제의 발전 과정에 대한 이야기이고, 경제학이라는 학문에 대한 이야기이자 그 이론들을 확립한 사람들의 이야기이며, 경제적인 동인이 세계사 형성에 어떤 영향을 미쳤는지 설명하는 이야기다. 왜 아프리카가 유럽을 식민화하지 않고, 그 반대가 되었을까? 1930년대에 각국이 무역 장벽과 이민 장벽을 세웠을 때 무슨 일이 벌어졌을까? 왜 제2차 세계대전에서 연합국이 승리했을까? 왜 1950년대와 1960년대에 많은 선진국에서 불평등이 감소했을까? 왜 1980년대 중국에서는 사유 재산권 확대가 경제성장의 동력이 되었을까? 기후변화는 어떻게 우리의 미래 번영을 위협할까? 이 책은 이런 질문들에 대한 답을 제시한다.

경제학은 자원이 제한된 상황에서 사람들이 어떻게 자신의 행복과 삶의 질을 극대화하는지 탐구하는 사회과학이라고 정의할 수 있다. 경제학은 개인의 행동을 살피고, 사람들이 가정이나 기업이라는 공동체 안에서 어떻게 협력하는지 탐구한다. 또 시장이라는 공간에서 사람들이 어떻게 상호작용하는지, 즉 수요자와 공급자가 어떻게 균형 가격을 결정하는지 집중적으로 탐구한다. 경제학은 시장이 실패할 때 어떤 일이 벌어지는지, 공공 정책이 빈곤이나 기후변화, 가격 담합 문제를 어떻게 완화할 수 있을지 연구하는 학문이기도 하다.

이 책은 미시경제학과 거시경제학 모두를 다룰 것이다.[2] 미시경제학은 개인이 어떻게 선택하고 결정하는지 살펴보는 학문이고, 거시경제학은 경제 전체의 흐름과 구조를 다루는 학문이다. 대중적인 경제학 책들은 대개 이 둘 중 하나에만 초점을 맞춘다. 예를 들어, 『괴짜 경제학Freakonomics』, 『경제학 패러독스Discover your inner Economist』, 『팀 하포드의 경제학 팟캐스트50 Things That Made The Modern Economy』 같은 책은 미시경제학을 다루며, 『불황의 경제학The Return of Depression Economics』, 『20세기 경제사: 우리는 유토피아로 가고 있는가Slouching Towards Utopia』, 『이번엔 다르다This Time Is Different』 같은 책은 거시경제학을 설명하는 데 초점을 맞춘다. 하지만 이 책은 미시경제학과 거시경제학 모두를 종합적으로 설명하는 책이다. 이 책에서 우리는 역사 속 시간의 흐름을 따라가며 개인의 선택과 사회 전체의 궤적을 함께 살펴볼 것이다.

경제학을 우울하고 탐욕스럽고 편협한 학문이라 여기는 사람들은 토머스 칼라일Thomas Carlyle이 붙인 "음울한 학문dismal science"이라는 표현을 즐겨 인용하지만, 정작 그 말이 어떤 맥락에서 나왔는지는 모르는 척한다. 칼라일은 1800년대에 활동한 인종차별주의자로, 서인도제도에 노예제를 다시 도입해야 한다고 주장한 인물이다. 칼라일이 공격한 '음울한' 관점이란 모든 인간은 평등하다는 믿음이었다. 많은 경제학자와 마찬가지로 나 역시 그 비난을 자랑스럽게 받아들인다.

칼라일은 비꼬듯 이렇게 말하기도 했다. "앵무새에게 '수요'와 '공급'이라는 말만 가르치면 그게 바로 경제학자지."[3] 수요와 공급 그래프는 유용할 수 있지만, 이 책에서는 등장하지 않는다. 경제학을 공부한 적이 없는 사람이라도 이 책에서 다루는 이야기들은 쉽게 이해할 수 있을 것이다. 경제학자처럼 생각하는 법을 배우면 삶이 더 나아질 수 있다. 경제학의 비밀은 누구나 이해할 수 있는 몇몇 핵심 아이디어에서 가장 강력한 통찰이 나온다는 데 있다.

그 핵심 아이디어 중 하나는 앞에서 이미 언급한 인센티브다. 1등 상금이 크고 2등 상금은 작은 스포츠 대회에서는 선수들의 실력이 더 좋아진다. 달리기 선수는 더 빨리 뛰고, 골프 선수는 더 적은 타수로 경기를 끝낸다.[4] 인센티브는 심지어 사람들이 태어나는 시점에도 영향을 미칠 수 있다. 예를 들어, 오스트레일리아 정부가 2004년 7월 1일 이후에 출산한 산모에게 출산 장려금을 지급하겠다는 정책을 발표하자, 그날 오스트레일리아에서는 출생아 수가 역대 최고치를 기록했다.[5] 왜 그랬을까? 재정적 혜택을 받기 위해 임산부들이 유도분만과 제왕절개 수술 일정을 미뤘기 때문이다. 미국이 상속세율을 변경했을 때에도 사망 시점이 달라졌다. 예고 시점 이후로 일부 사람이 상속세를 최소

화하기 위해 더 늦게(또는 더 일찍) 사망한 것으로 나타난 것이다.[6] "이 세상에서 죽음과 세금을 제외하고 확실한 것은 아무것도 없다"는 상투적인 말이 있다. 하지만 이 경우에는 세율이 변화함에 따라 사망률이 변화했다.

그렇다고 해서 경제학이 탐욕만을 다루는 학문이라는 말은 아니다. 여성 최초로 노벨 경제학상을 받은 엘리너 오스트롬Elinor Ostrom은 인도네시아의 어장이나 네팔의 산림처럼 자원이 부족한 환경에서도 사람들이 협력하며 자원을 관리하는 다양한 사례를 발견했다. 노벨상 수락 연설에서 오스트롬은 경제학자들이 전적으로 이기적인 개인을 가정하고 제도를 설계하는 경향을 비판하며, "공공 정책의 핵심 목표는 인간의 가장 선한 면을 이끌어내는 제도를 발전시키는 데 있어야 한다"라고 주장했다. 인센티브는 분명 중요하지만, 나는 오스트롬의 이런 낙관적인 시선을 담아내며 경제학자도 충분히 이상을 추구하는 사람일 수 있다는 걸 보여주고자 한다.

경제학의 또 다른 핵심 아이디어는 특화specialization다. 우리 중에서 머리를 잘 자르거나, 자동차 유리창을 교체하거나, 포도를 와인으로 만들거나, 스마트폰 앱을 개발할 수 있는 사람은 얼마나 될까? 몇 달의 시간이 주어진다면 대부분 사람은 이런 일을 어느 정도 해낼 수 있을 것이다. 하지만 배우는 과정 자체를 즐기지 않는 이상, 이런 일들은 전문가에게 비용을 지불하면서 맡기고 자신이 가장 잘하는 일에 집중하는 편이 더 낫다. 만약 모든 일에 능숙해지려고 노력하면서 인생을 보낸다면, 당신은 스위스 아미 나이프 같은 존재가 될 것이다. 날이 잘 들지 않는 칼, 짜증이 날 정도로 작은 가위, 별 쓸모가 없는 드라이버가 달려 있는 작은 도구 말이다. 직업 특화는 현대 경제의 핵심 요소 중 하나다.

무언가를 만들어내는 '과정' 역시 점점 더 특화되고 있다. 예를 들어, 중국의 몇몇 도시는 특정 제품 하나만을 전문적으로 생산하는 수준에 이르렀다. 이우는 세계 크리스마스 장식의 대부분을 생산하고, 후루다오는 전 세계 수영복의 4분의 1을 만들어낸다. 단양은 '안경의 도시'로 알려져 있으며, 오랫동안 욕실 용품을 특화 생산해온 온 타이저우는 이제 지능형 변기의 글로벌 혁신 중심지로 자리매김했다.[7]

특화가 심화할수록 무역의 가치는 커진다. 보잉의 787 드림라이너는 일본산 배터리, 한국산 윙팁,♦ 인도산 바닥 보강재, 이탈리아산 수평안정판, 프랑스산 착륙 장치, 스웨덴산 카고 도어,♦♦ 멕시코산 역추진 장치를 포함하고 있다.[8] 또한 현재의 스마트폰은 '세계에서 만들어진 제품'이라는 라벨이 가장 정확하다. 부품

♦ 항공기의 날개 끝부분.
♦♦ 화물을 적재하고 내리는 데 사용되는 문.

과 원자재를 가장 저렴한 공급처에서 조달함으로써, 만약 모든 요소를 자국산 자재로만 만들어야 했다면 상상할 수 없을 만큼 비쌌을 제품들을 손에 넣을 수 있게 된 것이다.

아마도 특화의 위력을 가장 극적으로 보여주는 사례는 영국의 디자이너 토머스 스웨이츠Thomas Thwaites가 직접 토스터를 만든 실험이었을 것이다. 오직 자기 손으로, 자신이 직접 구한 원재료만을 사용해 토스터를 만들겠다고 결심한 스웨이츠는 잉글랜드의 폐광에서 철광석을, 웨일스의 광산에서 구리를, 스코틀랜드의 산에서 운모를 채취했다.[9] 그는 집에서 만든 소형 용광로로 강철을 만드는 데 실패하자, 전자레인지를 이용해 철광석을 제련하기에 이르렀다. 토스터의 플라스틱 외장은 쓰레기를 녹여서 만들었다. 이 토스터 제작 실험에는 총 아홉 달이 걸렸다. 그의 노동 가치를 당시 영국 평균 임금으로 환산하면 약 1만 9000파운드였고, 여기에 재료비 등 부대비용 1000파운드가 더해졌다.[10] 결국 이 토스터를 완성하는 데 든 비용은 2만 파운드에 이르렀고, 이는 동네 마트에서 4파운드에 파는 토스터 가격의 무려 5000배에 해당하는 금액이었다. 게다가, 마트에서 파는 토스터는 실제로 작동하지만 스웨이츠가 만든 토스터는 전원을 연결하자 겨우 5초 만에 과열로 녹아내리기 시작했다.

경제학의 또 다른 핵심 원리는 거대한 사건이 규범이나 문화의 갑작스러운 변화에 의해 일어나는 경우가 드물다는 것이다.

사실 극적인 사건은 새로운 기술의 등장이나 정책 변화 때문에 일어나는 경우가 많다. 예를 들어, 제2차 세계대전 이후 수십 년 동안 국제 무역이 급증한 이유를 이해하려면, 1956년에 표준화된 컨테이너가 발명된 사실과 여러 차례의 세계 무역 협상을 통해 관세가 점진적으로 낮아졌다는 사실을 알아야 한다. 오늘날 농구 경기가 반세기 전보다 훨씬 더 박진감 넘치는 이유를 알고 싶다면, 샷 클락◆ 규칙과 3점슛의 도입이 경기에 미친 영향을 이해해야 하는 것처럼 말이다. 이 책은 전쟁, 혁명, 운동 등 사회적 전환의 이면에 숨겨진 경제적 동인을 파헤치고자 한다.

이 책이 다루는 경제의 역사는 농업혁명에서 시작된다. 수렵과 채집에 의존하던 인류는 농업혁명으로 인해 공동체를 이루어 정착하면서, 이를 바탕으로 고대 이집트, 그리스, 로마 문명을 만들어냈다. 지역 간 무역은 수상 운송의 발달로 가능해졌으며, 중국의 대운하는 여러 성省을 연결했다. 범선을 이용한 항해는 유럽과 아프리카, 아메리카를 잇는 경로를 만들었고, 농산물과 공산품 그리고 노예로 팔린 사람을 실어 나르는 삼각 무역 체계를 형성해 막대한 이윤을 창출했다.

그다음으로 일어난 중대한 혁명은 산업혁명이다. 산업혁명은 제조업에 새로운 활력을 불어넣고 경제를 폭발적으로 성장시켰

---

◆ 공격팀이 공을 소유한 순간부터 정해진 시간 안에 슛을 해야 한다는 규칙.

다. 또한 이 시기에는 새로운 기계 장치들의 등장과 더불어 지적 혁신이 이어지며 경제학이라는 학문 분야가 형성되기 시작했다. 20세기 초반에 이르러 조립라인의 혁신으로 자동차는 훨씬 저렴하게 생산될 수 있었고, 세계화는 인류를 그 어느 때보다 긴밀하게 연결했다. 하지만 두 차례의 세계대전과 대공황은 그 연결을 상당 부분 끊고 수많은 생명과 생계 수단, 다양한 연결 구조를 파괴했다.

선진국 사람들에게 전후 시대는 공동의 번영을 누리던 시기였지만, 다른 지역에서는 성장이 그만큼 고르지 못했다. 중국의 경우, 공산주의가 도입된 후 처음 수십 년은 불확실한 정책들로 인해 성장 기반이 흔들렸고, 1978년에 시장경제로 방향을 전환한 뒤에야 본격적인 성장이 가능해졌다. 인도는 1991년에 큰 전환점을 맞았다. 아시아 여러 지역에서 빠른 성장이 이어지면서, 아시아와 성장 속도가 느린 아프리카의 생활 수준 격차는 점점 더 벌어지게 되었다. 21세기 초에 접어들 무렵에는 많은 나라에서 국내 불평등이 급격히 심화되기 시작했다.

오늘날 경제학의 주요 관심사는 시장 실패다. 정부가 시행하는 경쟁 정책competition policy의 상당 부분은 시장 내 공정한 경쟁을 촉진하고 독점적 권력을 억제하는 데 그 목적이 있다. 20세기 가장 영향력 있는 경제학자 존 메이너드 케인스John Maynard Keynes가 체계화한 거시경제학의 핵심 과제는 실업률을 줄이는 것이다. 기후 정책은 오염이 기업에는 이익이 되지만 지구에는 치명적일 수 있는 시장 실패 상황에 대처하기 위한 시도다. 행동경제학은 인간이 언제나 냉정하고 계산적인 행복 극대화 기계처럼 행동하지 않으며, 합리성의 규칙에서 체계적으로 벗어나는 경향이 있음을 인정한다. 전통적으로 경제학은 합리적 경제인, 즉 '호모 이코노미쿠스Homo Economicus'를 전제하지만, 이처럼 학문이 진화함에 따라 경제학 이론과 데이터 모두 인간 행동에 대한 더 나은 모델을 구축할 수 있게 해주었고, 이는 경제학을 더욱 흥미롭고 유용한 학문으로 만들고 있다.

대부분의 경제학 교과서는 바로 이 '호모 이코노미쿠스'에서 시작한다. 하지만 우리는 조금 다른 길을 갈 것이다. 먼저 경제 활동이 현생인류, 즉 '호모 사피엔스'라는 종의 형성에 어떤 역할을 했는지부터 살펴보자.

# 1장

# 인류의 아프리카 탈출과 농경의 시작

### 고대 문명에서 최초의 부가 탄생하다

THE SHORTEST HISTORY OF ECONOMICS

현생인류는 약 30만 년 전 남아프리카에서 진화했다.[1] 우리의 먼 조상들은 언어를 구사하고 예술과 춤을 즐겼으며, 가족 공동체 속에서 자녀를 키우고 이야기를 나누며 삶을 이어갔다. 약 6만 5천 년 전에는 사냥용 창과 활, 옷감을 꿰맬 수 있는 바늘, 이동용 배를 발명했다.[2] 이전의 영장류와 달리 호모 사피엔스는 언어와 추상적 사고 능력을 바탕으로 집단 학습이 가능했고, 이를 통해 개인의 한계를 넘어서는 공동의 지식 체계를 구축할 수 있었다.[3] 하지만 이들 대부분은 이전처럼 유목 생활을 이어가면서, 동물을 사냥하고 주변 식물을 채집해 먹다 자원이 고갈되면 다시 이동했다.

초기 사회들은 노동할 수 없는 사람을 돌보는 방식에서 서로 달랐다. 일부 선사시대 사회에서는 노인을 배려한 흔적이 발견된다. 이들은 노인이 걸을 수 있도록 지팡이를 깎아주었고, 이가 없어 음식을 씹지 못하는 경우에는 대신 씹어주는 일도 했다. 하지만 다른 수렵·채집 사회들, 특히 장거리 이동이 잦았던 집단에서는 노인이나 장애인을 죽이거나 버리는 경향이 있었는데, 이는 집단 전체의 생존 가능성을 해칠 수 있다는 판단 때문이었다.

그렇다면 이 시기 대부분 사람의 삶은 어땠을까? 스위스 태생의 철학자 장자크 루소Jean-Jacques Rousseau는 "원시 상태의 인간보다 더 온화한 존재는 없다"라고 썼다. 반면에, 그와 동시대에 영국에 살았던 토머스 홉스Thomas Hobbes는 전혀 다른 시각을 내놓았다. 그는 초기 인간의 삶이 "고립되고, 가난하며, 불쾌하고, 야만적이며, 짧았다"라고 단언했다. ('구석기 시대 CSI'라고도 불리는) 법의고고학forensic archeology의 발달 덕분에 현대의 연구자들은 이 시기 삶에 대한 많은 정보를 수집할 수 있었다. 당시 신생아의 약 5분의 2는 첫 생일을 맞이하지 못했으며 평균 기대수명은 약 33세에 불과했다.[4] 폭력은 늘 일상에 도사리고 있었다. 당시 사람들은 같은 부족 내 경쟁자들로부터, 인근 집단의 침입자들로부터 끊임없이 위협을 받아야 했다. 유목 사회에서는 전체 인구의 최대 15%가 폭력에 의해 사망했다.[5] 농경이 시작되기 이전의 사람들은 겨울 내내 추위에 떨었고 배를 곯으며 잠들었다. 홉스가 옳았고, 루소는 틀렸다.

## 농업혁명과 최초의 부

정착 농경은 여러 곳에서 동시다발적으로 시작됐으며, 인도 북서부 지역도 그중 한 곳이다. 파키스탄 국경에서 차로 약 세 시간 거리에 있는 도시 칼리방간은 한때 두 강이 합류하던 지점이었다. 이곳에는 세계적으로 손꼽히는 고고학 유적이 있다. 바로 인류가 경작한 가장 오래된 밭이다. 이 밭에는 남북 방향과 동서 방향 모두로 밭고랑이 나 있다. 이는 이곳에서 두 가지 작물(곡류와 겨자로 추정된다)이 같이 재배됐음을 시사한다.[6]

칼리방간은 기원전 3300년부터 기원전 1300년까지 번성한 인더스 계곡 문명의 주요 도시였다. 농경의 시작과 함께 사람들은 한곳에 정착해 더 편안한 집을 짓게 됐다. 당시의 일부 집에는 수세식 화장실까지 있었다. 또한 당시에 집을 지은 사람들은 오늘날에도 여전히 사용되는 1 대 2 대 4 비율의 이상적인 벽돌 규격을 고안해내기도 했다.[7] 성인들은 청동으로 만든 도구를 사용했고 주사위 놀이를 즐겼다. 고고학자들은 호루라기와 팽이 같은 어린이 장난감도 발굴했다. 유목 생활과 달리, 정착 농경은 도구와 장난감을 만들고 사용할 수 있는 환경을 제공했다.

농업혁명으로 인해 인더스 계곡 문명은 다른 문명들과의 교역을 활발하게 펼칠 수 있게 됐다. 이 지역 사람들은 육상 운송을 위해 수레를 제작했는데, 이는 바퀴를 사용한 최초의 운송

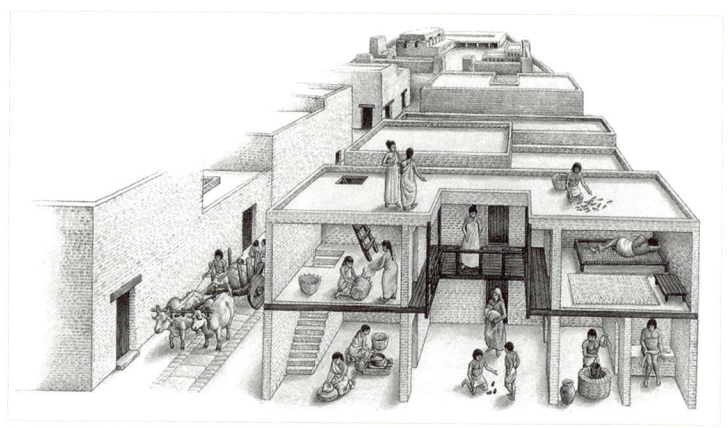

인더스 계곡 문명은 다른 문명들과 달리 부의 불평등을 상징하는 기념물을 짓지 않았다.

수단일 가능성이 있다. 이 문명권에 속한 도시들은 현대의 많은 도시처럼 격자형으로 설계됐으며, 그곳 사람들은 배를 만들고 운하를 준설했다. 인더스 계곡 문명의 상인들은 중국에서 비취, 히말라야에서 삼나무, 아프가니스탄에서 청금석과 같은 원자재를 들여왔고, 그 대가로 보석류와 도자기, 금속 도구를 팔았다.

인더스 계곡 문명의 전성기 인구는 약 500만 명에 달했다.[8] 하지만 이 문명은 1920년대가 되어서야 고고학자들에게 발견되었다. 주요 이유는 이 문명이 비교적 평등한 문명이었다는 사실에 있다. 예를 들어, 고대 이집트인은 피라미드를, 고대 그리스인은 아크로폴리스에 거대한 신전들을, 고대 로마인은 판테온을 세웠다. 이런 거대한 건축물은 대개 막대한 부와 권력의 격차를 보여주는 상징물이었다. 한 학자는 이를 '기념비적 문제monumental problem'라 부르기도 했다.[9] 반면 인더스 계곡 문명은 이런 종류의 기념물을 거의 건설하지 않았다. 그래서 당시 주민들은 비교적 편안하게 지냈겠지만, 그로 인해 그 지역의 강이 말라붙은 후로 무려 2000년 넘게 이 도시들은 세상에 알려지지 않은 채 남게 됐다.

농업은 세계경제에 중대한 전환점을 가져왔다. 공동체가 식량을 남겨 저장할 수 있게 되었기 때문이다. 식량 저장은 사람들이 일 년 내내 안정적으로 먹을 수 있게 했고, 흉작이 들었을 때를 대비한 초기 형태의 보험 기능도 수행했다. 사람들의 소비가 소득보다 변동성이 더 낮은 경우, 경제학자들은 이를 '소비 평준화consumption smoothing'라고 부른다. 오늘날 많은 사람이 주택 구매를 위해 대출을 받고, 노후를 대비해 저축을 하고, 건강보험에 가입하는 이유도 바로 이 소비 평준화 개념으로 설명할 수 있다. 선사시대 사람들을 괴롭힌 삶의 불확실성은 수많은 이에게 극심한 스트레스를 안겼을 것이다. 오늘날에도 선진국의 저소득 노동자들은 달마다 수입이 크게 출렁이기 때문에 미래를 계획하기 어려워하고 심리적 불안감에 시달린다.

일부 지역에서는 식량이 매우 풍부해 수렵·채집민도 만족스러운 생활을 누릴 수 있었다. 칼라하리 사막의 서쪽 변두리에는 '!쿵족!Kung people'이라고 불리는 사람들이 살고 있다(느낌표는 숨을 내쉬지 않고 혀를 튕겨서 내는 소리인 흡착음을 뜻한다). 이 지역에는 단백질과 지방이 풍부하고 장기 보관이 가능한 몽공고 나무가 많이 자란다. 전통적으로 !쿵족은 하루 평균 300개의 몽공고 열매를 먹는데, 이는 전체 에너지 섭취량의 약 3분의 1을 차지한다. 어느 !쿵족이 방문자에게 말했듯이, "세상에 몽공고 열매가 이렇게 많은데 왜 [곡물을] 심어야 할까?"[10] 그러나 !쿵족은 예외에 속한다. 세계 대부분 지역에서는 농사를 짓는 편이 더 많은 열량을 섭취할 수 있었고, 다음 식사의 출처를 더 확실하게 예측할 수 있었다.

## 지리적 요인과 기술 혁신

지중해 동쪽 가장자리에 위치한 레반트 지역은 농사에 특히 유리한 환경을 지니고 있었다. 마지막 빙하기가 끝난 후 이 지역에는 여러 차례 긴 가뭄이 닥쳤고, 그로 인해 이 지역 사람들은 다양한 농경 실험을 할 수밖에 없었다. 기원전 10000년부터 기원전 8000년까지 농부들은 씨앗이 크고 쓴맛이 적은 품종을 선별해 작물을 재배했다. '비옥한 초승달 지대'로 불리는 지역의 일부인 레반트 지역에는 우연히도 작물화(재배)가 가능한 몇몇 식물이 있었다. 이른바 '기초 작물'이라고 불리는 여덟 가지 식물 종, 즉 에머밀, 외알밀, 겉보리, 완두, 렌즈콩, 비터베치콩, 병아리콩, 아마는 농업 발전에 결정적인 역할을 했다.[11] 또한 초기 농부들은 수확과 가공에 사용하기 위해 부싯돌 칼과 맷돌을 개발했다. 이렇게 사람들은 유목 공동체에서 농경을 중심으로 한 정착 사회로 나아갔다.

농경을 가능하게 한 가장 중요한 발명품은 쟁기였다. 땅을 뒤엎으면 식물을 심기가 쉬워지고 새로운 양분이 지표로 올라오며 잡초도 묻힌다. 초기 농부들은 막대기나 괭이로 이런 일을 해냈다. 이는 오늘날 우리가 텃밭을 가꿀 때 사용하는 방식과 크게 다르지 않다. 하지만 쟁기가 등장하면서 사람들은 동물의 힘을 이용해 흙을 갈 수 있게 되었다.

초기 이집트의 쟁기는 흙 위를 긁듯이 가는 단순한 쟁기였으며, 이는 막대기를 땅에 끌고 가는 것과 유사했다. 중국에서는 진한 시대(기원전 221~서기 220)에 흙을 뒤집어 이랑을 만드는 회전 쟁기가 개발되었다.[12] 정착 농경은 채집보다 대여섯 배가량 생산성이 높았다.[13] 쟁기는 사람들 모두가 사실상 '식량 탐색자'였던 사회의 종말을 알렸다. 실제로 한 역사학자는 현대 세계 전체가 쟁기 도입의 결과라고 주장하기도 했다.[14]

쟁기는 권력의 역학관계에도 영향을 미쳤다. 막대기로 땅을 파는 농경 방식은 비교적 성평등적이었지만, 쟁기를 끌거나 이를 끄는 동물을 통제하려면 강한 상체 근력이 필요했다. 이로 인해 농업은 남성 중심의 활동으로 바뀌었다. 이러한 기술의 유산은 세대를 거쳐 이어졌다.[15] 예를 들어, 르완다나 마다가스카르처럼 쟁기 사용이 드물었던 나라의 젠더 규범gender norm◆은 모리타니아나 에티오피아처럼 쟁기 사용이 일반적이었던 지역의 젠더 규범에 비해 성평등적이다. 심지어는 선진국으로 이주한 이민자들 사이에서도, 쟁기 사용의 전통을 가진 나라 출신일수록 여성이 집 밖에서 일해서는 안 된다고 믿는 경향이 강하다.

세계의 일부 지역은 농업에 더 적합한 조건을 지니고 있었다. 유라시아 대륙은 재배하기 좋은 식물과 사육하기 좋은 동물 종을 우연히 많이 보유하고 있었다. 앞서 살펴보았듯이, 유라시아에는 보리, 밀, 콩과 식물처럼 오랜 기간 저장이 가능한 식물들이 자생했다. 반면에, 다른 지역에서는 며칠만 지나도 상하는 바나나와 얌yam이 주된 작물이었다. 동물의 경우도 마찬가지였다. 유라시아에는 고기, 젖, 가죽을 제공할 수 있는 염소, 양, 소가 있었던 반면, 아프리카의 얼룩말이나 오스트레일리아의 캥거루는 길들이기 훨씬 어려웠다.

대륙의 형태도 중요한 역할을 했다. 유라시아는 동서로 넓은 반면, 아프리카와 아메리카는 남북으로 길게 뻗어 있다. 이는 유

◆ 특정 사회나 문화가 남성과 여성에게 기대하는 행동, 역할, 태도, 외모와 관련해 사회적으로 구성된 규칙과 기준.

라시아 사람들이 같은 기후대에 머물면서 그들의 대륙을 탐험하고 활용할 수 있었음을 의미한다. 유라시아를 동서로 이동하던 탐험가들은 낯선 기후에 적응하기 위한 새로운 생존법을 발명할 필요가 없었고, 그들이 개발한 혁신적인 농경 기술도 쉽게 확산시킬 수 있었다. 반면에, 아프리카와 아메리카의 탐험가들은 남북으로 이동하며 훨씬 까다로운 도전에 직면해야 했다. 지리학자 재러드 다이아몬드Jared Diamond는 이러한 초기의 우연들 때문에 유라시아 사람들이 아프리카, 아메리카, 오세아니아를 식민지화했고, 그 반대의 일이 일어나지 않은 것이라고 설명한다. 부는 결국 군사력을 뒷받침했기 때문에, 더 규모가 큰 농업혁명이 제국 건설의 토대를 만들 수 있었던 것이다.

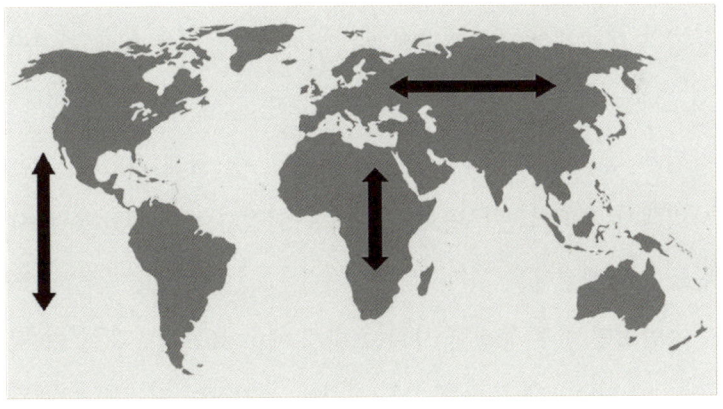

동서 방향으로 유사한 기후대 안에서 이동하는 것이 남북 방향으로 다양한 기후대를 가로지르는 이동보다 훨씬 수월했다.

## 농업혁명의 덫

이론적으로 생각한다면, 농업혁명은 모두에게 더 나은 삶을 제공할 수 있었을 것이다. 농경은 수렵과 채집보다 더 효율적이었기 때문에 사회 전체의 노동력을 모두 투입할 필요가 없었다. 이는 사람들이 장인이나 건축가처럼 전문적인 역할을 맡을 수 있는 가능성을 열어주었다. 농업은 도시의 탄생을 가능하게 했고, 도시는 새로운 도구의 발명과 활발한 시장 거래의 중심지가 되었다. 인더스 계곡 문명은 정착 농경이 공동 번영으로 이어진 역사상 최고의 사례일지 모른다.

하지만 안타깝게도, 농업혁명은 덜 우호적인 지배자들이 등장할 수 있는 여지도 함께 만들었다. 수렵·채집민은 이동성이 높았기 때문에 누구도 재산을 많이 소유할 수 없었다. 반면에, 농경은 잉여생산물의 축적을 가능하게 했고, 그로 인해 집단의 지도자는 자신과 가족의 부를 축적하며 집단 구성원들로부터 자원을 징수해 억압적인 군대를 유지할 수 있게 되었다. 많은 사회에서 지배자는 무력으로 권력을 얻었고 두려움을 통해 사람들을 통제했다.

농업혁명 이후 등장한 사회는 대개 매우 불안정했다. 로마 제국은 약 500년간 존속했지만, 그사이 등장했다 사라진 황제는 77명에 달했고 이 중 절반이 암살당했다. 그 외에도 수많은 황제가 전쟁터에서 죽거나 자살했다.[16] 자연사로 생을 마감한 로마 황제는 3분의 1에 불과했다. 특히 잔혹했던 18개월◆ 동안 네로는 자살했고, 갈바는 암살당했으며, 오토도 자살했고, 비텔리우스도 암살당했다. 전쟁터에서는 '벨룸 로마눔Bellum Romanum'이라는 방식으로 전투가 벌어졌는데, 이 방식은 농작물을 불태우고 여성을 성폭행하고 포로를 노예로 삼거나 처형하는 식의 전면전이었다. 로마 제국의 폭력적인 팽창을 겪은 피해자들은 차라리 농업혁명이 없었더라면 더 나았을 것이라 여겼을지도 모른다.

정착 농경의 또 다른 뜻밖의 단점은 식단의 다양성이 줄어든다는 점이었다. 수렵·채집민은 다양한 종류의 열매, 견과류, 육류를 섭취했지만, 농경 사회의 사람들은 대개 몇 가지 녹말 작물에 의존했다. 농업혁명 전후 사람들의 골격을 비교한 한 연구는 평균 신장이 농업혁명 이후 약 10센티미터 감소했다고 추정한다.[17] 홉스가 말했듯 자연 상태의 삶이 '짧았던' 것은 맞지만, 초기의 농업혁명은 오히려 인류의 키를 더 작게 만들었다.

◆ 서기 68년 6월 네로의 죽음 이후 세 명의 황제가 난립하다 69년 12월 베스파시아누스가 최후 승자가 될 때까지의 혼란기를 말한다.

## 혁신의 인센티브

농업혁명은 초기에는 영양실조를 증가시키고, 사람들을 전염병이 창궐하는 도시로 밀어넣었으며, 불평등을 심화했다. 하지만 그와 동시에 혁신가들이 등장할 수 있는 환경을 만들어내기도 했고, 궁극적으로 그들은 석기시대 조상들보다 더 길고 풍요로운 삶을 누릴 수 있는 기반을 마련했다.[18] 즉, 농업혁명은 변덕스러운 독재자들이 등장할 수 있는 환경을 조성하기도 했지만, 자신과 세상을 개선하고자 하는 사람들이 등장할 수 있는 환경도 동시에 만들어낸 것이다.

이 시기에 지적 엘리트 계층은 아이디어를 실험하고 모델을 구축하며, 세상과 새로운 방식으로 소통할 여유를 갖게 되었다. 고대 메소포타미아는 수학, 지도 제작, 문자 체계, 범선 제작 분야를 획기적으로 발전시켰고, 고대 이집트는 예술, 문자 체계, 건축에서 혁신을 이루었다. 마야 문명은 천문학과 기록 체계 분야에서 중요한 발견을 해냈고, 고대 그리스는 과학, 기술, 문학, 민주주의에서 눈부신 성취를 이루었다. 심지어 초기 형태의 복지국가가 등장하기도 했다. 실제로, 서기 98년부터 272년까지 로마에는 고아를 비롯한 가난한 아이들에게 먹을 것과 학비를 제공하는 '알리멘타alimenta'라는 제도가 있었다. 하지만 이 제도는 극소수 아이들에게만 그 혜택이 돌아갔고, 결국 아우렐리아누스 황제가 즉위하면서 폐지되었다.

한 사회가 창의력을 어떤 분야에 발휘했는지는 시대와 문명에 따라 크게 달랐다. 기원전 2600년경에 지어진 기자의 대피라미드는 삼각법과 피타고라스의 정리를 활용한 건축물로, 이후 3800년 동안 세계에서 가장 높은 건물이었다. 하지만 고대 이집트는 바퀴를 발명하지 못했기 때문에 수만 명의 노동자들이 채석장에서 돌을 썰매에 실어 피라미드 건설 현장으로 운반해야 했다. 고대 로마의 통치자들은 수도교와 아름다운 돔 구조물을 건설했지만, 수차나 풍차는 적극적으로 활용하지 않았다. 수차가 유럽 전역에 보편화된 것은 로마 제국이 멸망한 이후의 일이었다.[19]

그렇다면 로마시대의 탁월한 지식인들이 노동을 절약할 수 있는 기술에 주목하지 않았던 이유는 무엇일까? 경제학의 답은 이렇다. 노동력을 싸고 쉽게 구할 수 있는 환경에서는 노동자의 노동 효율을 높이는 기술에 투자하게 만드는 인센티브가 크지 않다. 현대에 들어 유럽의 식당들이 미국의 식당들보다 수십 년 먼저 전자 주문 시스템을 도입한 것도 같은 맥락에서다. 유럽에서는 종업원을 고용하는 데 비용이 많이 들기 때문에 기업들은 가능한 한 노동력을 효율적으로 활용하려고 노력한다. 따라서 고대 이집트와 고대 로마의 혁신가들 역시 가장 시급한 기술적 과제를 고민할 때, 대부분의 노동이 노예에 의해 이루어지는 사회적 구조 안에서 그 문제를 풀고자 했다. 부릴 수 있는 노예가 충분히 많았던 사회에서 지배 계층은 노예 계층의 생산성을 높이는 데 관심을 가질 이유가 없었다. 고대 세계의 노예제는 도덕적으로도 옳지 않았을 뿐만 아니라, 생산성을 높이고자 하는 인센티브를 감소시키기도 했다.

이와 비슷한 현상은 고대 중국에서도 나타났다. 고대 중국도 노동력이 풍부했다. 따라서 혁신을 활용하게 만드는 인센티브가 거의 존재하지 않았다. 당시 중국은 비단 생산, 청동과 강철 제품 제작, 필기용 종이 사용 등 여러 분야에서 유럽보다 앞서 있었다. 자북磁北을 이용한 자석 나침반도 대략 기원전 4세기에서 기원전 2세기 사이에 중국에서 발명됐다. 하지만 이런 발명품들은 기대만큼 경제를 획기적으로 변화시키지 못했다. 고대 중국의 지배층이었던 귀족들은 대부분 상인과 상업을 경멸했고, 그 결과로 금속 가공 분야의 혁신은 실용적인 도구보다는 무기나 예술품에 집중되었다.[20] 나침반이 발명되었음에도 중국은 해양 강국으로 도약하지 못했다.

경제적 성공은 발명만으로 이루어지지 않는다. 발명이 사람들의 삶을 변화시키기 위해서는 적절한 제도와 환경이 함께 갖추어져야 한다.

## 화폐가 등장하다

고대 사회에서 등장한 또 하나의 중요한 발명품은 바로 화폐였다. 화폐는 세 가지 속성을 지닌다. 첫째, 가치 측정의 단위로, 서로 다른 물건의 가치를 공통된 언어로 표현할 수 있게 해준다. 예를 들어, 소 두 마리의 가치가 도끼 한 자루의 가치와 같다고 말하는 대신, 둘 다 은화 한 닢과 같다고 표현할 수 있다. 둘째, 가치 저장 수단으로, 자산을 썩거나 죽지 않는 형태로 보존할 수 있게 해준다. 셋째, 교환 수단으로, 소 두 마리를 사고 싶지만 대가로 줄 도끼가 없는 사람이 거래를 쉽게 할 수 있게 만들어준다.

화폐는 다양한 형태로 등장했다. 고대 그리스에서는 기원전 700년에서 기원전 600년 사이에 동전(주화)이 제작되었으며, 이는 '한 줌handful'이라는 뜻의 '드라크마drachma'로 불렸다.[21] 고대 올림픽에서는 승리자들이 올리브 화환과 함께 최대 1000드라크마의 상금을 받기도 했다.[22] 로마는 비교적 늦게 화폐를 만들었다. 하지만 로마가 기원전 269년에 유노 모네타Juno Moneta◆ 신전 근처에서 은화를 주조하면서 일부 은화에 'Moneta'라는 글씨를 새겼고, 이것이 오늘날 'money'(화폐)라는 단어의 어원이 되었다.

◆ 로마 신화의 최고 여신 유노(그리스 신화의 헤라)의 별칭.

동전은 일상적인 물품을 손쉽게 사고파는 데 쓰이는 간편한 수단이었다. 여행할 때도 주머니에 넣어 간편하게 휴대할 수 있었다. 방대한 영토를 지닌 로마 제국에서 동전은 필수적인 존재 중 하나였다. 실제로 당시 사람들은 새 황제가 즉위했다는 사실을 동전에 새겨진 얼굴을 보고서야 처음 알게 되곤 했다.

하지만 화폐가 동전의 형태로만 만들어진 것은 아니었다. 미크로네시아의 야프섬에서는 돌을 깎아 화폐로 사용했다. 이렇게 화폐로 사용된 돌 중 가장 큰 것은 지름이 무려 3.6미터에 달했다. 이런 돌은 소유권이 바뀌더라도 이동시키지 않았고, 야프섬 사람들은 그것이 누구 소유인지 모두 기억하고 있었다. 이런

야프섬 사람들은 석회암을 깎아 '돌 화폐'로 사용했다.

거대한 돌은 상업 거래에는 불편했지만 전혀 낯선 개념은 아니다. 현대에도 중앙은행은 금괴를 금고에 보관하고, 금이 매각되더라도 실물 이동 없이 전자 장부만 수정한다. 야프섬 사람들도 이 방식을 충분히 이해했을 것이다.

돌이든 동전이든, 이 시기의 화폐는 공통적으로 내재적 가치 intrinsic value를 지니고 있었다. 상인들이 서로에게 어음을 발행하기도 했지만, 대부분 화폐는 값비싼 재료로 만들어졌다. 하지만 이런 화폐 개념은 서기 1000년경에 중국이 종이로 만든 화폐(지폐)를 발행하면서 바뀌기 시작했다. 당시 중국에서 화폐로 사용한 종이는 그 자체로 보면 아무 가치가 없지만, 가치를 담보한다는 약속을 의미했다.

## 국가 간 교역이 이뤄지다

경제발전의 또 다른 측면은 지역 간 교역량의 증가였다. 앞서 인더스 계곡 문명 사례에서 본 것처럼 한 사회 내부에서의 특화는 의복이나 도구 같은 새로운 상품의 생산을 가능하게 했고, 이는 사회 간 특화로 이어졌다. 이 특화가 바로 교역의 기초다. 어떤 사회가 특정 상품이나 서비스를 비교적 더 잘 생산할 수 있다면, 그 사회는 교역을 통해 이익을 얻을 수 있다.

잠깐, 여기서 내가 왜 그냥 '더 잘'이 아니라 '**비교적** 더 잘'이라고 썼을까? 앞에서 다룬 노동의 특화 개념을 다시 살펴보면 그 이유를 알 수 있다. 어떤 마을에서 도자기를 가장 잘 만드는 사람이 빵도 가장 잘 만드는 사람이라고 가정해보자. 그런데 이 사람이 도자기를 만드는 솜씨는 그 마을에서 도자기를 두 번째로 잘 만드는 사람보다 열 배 뛰어나지만, 빵을 만드는 솜씨는 그 마을에서 두 번째로 빵을 잘 만드는 사람보다 두 배만 뛰어나다. 이 경우, 이 사람이 도자기를 만드는 데만 전념하면서 빵은 다른 사람에게서 사는 것이 마을 전체의 산출을 극대화할 수 있을 것이다.

이 도자기 장인에게 적용되는 원리는 국가, 도시, 지역에도 똑같이 적용된다. 예를 들어, 고대 중국이 비단과 금 모두를 고대 로마보다 더 싸게 생산할 수 있었다고 생각해보자. 이때, 고대 중국이 비단은 고대 로마보다 열 배 더 효율적으로 생산할 수 있고 금은 두 배만 더 효율적으로 채굴할 수 있었다면, 비단을 수출하고 금을 수입하는 것이 더 합리적인 선택이었을 것이다. 실크로드를 통해 이뤄진 무역은 절대 우위 absolute advantage가 아니라 **비교** 우위 comparative advantage에 기반한 것이었다. 이웃 나라들보다 모든 것을 더 잘 생산하는 국가조차 무역을 통해 이익을 얻을 수 있었던 것이다.

그럼에도 불구하고, 과거의 나라든 현재의 나라든 자갈처럼 무겁고 값싼 물품은 굳이 수입하지 않는다. 상품의 가치보다 그것을 운송하는 데 드는 비용이 더 크면 무역으로 이득을 얻을 수 없기 때문이다. 바퀴가 발명된 이후에도 대부분 도로 상태가 열악했기 때문에 짐을 수레에 실어 나르기보다는 말이나 낙타의 등에 실어 운반하는 것이 더 쉬웠다. 그 결과, 육상 무역은 대체로 와인, 올리브유, 보석, 귀금속, 희귀 향신료 같은 상품으로 제한되었다. 예컨대 서기 300년경, 밀 한 수레를 500킬로미터 떨어진 곳으로 운반하면 그 가격은 두 배로 올랐다.[23]

*세상을 읽는 경제학*

# 종교의 경제학

고전고대 시대◆는 유대교, 기독교, 이슬람교라는 세 아브라함 계통 종교가 태동한 시기였다. 이 종교들이 등장하게 된 한 가지 배경에는 경제학의 핵심 통찰이 자리하고 있다. 바로 경쟁이 더 큰 혁신을 유도함으로써 소비자에게 이익을 준다는 원리다. 따라서 이 종교들이 치열한 종교적 경쟁이 벌어지던 시대에 등장한 것은 결코 우연이 아니다.

현대 사회에서도 종교는 여전히 같은 원리에 의해 형성되고 있다. 북미 지역은 다양한 교파 간의 경쟁이 활발한 덕분에 교회 출석률이 높은 반면, 교회가 정부로부터 독점적 지위를 부여받는 경우

◆ 지중해를 중심으로 하는 고대 그리스 시대와 로마 시대를 가리키는 명칭으로, 기원전 8세기부터 서기 5세기까지의 시기를 일컫는다.

가 많은 스칸디나비아 국가에서는 그렇지 않다. 미국의 제3대 대통령인 토머스 제퍼슨은 종교의 다양성에 대해 언급하며, 종교 문제에 있어서는 "흩어지면 죽고 뭉치면 산다"는 격언이 "흩어지면 살고 뭉치면 죽는다"가 되어야 한다고 익살스럽게 말한 바 있다.[24]

또한 경제학자들은 많은 종교가 음식, 복장, 사회적 교류의 제약을 포함한 여러 엄격한 요구 사항을 두는 데는 경제적 목적이 있다고 지적한다. 이런 규칙이 없다면, 외부인이 쉽게 공동체 안으로 스며들어 아무런 대가도 치르지 않고 그 혜택을 누릴 수 있기 때문이다. 오늘날 전 세계 인구의 여섯 명 중 다섯 명은 종교를 가지고 있다.[25] 사람들은 나이가 들어가면서 점차 덜 종교적으로 변하는 경향이 있지만, 종교를 가진 부모일수록 자녀를 더 많이 낳는 현 추세가 유지된다면 수십 년 동안 세계는 점점 더 종교적으로 변할 것으로 전망된다. 신학적으로 온건한 종교일수록 신앙 활동을 중단하거나 믿음을 잃은 이탈자가 많고, 신학적으로 보수적인 종교일수록 출생률이 높다. 따라서 가장 빠르게 성장하는 종교는 대체로 교리가 가장 엄격한 종교들인 경향이 있다.

# 2장

# 대운하, 인쇄기 그리고 흑사병

## 중세 도시의 상업과 경제 발전

우리 행성 표면의 3분의 2 이상이 물로 이루어져 있다는 점을 생각하면, 이 행성은 '지구'가 아니라 차라리 '물'이라고 불러야 하지 않을까. 수천 년 동안 인류는 노나 돛 또는 그 둘 모두를 이용해 움직이는 배를 타고 수로를 통해 이동해왔다. 수로로 화물을 운반하는 것이 육로 운송보다 비용이 덜 들었기 때문에, 강과 바다는 도로보다 상업에 훨씬 더 중요한 역할을 했다.

### 물이 있는 곳에 돈이 모이다

중국 수나라(서기 581~618)의 통치자들은 세계에서 가장 긴 인공 수로인 대운하Grand Canal를 건설했다. 전체 길이가 1600킬로미터를 넘는 이 대운하는 황허강과 양쯔강을 연결한다. 원래 이 대운하는 정부가 나라 곳곳에서 세금으로 거둔 곡물을 수도로 운반할 목적으로 만든 것이었다.[1]

하지만 이 운하는 지방 간의 무역을 활성화하는 효과도 불러왔으며, 당나라(서기 618~907)의 번영에 핵심적인 역할을 한 경제적 활력과 세계시민적 개방성 형성에도 기여했다. 1800년대에 대운하가 폐쇄되자 주변 지방에서는 경제적 고난과 사회적 불안이 촉발되었는데, 이는 대운하가 얼마나 중요한 존재였는지 잘 보여준다.[2] 대운하는 만리장성보다 덜 알려져 있지만 경제적 중요성은 더 컸다. 대운하의 건설은 번영을 이끌고, 여행을 촉진했으며, 정치적 안정성도 향상시켰다. 서기 1000년경, 중국인의 생활 수준은 영국보다 높았다. 오늘날 화폐 가치로 환산하면 당시 중국인의 1인당 일일 평균소득은 3.36달러, 영국은 3.15달러였다.[3]

이 시기는 세계적으로 수상 교통이 중요했다. 그래서 가장 번성한 도시들은 대개 해안가에 자리 잡고 있었으며, 그중에서도 배가 폭풍을 피할 수 있는 심해항을 갖춘 곳이 특히 유리했다. 포르투갈 리스본, 이집트 알렉산드리아, 그리스 아테네는 모두 해상 운송의 황금기 동안 번영을 누린 도시다. 항구 도시는 금융 중심지로 발전했다. 제노바에서는 환전상들이 상인들의 동전을 보관하면서 계좌 이체를 통해 부채를 청산했으며, 새로운

항해에 필요한 자금을 대출해주기도 했다.[4]

베네치아에서는 콜레간차collegnaza라는 새로운 형태의 위험 분산 제도가 등장했다. 이는 자금이 부족한 상인들이 투자자와 이익을 공유하기로 약속하면서 항해 비용을 조달받는 방식이었다.[5] 이 제도는 상인들에게 사회적 상승의 경로를 제공했고, 1300년대 초에 베네치아는 세계적 금융 중심지로 떠올랐다. 하지만 곧 베네치아의 유력 가문들은 콜레간차 제도를 평민들이 이용하지 못하도록 막음으로써 자신들의 경제적 지위를 고착화했다. 이 과정에서 능력보다 후원이 우선되었고, 베네치아는 세계 상업의 선두 자리를 잃었으며, 연이어 군사적 패배도 겪었다. 혁신과 평등주의는 내부자 간의 정실주의로 대체되었고, 그 결과 베네치아인들은 점점 더 가난해졌다.

해상 무역으로 부를 축적한 또 다른 도시는 즈빈강 하구에 위치한 브뤼허(현재 벨기에 영토)였다. 1301년, 이 도시를 방문한 프랑스 왕비는 이렇게 감탄했다. "지금까지 나는 여왕이 나밖에 없는 줄 알았는데, 이곳에 600명의 경쟁자가 있는 것 같군요."[6] 두 세기가 지나 즈빈강 하구가 퇴적으로 막히자 브뤼허의 경제는 급속히 쇠퇴했고, 그에 따라 서쪽으로 80킬로미터 떨어진 안트베르펜이 새로운 상업 중심지가 됐다. 안트베르펜이 배들이 쉽게 정박할 수 있는 항구 도시였기 때문이다. 결국 사람들은 브뤼허를 '죽음의 도시 브뤼허'라고 부르게 되었다.

## 인쇄혁명

　무역과 이주는 새로운 아이디어와 복제 가능한 상품을 가져오면서 가장 큰 가치를 발휘했다. 안경은 1290년경 이탈리아에서 발명돼 유럽 전역으로 빠르게 퍼졌다. 1440년경에는 독일에서 금속 활자 인쇄기가 발명돼 인쇄혁명을 촉발했다. 이후 50년 동안 출판된 책의 수는 그 이전 1000년 동안 출판된 책의 수를 넘어섰다.[7]

　경제학자들은 물리적 재화는 '경합적rivalrous'이고, 아이디어는 '비경합적non-rivalrous'이라고 말한다. 예를 들어, 내가 사과 3개를 당신에게 건네면, 내게는 더 이상 그 사과 3개가 없다. 하지만 내가 사과를 저글링하는 법을 당신에게 가르쳐준다면, 우리는 그 즐거움을 함께 누릴 수 있다(특히 멍든 사과를 먹는 걸 개의치 않는다면). 이러한 비경합성 개념은 경제학자들이 혁신을 이해하는 핵심이 된다. 안경과 인쇄기의 경우, 이 두 발명품은 지적 재산권의 보호를 받지 않았기 때문에 소비자 입장에서는 복제·개량·개선이 가능해 더 큰 이익이 되었다. 하지만 자유롭게 복제할 수 있다는 점은 발명 동기를 약화하기도 했다. 이후 1474년 베네치아의 특허법을 시작으로 몇 세기에 걸쳐, 여러 국가가 아이디어를 공개하는 대가로 발명가들에게 일정 기간 독점권을 부여하는 특허 제도를 도입했다.

지식의 확산은 이 시기의 중요한 사회적 변혁 운동인 종교개혁을 통해서도 촉진되었다. 마르틴 루터와 그의 추종자들은 가톨릭교회와 결별하면서 신자들에게 성경을 스스로 읽을 것을 권장했다. 이로 인해 문해율이 높아졌고, 독일의 개신교 지역에서는 경제발전이 촉진되었다. 실제로 현대 독일에서는 루터 이후 500년이 지난 지금까지도 이 지역들의 교육 수준과 소득이 대체적으로 더 높다.[8]

## 중세의 삶

5세기부터 15세기까지의 중세시대 동안 종교는 다양한 방식으로 경제발전에 영향을 미쳤다. 유대인 공동체 내부의 강한 신뢰는, 수익성이 높지만 사회적으로 멸시받던 금융업과 송금업에서 유대인이 두각을 나타내게 했다. 이슬람교는 창시 초기인 서기 610년부터 무역과 긴밀히 연결되어 있었고(무함마드는 상인이었다), 무슬림 간의 신뢰는 이슬람 사회 내 상업을 활성화했다.[9] 종교전쟁 또한 경제학적으로 설명할 수 있다. 예를 들어, 제1차 십자군 원정(1096~1099)은 가톨릭교회가 새로운 영토에 대한 독점권을 확장하려 한 시도였다고 볼 수 있다.[10]

중세에 유럽인 대부분은 봉건제feudalism 체제에서 살았다. 이 체제는 영주가 땅을 소유하고 농민들이 경작하는 것이었다. 농민들은 귀족에게 식량을 제공하는 대가로 도적이나 외부의 침략으로부터 보호받았다. 당시에는 사회적 신분 상승의 기회가 거의 없었고, 성직자들은 기존 질서를 유지하는 역할을 했다.

당시 장인들은 작업 가격표를 새긴 돌을 벽에 걸어두곤 했다. 그만큼 가격이 세대를 지나도 변하지 않을 만큼 안정적이었다. 일부 기술적 변화는 있었지만(앞서 언급한 수차의 확산 등) 삶은 여전히 힘들었다. 중세 말기 무렵까지도 대부분의 사람들은 맛없는 스튜와 곡물로 끼니를 때웠으며, 고기나 생선은 이따금 곁들이는 수준에 그쳤다. 대부분의 집에는 인쇄된 책도 가구도 거의 없었으며, 상수도는 존재하지 않았다. 당시에는 긁힌 상처 하나로 목숨을 잃을 수 있었고 질병은 일상적이었다. 아기 세 명 중 한 명은 첫 생일 전에 사망했고, 분만 과정에서 산모의 3분의 1이 목숨을 잃었다.[11]

## 흑사병이 가져온 호황

중세에 가장 치명적인 세균은 예르시니아 페스티스 Yersinia pestis, 즉 흑사병의 원인균이었다. 흑사병은 중앙아시아에서 발생해, 1347년에 흑해에서 출항한 제노바 상인들에 의해 유럽으로 전파되었다. 이 전염병은 유럽 인구의 약 3분의 1을 사망에 이르게 했고, 이는 역사상 가장 참혹한 전쟁보다 더 많은 인명을 앗아갔다. 카이로에서는 인구 절반이 목숨을 잃었고, 1349년에는 하즈 순례(성지 순례) 중이던 무슬림들에 의해 메카로도 전파되었다. 도심에서는 밀집된 주거 환경이 전염을 가속화했고, 사람들은 병을 피해 시골로 도망쳤다. 중세 이탈리아를 대표하는 작가 조반니 보카치오 또한 그중 한 사람으로, 인구 중 최대 4분의 3이 사망한 도시 피렌체를 탈출해 자신의 대표작 『데카메론』을 집필했다. 1300년에서 1400년 사이 세계 인구는 4억 3000만 명에서 3억 5000만 명으로 줄어들었다.

흑사병은 경제학의 원리를 생생하게 보여주는 극적인 사례이기도 하다.[12] 노동력 부족은 유럽의 실질임금♦을 두 배로 끌어올렸다. 갑자기 토지가 상대적으로 풍부해졌고 지대는 하락했다. 이로 인해 권력의 무게추는 지주에서 농민 쪽으로 이동했다. 상당 부분, 이 전염병이 봉건제의 종말을 이끈 셈이었다.

흑사병은 물가에도 영향을 주었다. 밀 같은 단순한 식품은 가격이 내려갔고, 노동 집약적인 제조품은 가격이 상승했다. 임금이 오르고 지대는 떨어지자, 농민들은 생산 방식을 토지 집약적

---

♦ 화폐 단위로 나타내는 명목임금에서 물가 변동의 효과를 고려한 임금으로, 실제 재화나 서비스를 구매할 수 있는 양으로 측정된다.

흑사병을 묘사한 목판화 〈주여, 런던을 불쌍히 여기소서〉.

인 소나 양 사육으로 바꾸었다. 수입이 늘어난 농민들은 고기를 더 많이 소비하기 시작했고 맥주에 대한 수요도 증가했다. 당시 기준으로 보면 맥주는 생활 수준의 상징이기도 했다.

  오늘날 시각으로 평가하면 유럽의 성장은 더뎠지만, 1400년 대에 이르러 유럽은 세계에서 가장 부유한 지역이 되었다. 그리고 이런 유럽의 성공은 우리가 앞서 보았듯, 대륙의 형태와 유리한 농업, 인쇄술의 확산, 흑사병으로 인한 봉건제의 붕괴 같은 행운에 뿌리를 두고 있었다.

*세상을 읽는 경제학*

# 사회적 이동성

  중국의 고대 봉건 제도, 인도의 전통적 카스트 제도, 유럽의 중세 봉건제에서 개인의 사회적 지위는 출생에 의해 결정되었다. 이런 사회에서 세대 간 사회적 이동은 극히 제한적이었다. 부모의 지위가 곧 자녀의 지위를 결정했기 때문이다.

  현대 자본주의 사회에 사는 대부분 사람은 이처럼 경직된 계급 제도에 강한 거부감을 느낀다. 실제로 현대인들은 어떤 이념을 가지고 있든 '누구나 성공할 수 있다'는 믿음, 즉 사회적 이동이 가능하다는 믿음을 가지고 있다. 하지만 현실에서는 자녀의 삶이 부모의 배경에 영향을 받는 정도가 나라에 따라 크게 다르다. 사회적 이동성이 가장 높은 지역은 스칸디나비아, 가장 낮은 지역은 라틴아메리카다.

  이런 차이가 발생하는 한 가지 이유는 불평등(빈부 격차)이 이동성

(부모의 소득과 자녀의 소득이 달라지는 정도)과 밀접한 관계가 있기 때문이다. 이를 사다리에 비유하자면 불평등은 사다리의 디딤대 사이 간격이고, 이동성은 누군가 위로 올라가거나 아래로 내려갈 가능성이라고 할 수 있다. 디딤대 사이가 멀수록 오르내리는 것이 더 어려워진다. 이 개념은 '위대한 개츠비 곡선Great Gatsby Curve'◆으로 알려져 있다.[13] 라틴아메리카는 스칸디나비아보다 더 불평등하기 때문에 사회적 이동성도 더 낮다.

사회적 이동성 연구는 한 세대 간 변화만 다루지 않는다. 여러 세대를 가로지르며 가문의 지속성을 분석하는 연구도 있다. 장기적인 사회 이동성 패턴을 이해하기 위해 경제학자 그레고리 클라크Gregory Clark는 드문 성씨를 활용해 사회가 유동적인지 정적인지 분석했다.[14] 예를 들어, 1633년부터 1703년까지 살았던 새뮤얼 피프스는 영국 해군성의 서기관으로 활동한 인물이다. 지난 500년 동안 '피프스Pepys'라는 성을 가진 사람들은 옥스퍼드대학교와 케임브리지대학교에 진학할 확률이 일반 인구보다 최소 20배 높았다. 재산 기록이 남아 있는 경우를 조사해보니, 그들의 유산 가치는 영국 평균의 5배 이상이었다. 이처럼 특정 성이 수세기 동안 엘리트 집단 내에 계속 머문다는 것은 사회 이동성이 지극히 낮다는 증거다.

드문 엘리트 성씨의 지속성은 다른 나라에서도 확인된다. 1920년

---

◆ F. 스콧 피츠제럴드의 소설 『위대한 개츠비』에서 이름을 땄다. 주인공 개츠비는 무일푼에서 자수성가하여 큰 부를 축적한 인물이다.

대에 미국 국세청이 초고소득자 명단을 발표했는데, 한 세기가 지난 지금도 그 명단에 있는 성씨를 가진 사람들은 여전히 의사나 변호사가 될 확률이 다른 성씨들보다 3~4배 더 높다. 예를 들어, 미국에서 '캐츠Katz'라는 엘리트 성씨를 가진 사람들은 의사나 변호사일 확률이 일반인보다 6배나 높다.

일본에서 사무라이 계급의 성씨는 1868년 메이지 유신 이전까지 거슬러 올라간다. 현대에도 사무라이 성씨를 가진 사람들은 의사, 변호사, 학술 저자 집단에 최소 4배 이상 포진해 있다. 19세기 중국의 엘리트 계층에서 두드러졌던 청나라 성씨들은 지금도 기업 이사회 의장이나 정부 관료 등의 지위를 다른 성씨들에 비해 훨씬 더 많이 가지고 있다.

칠레에서는 1850년대에 지주 계층에 많이 포함되었던 성씨들이 지금도 다른 성씨들에 비해 고소득 직업을 많이 가지고 있다. 스웨덴에서는 1600년대와 1700년대에 '귀족 성씨'들이 정해졌는데, 이 성씨들은 오늘날 의사 비율이 일반보다 2배, 변호사 비율은 5배에 이른다. 이렇게 사회적 지위는 10세대를 넘어 놀라울 만큼 오랫동안 지속된다.

# 3장

## 탐험의 시대

### 신대륙 발견이 바꾼 세계 질서

유럽의 상대적인 번영은 해상 기술의 지속적인 발전을 가능하게 하는 자금을 지원했다. 이 시대의 선박은 3개의 돛대가 달린 '전장 범선full-rigged' 형태였는데, 크고 튼튼한 선체를 지녔고 노 대신 키로 방향을 조종했다. 또한 돛의 발전 덕분에 맞바람 속에서도 항해할 수 있게 되었다. 더 정교한 나침반과 지도가 개발되고 바람의 흐름에 대한 이해가 깊어지면서 선박은 가장 빠른 항로를 이용할 수 있게 되었다. 선원들은 해상용 아스트롤라베astrolabe◆를 사용해 자신이 탄 배의 위도를 정확히 측정할 수 있었다. 이 모든 것은 과거에 비해 훨씬 오랫동안 먼 바다를 항해하는 것을 가능하게 했다.

하지만 초기 탐험가들이 알지 못했던 부분도 많았다. 1492년

---

◆ 천체의 높이나 각거리를 재는 기구로, '성반星盤'으로도 불린다.

에 크리스토퍼 콜럼버스는 대서양을 건너면서 자신이 인도와 중국에 도착할 것으로 생각했고 아메리카에 도착할 것으로는 예상하지 못했다(서인도제도의 부정확한 명칭이 이 실수를 보여준다). 그 뒤로도 주요 탐험들이 이어졌다. 1498년, 바스코 다 가마는 인도로 향하는 해로를 개척했다. 1519년, 페르디난드 마젤란은 세계 최초의 세계 일주 항해를 시작했다(마젤란 자신은 필리핀에서 벌어진 전투에서 사망해 귀향하지 못했다). 이러한 탐험의 핵심에는 경제적 목적이 있었다. 탐험가들은 새로운 상품과 새로운 시장, 새로운 땅으로 자신들의 항해를 재정적으로 뒷받침하고자 했다.

## 신대륙 발견의 명암

새로운 대륙이 발견되고 장거리 운송 비용이 낮아지면서 국가 간 무역뿐 아니라 대륙 간 무역도 활발해졌다. 1500년대의 '콜럼버스의 교환Columbian exchange'은 옥수수, 감자, 고추를 아메리카에서 유럽으로 전했고, 오렌지, 설탕, 돼지를 유럽에서 아메리카로 옮겼다. 하지만 안타깝게도 이 교환은 천연두, 홍역, 독감, 수두 같은 질병을 아메리카에 전파했고, 어떤 지역에서는 인구의 80% 이상을 죽음으로 몰아갔다.

무역의 또 다른 끔찍한 측면은 1501년부터 1866년까지 1200만 명이 넘는 사람을 대서양 너머로 노예로 판 일이었다.[1] 이 잔혹한 사업의 규모는 상상을 초월할 정도였다.[2] 1700년대에는 유럽인들이 아프리카 전체 인구의 약 10%를 대서양 너머로 팔았다. 노예선에 빽빽이 실리고, 충분한 음식도 없이 질병에 시달렸던 사람들은 열 명 중 한 명 이상이 항해 도중 사망했다. 노예시장에서는 부모와 자식을, 부부를 일상적으로 갈라놓았다. 미국 최대의 노예시장이었던 뉴올리언스에 관한 한 연구에 따르면, 판매된 노예들의 80% 이상이 직계 가족과 떨어져야 했다.[3]

당시 전체 노예 수송의 거의 절반을 포르투갈인이 책임졌고, 그중 3분의 1 이상은 브라질로 보내졌다. 에스파냐, 프랑스, 네덜란드도 노예 무역에서 두드러진 역할을 했다. 카리브해와 아메리카의 식민지로 보내진 노예들은 노동 집약적인 작물(초기에는 설탕, 나중에는 목화와 담배)을 재배하도록 강요받았다. 노예 보유는 일부 유럽 국가에서 주요한 부의 원천이었고, 1700년대 말에는 노예 노동에서 나오는 수익이 영국 국민소득의 약 5%를 차지하며 국가 산업 발전을 뒷받침했다.[4]

같은 시기에 또 다른 핵심 수출품은 금과 은이었다. 1500년부터 1800년까지 수만 톤의 은이 멕시코와 볼리비아에서 에스파냐로 수송되었다. 하지만 당시는 유럽 열강 간 적대관계가 팽배하던 시대였기 때문에 다른 나라의 배와 마주친 선원들은 안전을 보장받을 수 없었다. 한 사건에서는 탐험가에서 해적으로 변신한 영국인 프랜시스 드레이크가 36킬로그램의 금과 26톤의 은을 실은 에스파냐 배를 약탈했다. 그는 영국에서는 영웅으로 칭송받았지만 에스파냐에서는 범죄자로 비난받았다.

하지만 어쩌면 에스파냐는 드레이크의 약탈에 그렇게 분노할 이유가 없었는지도 모른다. 금과 은의 엄청난 유입이 결국 에스파냐 경제에 해를 끼쳤을 것이기 때문이다.[5] 귀금속은 당시에 화폐 역할을 했기 때문에, 금과 은을 가득 실은 배의 도착은 현대 정부가 화폐를 과다 발행한 것과 다름없었다. 그 여파로 자국 상품과 서비스의 가격이 상승해, 수입은 늘었고 수출은 줄었다. 귀금속이 처음 도착했던 안달루시아 지역이 가장 먼저 피해를 입었다는 사실이 이를 명확히 보여준다. 선박, 밧줄, 비단을 생산하던 에스파냐 제조업자들은 세계 시장에서 경쟁력을 잃고 사업이 무너졌다. 1500년 당시 에스파냐는 세계에서 가장 부유한 국가 중 하나였지만, 200년 뒤에는 후진국으로 전락했다. 에스파냐의 이런 경험은 현대의 '자원의 저주 resource curse'와 유사한데, 이는 귀중한 광물 자원이 오히려 국가를 빈곤하게 만드는 현상을 가리킨다. 실제로 저소득 국가의 경우 자원 매장량이 많을수록 경제성장이 더딘 경향이 있다.

## 왜 아프리카는 노예 공급처가 되었나

　유럽의 식민주의자들은 치명적인 바이러스를 다른 지역에 퍼뜨렸지만, 그들 역시 현지의 질병에 취약했다. 질병의 위험성이 각각 매우 달랐기 때문에, '대항해 시대'의 식민지 개척 패턴은 질병 분포와 밀접한 관련이 있었다.[6] 1600년대 초, 잉글랜드의 청교도들Pilgrim Fathers◆은 메이플라워호를 타고 남미의 가이아나로 향할 계획이었지만, 가이아나의 높은 사망률 때문에 결국 미국으로 목적지를 바꿨다. 서아프리카에서는 말라리아와 기타 열대 질병으로 유럽 정착민 중 절반가량이 도착 첫해에 사망했으며, 그 결과 도로나 행정기관을 구축하는 일은 거의 불가능했다. 이렇게 사망 위험이 끔찍하게 높은 지역에는 투자 인센티브가 거의 없었다.

　반면에, 캐나다, 미국, 칠레, 오스트레일리아처럼 정착민의 사망률이 상대적으로 낮은 나라에서는 식민지 지배국들이 철도에서 대학에 이르기까지 폭넓게 투자했다. 나이지리아, 앙골라, 마다가스카르처럼 정착민 사망률이 높은 나라에서는 본질적으로 자원을 착취하는 식민지 구조가 형성되었고, 식민주의자들은 노예부터 귀금속까지 최대한 많은 부를 빼내려 했다. 이런 접근

---

◆　이들은 1620년 미국 동부 플리머스로 가서 식민지의 초기 정착민이 되었다.

방식은 식민지 시대 말기에 절정에 이르렀는데, 벨기에의 레오폴드 2세는 콩고에서 현지인을 무자비하게 착취하며 살인과 신체 절단, 약탈을 자행했다. 이러한 야만적이고 착취적인 식민주의는 결코 용서받을 수 없지만, 말라리아의 유병률 차이는 유럽 정착민이 서아프리카보다 미국에 훨씬 많은 투자를 한 이유와 대서양 노예 무역이 동쪽에서 서쪽으로 향한(서쪽에서 동쪽이 아니라) 이유를 설명하는 단서가 된다.

## 최초의 주식회사

식민지 개척이 항상 정부 주도의 사업이었던 것은 아니다. 역사상 가장 큰 규모의 기업 중 하나는 아마도 1602년 여러 무역 회사가 합병해 탄생한 다국적 기업인 네덜란드 동인도회사였을 것이다. 이후 200년에 걸쳐 동인도회사는 자체 무장병력을 유지하고 요새를 건설하고 현지 통치자들과 조약을 맺는 등 전반적으로 식민 강대국처럼 행동했다. 이 회사는 향신료, 비단, 커피, 사탕수수, 와인을 거래했고 수백 척의 배를 보유했으며 수만 명을 고용했다. 사업의 중심은 인도네시아였고 중국, 일본, 인도, 스리랑카, 남아프리카공화국에도 주요 거점이 있었다.

투자자들이 네덜란드 동인도회사의 주식을 매입할 수 있었다는 점을 고려할 때, 이 회사는 세계 최초의 상장 기업public company이라고 할 수 있다. 투자자의 관점에서 이 회사에 대한 투자는 위험을 분산할 수 있어 매력적이었다. 모든 자금을 하나의 선박에 걸기보다는 소액으로 여러 항해에 투자할 수 있었기 때문이다. 해상 무역은 수익성이 높을 가능성이 있었지만, 동시에 해적, 폭풍, 괴혈병 같은 엄청난 위험을 안고 있었다. 물가가 갑자기 변할 수도 있었다. 오늘날 대부분의 투자자가 다양한 포트폴리오를 선호하듯이, 1600년대 투자자들 역시 이 큰 회사에 돈을 투자하는 것을 선호했다. 또한 투자자들은 네덜란드 정부가 동인도회사에 아시아 무역에 관한 독점권을 부여했다는 점을 좋아했다. 하지만 이 회사가 독점적으로 통제하던 항로 이용에 터무니없는 요금을 매긴 탓에, 결국 그 부담은 소비자에게 돌아갔다.

영국 동인도회사도 마찬가지였다. 이 회사는 독점적 권한을 바탕으로 화폐를 주조하고 군대를 조직했으며, 세금을 거두고 형사 재판을 주관했을 뿐 아니라, 아시아와 아프리카에서 노예를 실어 나르기까지 했다. 당시 '향신료제도'로 알려졌던 인도네시아의 말루쿠제도에서는 영국과 네덜란드 두 나라 동인도회사들 간 갈등이 네 차례의 '영국-네덜란드' 전쟁을 촉발하기도 했다. 인도에서 영국 동인도회사의 권력은 거의 견제받지 않았다. 인도 지방 통치자들과의 조약과 무력을 통해, 영국 동인도회사는

그레이터런던 남동부 울위치를 떠나는 영국 동인도회사 선박을 묘사한 판화.

인도 아대륙(현재의 인도, 파키스탄, 방글라데시 지역)의 3분의 2를 지배하게 되었다.[7] 영국 동인도회사는 세계사에 엄청난 영향을 끼쳤다. 미국 독립혁명의 발단이 된 '보스턴 차 사건'에서 바다에 던져진 차가 바로 이 회사의 것이었고, 이 회사가 중국에 아편을 판매하면서 벌어진 분쟁이 아편전쟁을 촉발했다. 유명한 차 상인이었던 토머스 트와이닝과 예일대학교 설립 후원자 엘리후 예일도 모두 영국 동인도회사에서 경력을 시작했다(예일은 부패 혐의로 회사에서 해고되었으며, 그가 부정하게 얻은 돈은 자신의 이름을 딴 대학교 설립에 보탬이 되었다).

## 해상보험과 빈민법의 탄생

공해公海에서의 위험은 창의적인 경제적 해결책을 탄생시켰다. 예를 들어, 고대 그리스에서는 항해를 준비하고 기획하는 상인들이 '선박저당 채권bottomry bonds'을 판매했다. 이는 배가 항구에 무사히 도착하면 높은 이자를 지급했지만, 항해 도중에 침몰하면 아무것도 지급하지 않는 방식이었다. 1293년에 포르투갈의 디니스 왕은 유럽 최초의 해상보험 기금을 설립해, 상인들이 재난 위험을 온전히 혼자 감수하지 않고도 항해를 준비할 수 있도록 했다.[8] 보험이 이렇게 처음 등장했을 때의 목적과 원리는 오늘날에도 여전히 유효하다. 보험은 재정적 파산 위험, 이를테면 집이 불타거나, 비싼 차와 충돌하거나, 유일하게 돈을 버는 가족 구성원이 사망하는 경우 등을 대비하는 데 매우 유용하다. 하지만 물건의 가격이 한 달치 소득보다 적다면, 굳이 보험에 들기보다는 차라리 그 위험을 감수하는 편이 나을 수도 있다(집에는 보험을 들어야 하지만 휴대전화에는 그럴 필요가 없다).

역사를 통틀어 인류가 직면해온 가장 큰 위험 중 하나는 자원 고갈이다. 또한 애초에 가진 돈이 적다면 가난을 보험으로 대비하기는 어렵다. 이 시기에는 사회보험이 없었기 때문에 극빈자들은 도움을 거의 받지 못했다. 하지만 구걸조차 쉽지 않았다. 1500년대 영국에서는 구걸 행위를 하면 채찍질을 당하거나 감옥에 갇히거나 낙인(부랑자vagabond라는 뜻의 'V'자 표시)이 찍히거나, 심지어 교수형에 처해지기도 했다.

프랑스에서는 1561년의 물랭 칙령Moulins Ordinance을 통해 빈민 구호 제도가 마련되었으며, 이에 따라 당국은 가난한 이들에게 지원을 제공할 의무를 지게 되었다. 동시에 당국은 지원을 해 주는 대가로 노동이 가능한 사람들에게는 노동을 요구할 수 있는 권한도 부여받았다. 1601년 영국에서 제정된 빈민법English Poor Laws에도 이와 비슷한 생각이 반영돼 있었다. 이 법은 교구를 통해 빈민에게 약간의 빵을 제공했지만, 소위 '도움 받을 자격이 없다고 여겨진 빈민'에게는 이 교구의 빵조차 제공하지 않았다. 영국에서 노동할 수 없는 이들을 위한 지원은, 복지는 '도움 받을 자격이 있다고 여겨진 빈민'◆만을 위한 것이라는 강한 도덕적 신념에서 비롯되었기 때문이다. 사회가 굶주린 사람들을 먹일 여유가 있었을 때에도 구호가 노동 의욕을 꺾을 수 있다는 우려가 과도했던 시기였다.

셰익스피어는 대부분의 희곡을 1590년에서 1610년 사이에 썼다. 『햄릿』이나 『로미오와 줄리엣』 같은 작품을 보면, 셰익스피어와 그 시대 사람들도 우리와 가까운 존재처럼 느껴진다. 그

◆ 게으름이나 부도덕함 때문에 가난해진 것이 아니라 질병, 사고, 노령 등의 불가피한 사정으로 가난해진 사람들을 의미한다.

들도 사랑, 희망, 배신 등 우리와 똑같은 문제와 씨름한 것 같다. 셰익스피어의 작품에서 우리는 경제적 교훈도 얻을 수 있다. 『템페스트』는 국가 간 교역의 위험성을 상기시키고, 『베니스의 상인』은 계약 이행 문제를 탐구하며, 『헨리 4세』는 희소성에 관한 통찰력을 제공한다.

하지만 셰익스피어의 시대는 우리가 사는 시대와 매우 다르게 보이기도 하다. 그가 살았던 시대는 노예제와 미신의 시대였다. 1500년대와 1600년대에는 최대 100만 명의 사람이 마녀라는 죄목으로 처형되었다. 그 규모가 얼마나 잔혹했는지, 독일의 한 마을에서는 하루 만에 400명이 처형당하기도 했다. 희생자 대부분은 가난한 여성이었고, 그중 많은 사람이 과부였다. 경제학자 에밀리 오스터Emily Oster의 흥미로운 분석에 따르면, 마녀재판의 강력한 예측 변수는 흉작이었다.[9] 경제 상황이 악화하면 사람들은 희생양을 찾았다. 마녀재판이 가장 활발했던 시기는 1590년대와 1680년에서 1730년 사이였는데, 이 시기는 '소빙하기Little Ice Age'와 일치한다.

*세상을 읽는 경제학*

# 튤립 파동

튤립은 1500년대 중반에 오스만 제국에서 유럽으로 전해졌는데, 당시 유럽인들이 보아왔던 어떤 꽃보다도 강렬한 색상을 지니고 있었다. 식물학자들은 다양한 품종을 교배해 다채로운 색깔의 튤립을 만들어냈다. 원예학자들은 튤립 구근을 모자이크 바이러스에 감염시키면 꽃잎에 또 다른 색깔의 줄무늬가 나타난다는 사실을 발견했다.

1600년대에는 강력한 금융시장을 가진 네덜란드가 튤립 거래의 중심지로 떠올랐다. 튤립 판매는 구근을 캐내어 옮길 수 있는 휴면기인 6월에서 9월 사이에 이루어졌다. 그런데 이 튤립들에 대한 과도한 투기 열풍, 이른바 '튤립 파동tulip mania'이 확산되면서 모자이크 바이러스에 감염된 튤립의 가격이 급등했다. 이는 전적으로 비합리적인 현상만은 아니었다. 당시 유행하던 튤립은 일반적인 씨앗 번식이 아니라 바이러스에 감염된 모체 구근을 분구하는 방법으로만 번식이 가능했기 때문이다. 1625년, '셈페르 아우구스투스'라는 이름의 튤립 구근은 2000길더에 거래되었는데, 이는 오늘날 화폐 가치로 약 1만 6000달러에 달하는 금액이다.[10] 하지만 1637년에 이르러 튤립 가격은 폭락했다.

튤립시장의 붕괴는 흔히 역사상 최초의 금융버블로 언급되곤 한다. 하지만 모든 흥미로운 이야기가 그렇듯, 이 사건에도 다소 과장된 요소가 있다. 경제학자들은 이 놀라운 가격이 오직 매우 희귀한 구근(모자이크 바이러스 감염 구근)에만 적용되었으며, 가격도 5년에 걸쳐 약 3분의 2에서 5분의 4 수준 정도로만 떨어졌다고 지적한다. 즉, 극적인 폭락은 아니었다는 것이다.

셈페르 아우구스투스 튤립은 1620년대 유럽에서 큰 열풍을 일으켰다.

튤립 파동은 혁신을 촉진하기도 했다. 1700년대 초반에 네덜란드 식물학자들은 새로운 튤립 품종을 이미 수없이 많이 만들어낸 상태였다. 이런 식물학적 실험과 품종 개발 기술은 다른 꽃들로도 옮겨갔다. 얼마 지나지 않아 유럽에서 가장 유행하는 꽃의 지위는 튤립에서 원예용으로 개량된 히아신스로 넘어갔다. 다른 금융버블과 달리 튤립 파동은 네덜란드 경제에 별 영향을 주지 않았으며, 네덜란드는 이후로도 계속 번영했다.

# 4장

## 산업혁명과 국가의 부

### 지속적인 경제 성장이 가능해지다

THE SHORTEST HISTORY OF ECONOMICS

　　　　　　인류의 역사 전체를 놓고 볼 때, 생활 수준의 향상은 비교적 최근에야 나타난 현상이다. 앞서 살펴본 바와 같이, 농업혁명은 인구 증가를 가능하게 했지만 대다수 사람의 물질적 삶은 거의 나아지지 않았다. 일본의 경우, 서기 1000년 당시 평균 실질소득은 하루 2.80달러에 불과했고, 1700년에도 겨우 2.90달러였다.[1] 이는 예외적인 사례가 아니었다. 이 시기에 자녀들이 부모보다 더 풍요로운 삶을 사는 일은 드물었다. 실제로 한 경제사학자는 1700년대 세계 인구의 대다수가 아프리카 초원의 조상들과 다를 바 없는 삶을 살았다고 주장하기도 한다.[2] 이들은 조상들보다 키도 더 크지 않았고 기대수명도 더 길지 않았으며 더 많은 칼로리를 섭취하지도 않았다. 제인 오스틴의 소설에 나오는 차를 즐기는 사람들은 가난이 일상이던 시대에 드물고 예외적인 존재였다. 경제성장은 대체로 생활 수준 향상보다는 인구 증가로 이어졌을 뿐이었다.

이 모든 것을 바꾸어놓은 것은 산업혁명이었다. 산업혁명 이후로 출생 시 기대수명은 2배로 늘었고, 실질소득은 14배나 증가했으며, 평균 키도 약 10센티미터 늘어났다.[3] 현대의 경제 체제에서는 세대가 거듭될수록 생활 수준이 향상되리라 기대하는 것이 당연하지만, 산업혁명 이전의 경제성장은 더디고 불규칙했다.

## 산업혁명은 왜 영국에서 일어났을까

경제학자 로버트 앨런Robert Allen은 산업혁명을 서로 긴밀히 연결된 여러 혁명이 맞물려 일어난 복합적 과정으로 이해하는 것이 가장 적절하다고 말한다.[4] 산업혁명 당시, 영국의 농업은 선택적 작물 교배, 토양 경작법의 개선, 윤작(돌려짓기)의 도입 덕분에 생산성이 매우 높아진 상태였다. 그 결과, 식량 생산에 필요한 인력이 줄어들어 농민들이 일거리를 찾아 도시로 이동하는 도시혁명이 일어났고, 1750년에는 전체 인구의 4분의 1이 도시에 거주하게 되었다. 이 도시혁명은 다시 상업혁명으로 이어졌는데, 이는 런던과 기타 영국 도시들에 형성된 밀도 높은 사회적 네트워크의 산물이었다. 수출입은 급격히 증가했고, 선박

무역을 지원하기 위한 민간은행들도 생겨났다. 또한 도시는 그 자체가 혁신을 촉진하는 역할을 했다. 경제학자 앨프리드 마셜 Alfred Marshall이 훗날 언급했듯이, 서로 쉽게 만날 수 있는 도시 특유의 지리적 근접성은 일종의 "공기 중에 감도는 분위기", 즉 새로운 아이디어가 빠르게 공유되고 발전하는 환경을 만들어냈다. 오늘날 실리콘밸리에서 기술기업들이 높은 생산성을 보이듯, 산업혁명 시기의 산업가들도 영국 도시에서 더 높은 생산성을 발휘할 수 있었다.

이렇게 서로 연결된 여러 혁명 가운데 가장 핵심적인 것은 기술혁명이었다. 1700년대에는 "도구의 물결이 영국 전역을 휩쓸었"다.[5] 제임스 하그리브스James Hargreaves가 발명한 제니 방적기 Spinning Jenny는 노동자가 여러 가닥의 실을 동시에 뽑을 수 있도록 했고, 그 결과 한 세대 만에 면실 생산 효율이 100배 향상되었다.[6] 철강 산업은 숯(나무) 대신 코크스(석탄)를 사용하고, 조철照徹을 생산하는 퍼들링 공정과 대형 고로를 도입하면서 혁신적으로 변화했다. 1712년에는 토머스 뉴커먼이 증기기관을 발명했고, 1760~1770년대에는 제임스 와트가 이를 정교하게 개량했다. 영국이 보유한 풍부한 석탄 자원은 증기기관의 성공에 중요한 역할을 했으며, 오늘날 우리가 기후변화의 원인으로 알고 있는 대기 중 탄소 축적을 촉진하기 시작했다.

'범용 기술'은 경제발전을 획기적으로 촉진할 수 있는 혁신

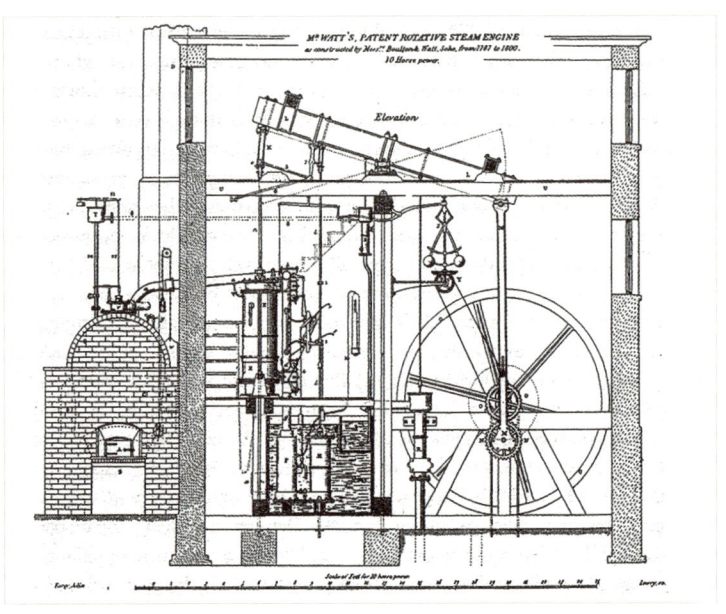

제임스 와트가 1769년에 특허를 낸 석탄 동력 증기기관.

적인 기술이지만, 그 효과가 나타나기까지는 시간이 걸리는 경우가 많다. 석탄 동력 증기기관은 결국 공장에 혁신을 가져오고 선박 운송을 바꾸며 기차 여행을 가능하게 했다. 하지만 제조업체들이 석탄 동력을 완전히 활용하기까지는 시간이 필요했다. 제임스 와트의 특허가 만료된 1800년 당시에도 영국 공장들은 여전히 석탄 동력보다 수력 동력을 세 배 더 많이 사용하고 있었다.[7] 실제로, 세계 최초의 본격적인 여객 및 화물용 상업 철도 노선인 리버풀-맨체스터 노선은 1830년에야 개통됐고, 1850년대 중반에 이르러서야 영국의 노동생산성 증가의 절반을 석탄 동력이 책임지게 됐다. 산업혁명이 그렇게 오랜 기간 지속된 이유 중 하나는 석탄을 제대로 활용하는 데 거의 100년이 걸렸기 때문이다.

이와 같은 패턴은 다른 범용 기술에서도 나타난다. 예를 들어, 전기 모터는 1880년대에 발명되었지만 그로 인한 생산성 향상은 1920년대가 돼서야 가능해졌다. 1920년대에 비로소 조립라인이 전기 모터에 맞게 재설계되었기 때문이다. 또한 수백만 명이 1980년대 초반에 개인용 컴퓨터를 구매했지만, 생산성 향상이 본격적으로 나타난 것은 사무 환경이 컴퓨터 중심으로 재편된 1990년대 후반이었다. 석탄 동력, 전기 모터, 컴퓨터는 모두 범용 기술이 단기적으로는 실망을 안겼지만 장기적으로는 경이로운 결과를 낳은 사례다.

산업혁명에는 제도적 기반도 매우 중요했다. 자본시장은 투자자들이 자금을 조달할 수 있게 했고, 보험시장은 그들이 위험에 대비할 수 있도록 도왔다. 당시 영국은 통화가 비교적 안정적이었고 법원도 비교적 독립적이었다. 영국 왕실의 권한은 제한되어 있었으며, 의회 의원들은 대체로 산업과 기업가 정신에 우호적인 태도를 보였다. 이 모든 요소는 위험을 감수하고 장기적 투자를 하기에 적합한 환경을 조성했다.[8]

## 애덤 스미스의 국부론

현대 경제학도 산업혁명과 같은 용광로 속에서 태어났다. 1776년 3월 8일, 제임스 와트의 (수익성 있는) 최초의 이중 실린더 증기기관이 시장에 등장했고,[9] 다음 날 또 다른 스코틀랜드인 애덤 스미스Adam Smith는 경제학의 기초가 될 저서 『국부론The Wealth of Nations』을 출간했다. 이 책은 놀라울 정도로 독창적인 사고의 산물이었다.

스미스는 열네 살에 글래스고대학교에 입학했고, 열일곱 살에는 옥스퍼드대학교 베일리얼 칼리지에서 대학원 과정을 시작했다. 그의 비순응적인 사고는 옥스퍼드에서의 경험에서 비롯되었을 수 있다. 한 전기작가는 스미스가 다닌 베일리얼 칼리지가 "자코바이트적이고Jacobite,◆ 보수주의적이고, 당파적이고, 학비가 비싸고, 스코틀랜드인에 대한 혐오가 심했지만, 애덤 스미스는 장로교도이고, 자유주의자이며, 사교적이고, 가난했으며, 스코틀랜드인이었다"라고 썼다.[10] 또한 스미스는 열정적인 괴짜였다. 그는 한번은 경제학에 대한 생각에 골몰한 나머지 잠옷 가운 차림으로 집을 나섰고, 19킬로미터 떨어진 옆 마을에 도착하고 나서야 자신의 실수를 알아차렸다고 전해진다. 또 다른 일

◆ 1688년 영국에서 일어난 명예혁명에 반대하는 세력을 지지한다는 뜻이다.

화로는 자유 무역에 대해 열정적으로 이야기하면서 걷다 무두질용 구덩이에 빠졌다는 이야기도 있다.¹¹

『국부론』은 핀 공장을 묘사하는 이야기로 시작된다. 스미스에 따르면, 한 사람이 혼자 핀을 만든다면 하루에 한 개를 간신히 만들 수 있지만, 열 명의 노동자가 각각 제조 과정의 서로 다른 단계에 특화된다면 한 사람당 하루에 4800개의 핀을 만들 수 있다. 또한 스미스는 시장 체제에서는 겉보기에 이기적으로 보이는 개인의 행동이 사회 전체에 이익이 될 수 있다고 설명한다. "우리가 저녁 식사를 기대하는 것은 정육점 주인이나 양조업자 혹은 제빵업자의 자비심 때문이 아니라, 그들이 자신의 이익을 추구하기 때문"이라는 말에서 알 수 있듯이, 시장은 강력한 조정 기능을 수행한다. 통제경제◆보다 자본주의 경제에서 고기, 맥주, 빵이 부족한 상황이 적은 이유가 바로 여기에 있다. 그는 이런 시장의 힘을 "보이지 않는 손invisible hand"에 비유했다.

하지만 스미스는 시장이 완벽하다고 보지 않았다. 그를 추종하는 이후 세대의 일부 경제학자와는 달리 그는 독점, 기업의 정치적 영향력, 기업 간 담합 등에 대해 우려했다. 그는 "같은 업종에 종사하는 사람들은 좀처럼 모이지 않지만, 일단 모이면 대개 대중을 상대로 한 담합이나 가격을 올리기 위한 계책에 대해

◆ 중앙 정부가 자원 배분, 생산, 분배, 소비 등을 결정하는 경제 체제를 말한다.

논의하게 마련이다"라고 썼다. 당시에는 기업이 공공의 이익을 해치며 담합하고, 시장 지배력을 이용해 생산비용보다 훨씬 높은 가격을 책정하며, 새로운 경쟁자의 시장 진입을 방해하는 법안을 통과시키기 위해 정부 관료를 포섭하는 것을 막을 방법이 거의 없었다.

## 시민혁명과 자유로운 경제 활동

산업혁명이 막 시작되던 무렵, 대서양 양쪽에서는 정치혁명이 일어나고 있었다. 1776년에는 미국이 독립선언을 했고 1789년에는 프랑스 혁명이 시작되었는데, 이런 일들은 모두 개인의 자유라는 원칙에 기초한 것이었다. 시장이 개인의 선호를 가격과 수량으로 집계하듯, 민주주의 선거는 개인의 선호를 모아 정부를 선택한다. 200여 년이 지난 지금, 증거는 분명하다. 시장경제는 통제경제보다 생활 수준이 높다. 마찬가지로, 민주주의 국가가 더 부유하며 보건과 교육에 더 많은 지출을 한다. 그리고 역사상 완전한 민주주의 국가끼리는 단 한 번도 전쟁을 벌인 적이 없다.[12]

자유시장 경제 체제와 민주주의 정치 체제가 반드시 동시에 존재하거나 자연스럽게 결합되는 것은 아니지만, 이 둘은 확실한 시너지를 일으킨다. 봉건제의 몰락은 사람들에게 자신이 원하는 직업을 선택할 수 있다는 인식을 심어주었다. 경제적으로 보다 독립적이 된 사람들은 당연히 정부를 선택하는 데 자신의 의견을 반영하고자 했다.

하지만 이 시기는 전쟁으로 얼룩진 시기이기도 했다. 1792년부터 1815년까지 프랑스는 '혁명전쟁' 또는 '나폴레옹 전쟁'으로 알려진 일련의 전쟁을 유럽 각국과 끊임없이 벌였다. 나폴레옹이 최종적으로 패배한 1815년까지 수백만 명의 남성이 목숨을 잃었다. 이처럼 손실이 막대한 전쟁은 거시경제에도 영향을

풍자 만화가 제임스 길레이가 정부의 금융 정책을 비판하는 만평을 그렸고, 이때부터 영국 중앙은행은 "노부인"으로 불리게 되었다.

미쳤다. 그 이후 많은 정부가 그랬듯, 1790년대의 영국 정부는 무기 조달 비용을 충당하기 위해 지폐 발행량을 늘렸다. 1717년부터 영국은 금본위제를 운영하며 지폐 보유자가 지폐를 금으로 교환할 수 있게 했지만, 통화 공급량을 대대적으로 늘린 후에는 일시적으로 금과의 교환을 중단하고 물가를 3년 동안 59%나 끌어올렸다. 정부의 금융 정책을 풍자한 만평은 영국 중앙은행을 "노부인The Old Lady"이라 조롱했고, 이 별명은 오늘날까지도 사용되고 있다.[13] 금본위제는 이후 대공황 시기에 대부분 폐기되었고, 1944년 브레튼우즈 협정에서 부분적으로 복원되었다가 1970년대 초에 완전히 폐기됐다.

## 공리주의와 경제학

이 시기의 경제사상은 철학에서 그 뿌리를 찾을 수 있다. 영국 철학자 제러미 벤담Jeremy Bentham은 1776년에 "최대 다수의 최대 행복이 옳고 그름의 기준이다"라고 썼다. 벤담은 일반적으로 현대 공리주의의 창시자로 간주된다. 공리주의란 선택의 여지가 있을 때 우리는 가능한 한 많은 사람에게 최대의 선을 가져다주는 결과를 택해야 한다는 관점이다.

공리주의는 때때로 너무 자명하게 들리기도 한다. 예를 들어,

배가 침몰하고 있는데 구명보트에 두 배 더 많은 사람을 안전하게 태울 수 있다면, 그 결과는 두 배 더 나을 것이다. 하지만 공리주의는 불편한 결론을 내릴 수도 있다. 예를 들어, 기차가 다섯 명의 사람을 향해 달려오고 있다면, 당신은 선로를 바꿔 그 기차를 한 명만 있는 곳으로 보내겠는가? 병원에서 다섯 명이 각각 다른 장기가 없어 죽어가고 있다면, 당신은 다음에 들어오는 건강한 한 사람을 희생시켜 그들을 살리겠는가?

이처럼 때로는 불편한 함의를 가지기도 하지만, 공리주의는 오늘날 경제학자들이 가장 널리 사용하는 사고의 틀이다. 벤담의 연구를 바탕으로, 영국 경제학자 윌리엄 스탠리 제번스William Stanley Jevons는 경제학에 수학적 접근을 도입해 '한계효용체감diminishing marginal utility'이라는 개념을 설명했다. 더운 날 마시는 첫 잔의 물이 두 번째 잔보다 더 맛있게 느껴지는 것이 바로 한계효용체감이다. 이 간단한 개념은 놀랍도록 넓은 영역에 적용된다. 이것은 대부분의 사람이 다양한 음식을 선호하고 새로운 장소로 여행을 떠나고 싶어 하는 이유를 설명해준다. 또한 서로 다른 사람들을 놓고 이 원리를 적용하면 누진세와 사회복지의 정당성을 설명하는 데 사용될 수 있다. 예컨대, 1달러가 억만장자보다 서민에게 더 큰 행복을 가져다준다면, 부의 재분배는 전체 효용을 증대시킬 수 있다. 서민은 그 돈을 치과 치료를 받는 데 쓰겠지만, 억만장자는 자신의 전용기에 약간 더 고급스러운 시트를 추가하는 데 쓸 것이기 때문이다.

또 다른 대표적인 공리주의 철학자 존 스튜어트 밀John Stewart Mill은 '호모 이코노미쿠스' 개념, 즉 인간을 행복을 극대화하려는 존재로 보는 관점을 정립했다.[14] 또한 밀은 기회비용이라는 개념을 소개하는 데도 기여했다. 기회비용이란 당신이 포기한 차선의 선택이 지닌 가치를 뜻한다. 예를 들어, 야간 근무는 주간 근무보다 더 높은 기회비용을 가진다. 야간 근무를 하면 규칙적인 수면 시간과 가족, 친구와 보내는 시간을 놓치게 되기 때문이다. 마찬가지로 MBA 과정을 밟으며 공부에 전념하기 위해 일을 그만두는 것도 소득 손실이라는 기회비용을 수반한다.

기회비용은 의사결정을 할 때 유용한 사고 도구가 되기도 한다. 예를 들어, 비싼 물건을 살지 말지 고민된다면, 그 선택의 기회비용을 판단 기준으로 삼아보자. 같은 양의 돈을 사용해 할 수 있는 다른 선택과 비교해보는 것이다. 이를테면, 멋진 옷을 사는 행동의 기회비용은 좋아하는 밴드의 콘서트를 보지 못하는 것일 수 있다.

이 시기의 지적 흐름은 당시의 기술 발명과 깊은 연관을 맺고 있었다. 1835년, 독일 화학자 유스투스 폰 리비히는 유리에 은을 얇게 입히는 방식으로 현대식 거울을 발명했다. 이 덕분에 인류 역사상 처음으로 사람들은 자신이 어떻게 생겼는지 정확하게 볼 수 있게 되었다. 역사가 스티븐 존슨의 말마따나 "거울이 등장하기 전까지 대부분의 사람은 물웅덩이나 금속에 비친, 왜곡되고 단편적인 모습 말고는 정확한 자기 얼굴을 평생 보지 못하고 살았다."[15] 거울은 화가들이 자화상을 그릴 수 있게 해주었고, 자기중심적 세계관을 강화하며 근대 자본주의와 시장 경제를 확장시키는 데 기여했다. 이는 거울 판매의 증가로도 이어졌다.

당시 사회는 시계에 의해서도 변화하기 시작했다. 진자의 발명으로 시계는 과거의 해시계보다 훨씬 정밀해졌고, 가정용 시계가 널리 보급되기 시작했다. 밸런스 스프링이 발명되면서 손목시계의 정확도도 크게 향상되었다. 시계의 정밀성이 높아지자, 이전까지는 정확하지 않아 굳이 달지 않던 분침도 추가되었다. 이로써 공장은 노동자가 제시간에 출근할 것이라는 합리적 기대를 가지고 교대 근무 일정을 정할 수 있게 되었다. 열차 수송 역시 시간표에 의존했기 때문에 정밀한 시계는 필수였다. 항해용 정밀 시계인 크로노미터는 선박의 경도를 파악할 수 있게 해주어 항해에도 큰 도움이 되었다. 고성능 시계는 가내 수공업에서 대량생산 체제로의 이행을 가속했고, 가정교육에서 공교육으로의 전환을 촉진했으며, 산업화 이전 시대의 불규칙한 생활이 산업시대의 규칙적인 생활로 전환되는 데 기여했다.[16]

## 산업화의 그늘

산업혁명의 바탕이 된 새로운 발명품들이 모두에게 환영받았던 것은 아니었다. 1811년, 불만을 품은 섬유 노동자들이 비밀리에 모여 '네드 러드Ned Ludd'라는 가명으로 공장주들에게 편지를 보냈다. 이들은 기계식 직조기를 계속 사용하면 그것을 부숴버리겠다고 위협했고, 수천 명이 운동에 동참했다. 전설에 따르면 네드 러드는 로빈 후드처럼 셔우드 숲에 살고 있다고 전해지는 사람이었다. '러다이트Luddite'라 불린 이 운동가들은 시인 바이

러다이트 운동의 상징인 가공의 인물 네드 러드를 묘사한 판화.

런 경의 지지를 얻기도 했다. 바이런 경은 상원에서의 첫 연설에서 러다이트를 가리켜 '정직하고 성실한 이들'이라 칭하며 그들의 폭력적 행위는 '유례없는 절박함'의 결과라고 주장했다. 하지만 그의 의견에 동의한 의원은 극소수에 불과했다. 영국 정부는 기계를 파괴하는 행위를 사형에 처할 수 있는 중죄로 규정하고 군대를 동원했는데, 한때는 나폴레옹과 싸우던 병력보다 더 많은 수의 군인을 러다이트 진압에 투입하기도 했다. 결국 수백 명의 러다이트 운동가가 오스트레일리아로 유배되었다.

그러나 기술 발전이 대규모 실업을 초래할 것이라는 러다이트 운동가들의 주장은 틀린 것이었다. 이 시기 직조 노동자의 실질임금이 하락하기는 했지만,[17] 실제로 1811년부터 1821년까지 영국 경제의 일자리 수는 10% 이상 증가했다.[18]

당시 영국의 복지 제도는 교구를 중심으로 구축돼 있었고, 복지 혜택을 분배하는 사람들이 수혜자를 직접 알고 있다는 가정을 전제로 했다. 하지만 인구가 늘어나고 사람들의 이동이 활발해지면서 이 방식은 점점 더 실행이 어려워졌다. 이는 결국 비인간적인 빈민 구제소workhouse의 탄생으로 이어졌는데, 이 시스템은 가난한 사람을 본래부터 게으르다고 간주하고 기본적인 생계를 유지하려면 힘들게 일을 해야 한다는 생각에 기초한 것이었다. 1834년에 제정된 영국의 새 빈민법은 빈민 구제소를 통해 음식과 주거를 제공했다.

웨스트민스터 빈민 구제소에서 일하는 여성들을 묘사한 그림.

 하지만 빈민 구제소는 모든 사람을 먹여 살리는 것을 원치 않았기 때문에, 수감자와 유사한 제복 착용, 남녀 격리 수용 등 특히 수용자에게 불쾌하고 모욕적인 조치를 도입했다. 영국 엘리트 계층이 상속받은 토지를 통해 부를 축적한 지주 계급이라는 점을 감안하면, 가난한 이들이 부유층보다 훨씬 더 힘들게 일했던 것은 분명해 보인다. 이러한 위선은 조지 엘리엇, 토머스 하디, 찰스 디킨스 같은 19세기 소설가들의 눈을 피할 수 없었고, 이들은 빈민 구제소의 잔혹함을 작품 속에 상세히 기록했다. 1840년대에 아일랜드에서 감자 대기근이 발생했을 때, 이 빈민법은 완전히 무력한 것으로 드러났다. 결국 약 100만 명이 굶어 죽었고 비슷한 수의 사람들이 조국을 떠나야 했다.

## 보호 무역 대 자유 무역

　새로운 제품과의 경쟁에 직면한 산업가들은 종종 정부에 도움을 요청했다. 프랑스 경제학자 프레데릭 바스티아Frédéric Bastiat는 이런 요청을 풍자적으로 조롱했다. 그의 가장 유명한 작품 중 하나는 촛대 제작자들이 "훨씬 우월한 조건에서 빛을 생산해 국내에 믿을 수 없을 정도의 낮은 가격으로 빛을 쏟아붓는 경쟁자와의 파멸적 경쟁 행위"로 고통받고 있다고 호소하는 청원서다. 여기서 그는 "그 경쟁자는 다름 아닌 태양"으로, 이 무자비한 경쟁자에게 맞서기 위해 언제나 커튼을 치도록 의무화하는 법을 제정한다면, 농부, 고래잡이, 샹들리에 제조업자의 일자리를 창출할 수 있을 것이라고 주장한다. 이 가짜 청원은 아주 중요한 경제적 논점을 제시하는데, 바로 새로운 기술을 막는 데 따르는 비용은 대개 보이지 않는다는 점이다. 예컨대 만약 이 청원이 성공하여 사람들이 더 많은 양초를 사용하게 된다면, 다른 분야의 지출을 줄일 수밖에 없기 때문에 타격을 입는 산업이 생기게 된다.

　또 다른 풍자 청원에서 바스티아는 모든 사람의 오른손 사용을 금지해달라고 정부에 간청한다. 그렇게 하면 노동자에 대한 수요가 급격히 증가할 것이라는 이유에서였다.◆ 이것은 '노동총량 불변의 오류lump of labor fallacy'로도 알려진 주장으로, 일은 그

양이 일정하게 고정되어 있으며 단순히 사람들에게 재분배될 수 있다는 생각이다. 하지만 실제로 노동자는 소비자이기도 하기 때문에, 노동자의 생산성을 떨어뜨리는 변화는 그들의 소득을 줄이고 소비를 위축시키며, 결국 경제 전반에 부정적인 영향을 미친다.

바스티아는 '역사상 가장 뛰어난 경제 저널리스트'로 평가받는다.[19] 그의 공적 경력이 단 6년에 불과하고 폐결핵으로 짧은 생을 마감했다는 점을 고려하면, 경제학에 끼친 그의 영향력은 더욱 놀라울 따름이다. 사실 바스티아 외에도 18세기와 19세기에는 프랑스 경제학자들이 경제학에 상당한 영향을 미쳤다. 경제학의 원리들이 주로 영국과 북아메리카 경제학자들에 의해 정립되었음에도, 프랑스어에서 유래한 '기업가entrepreneur'와 '자유방임laissez-faire'(직역하면 '내버려두라'라는 뜻) 같은 용어가 그들의 영향력을 보여준다.

산업혁명의 기술 변화와 나란히 무역 또한 성장했다. 19세기에 이르러 무역은 전 세계 사람들의 삶을 근본적으로 바꾸어놓았다. 면화와 모직 제품 외에도 성냥, 바늘, 우산, 유리창이 중국으로 밀려들었다.[20] 유럽인들은 차를 마시고 초콜릿을 소비하며

♦ 우리 대부분이 오른손잡이이기 때문에, 이 조치는 노동 생산성을 저하한다. 다른 생산 요소가 불변이라면, 이는 동일한 생산량을 달성하기 위해 더 많은 사람이 필요하다는 뜻이 된다.

은화로 교역을 했다.

하지만 모든 사람이 무역을 환영한 것은 아니었다. 값싼 수입품은 국내 생산자를 도산시킬 수 있기 때문이다. 이를 의식한 생산자들은 수입을 제한하는 법률의 제정을 요구하며 정부에 압력을 행사하기도 한다. 큰 손실을 입게 될 소수는 적은 이익을 얻게 될 다수보다 정치적으로 더 큰 영향력을 행사하는 경우가 많다. 전체적으로 보면 다수의 이익이 소수의 손실보다 훨씬 크더라도 마찬가지다. 이러한 정치적 역학은 1815년에 영국이 자국 농부를 보호하기 위해 수입 곡물에 관세를 부과하도록 만든 배경이 되었고, 그 결과 영국산 밀은 네덜란드산 밀보다 두 배나 비싸졌다.[21]◆ 이 곡물법Corn Laws을 둘러싼 싸움은 경제학 발전의 중대한 전환점이 되었다.

초기 관세 철폐 운동가 중 한 명은 데이비드 리카도David Ricardo였다. 리카도는 젊은 나이에 주식중개인으로 큰 부를 쌓았고, 이후 의회 의석을 사들여 정계에 입문했다. 휴가 중에 애덤 스미스의 저작을 접한 그는 경제학에 매료되었고, 의정 활동을 곡물법 폐지에 바치기로 결심했다. 리카도는 곡물법이 폐지되면 영국은 '세상에서 가장 행복한 나라'가 될 것이라고 믿었다.[22] 리

◆ 당시 영국은 인구가 증가해서 곡물 수요가 높아진 상태였기 때문에, 이런 수입 제한 조치는 밀의 가격 상승을 더욱 촉진했다.

카도의 글은 스미스보다 훨씬 난해했으며, 의회의 한 동료 의원은 그를 두고 "다른 행성에서 떨어진 사람처럼 논쟁한다"라고 묘사했다.[23] 그럼에도 불구하고 리카도는 비교우위라는 개념을 소개했는데, 이는 앞서 살펴보았듯이 가장 비효율적인 국가조차도 무역을 통해 이익을 얻을 수 있음을 설명하는 핵심 원리다. 리카도는 곡물법이 폐지되기 전에 세상을 떠났지만, 영국이 자유 무역의 길로 나아가는 데 결정적인 역할을 했다.

# 5장

## 무역, 이주 그리고 깨끗한 도시

### 더 많은 사람이 더 나은 삶을 누리다

1840년대 영국에서는 잇따른 흉작으로 곡물 가격이 급등했다. 이 시기는 나중에 '굶주린 40년대'로 불리게 되었다. 게다가 이 시기에는 도시의 산업 자본가들이 세력을 키우면서 농촌의 귀족 계층이 점점 더 압박을 받기 시작했기 때문에, 경제 문제는 상당 기간 정치 논쟁의 중심을 차지할 수밖에 없었다. 1843년에는 반反곡물법 동맹의 지원을 받아 《이코노미스트》지가 창간되었다. 초기 편집장이었던 월터 배젓은 당시를 이렇게 묘사했다. "정치경제학에 대한 이야기에 수많은 남녀가 열광하며 귀를 기울인 시기는 세계 역사상 아마 그때가 처음이었을 것이다."[1] 당시 영국에서는 자유 무역을 둘러싼 격렬한 논쟁이 전국적으로 벌어졌다. 자유 무역을 찬양하는 시가 쓰였고, 여성들은 자유 무역에 대한 정치적 신념을 담아 자수를 놓았으며, 자유 무역 옹호자들의 흉상이 만들어졌으며, 심지어 케이크까지

자유 무역을 주제로 장식되곤 했다.[2] 결국 곡물법은 1846년에 폐지됐다. 한 분석에 따르면, 곡물법 폐지로 손해를 본 것은 상위 10%의 영국인들뿐이었고, 하위 90%는 혜택을 누렸다. 결국 자유 무역 진영이 승리를 거둔 것이다.

## 서구 제국주의의 팽창

다른 지역에서는 무역이 말 그대로 전쟁이었다. 청나라 정부가 영국 상인의 아편 밀수를 금지하자, 영국은 자국의 마약 상인을 위해 군함을 동원해 청나라를 공격했다. 광저우, 홍콩, 항저우, 닝보, 전장 등지에서 벌어진 일련의 전투로 3000명 이상이 목숨을 잃었다. 한 연구자는 영국이 일으킨 이 아편전쟁을 "마약 제국주의 narco-imperialism"라고 부른다.[3] 전쟁은 1842년 난징조약으로 이어졌으며, 이 조약에 따라 중국은 5개 항구를 추가로 개방하고 무역을 허용하며 홍콩을 영국에 할양하기로 했다. 그 뒤 40년 동안 중국으로 유입된 아편의 양은 연간 6000톤을 넘어섰다.[4]

영국의 '무역 아니면 전쟁 trade or die' 정책이 성공을 거두자, 이에 고무된 미국은 1853년에 네 척의 전함을 일본으로 파견해 무역 제한을 철폐하라고 요구했다. 미국의 이 침공은 일본에서 군

1842년 7월 전장(당시 진강) 전투를 묘사한 그림.

사 독재자들이 통치하던 7세기에 걸친 쇼군시대가 막을 내리는 데 일조했다. 마지막 쇼군 체제였던 도쿠가와 막부는 미국의 침공 이전까지 무역을 제한하고 외교관계를 단절했으며, 사실상 모든 입출국을 금지하고 있었다. 1867년, 메이지 유신으로 천황에게 권력이 집중되면서 일본은 세계에 문을 열기 시작했다. 메이지 정부는 교육에 큰 비중을 두었고, 이는 기술을 빠르게 수용하는 데 도움이 되었다.

'부국강병'이라는 구호 아래, 일본의 근대화 세력은 신분제를 철폐하고 누구나 원하는 직업을 가질 수 있도록 했다.[5] 당시 200만 명에 달하던 사무라이 계급의 역할은 징집병을 중심으로 하는 국가 군대에 의해 대체됐다. 일본 정부는 철도와 전신 설비에 대한 투자를 우선시했고, 유럽과 북미에 비해 노동력이 더 저렴하다는 점을 고려해 서양 기술을 자국 실정에 맞게 변형했다. 한편, 서구 열강과 맺은 조약으로 일본의 관세율은 5%로 제한되어 있었기 때문에, 일본 상인들은 외국 상인들과의 경쟁을 피할 수 없었다. 그 결과, 정부 주도의 경제 개발이 국가의 빠른 생산성 향상에 필수적인 역할을 하게 되었다.

미국의 계몽사상가 벤저민 프랭클린Benjamin Franklin은 "무역으로 망한 나라는 없다"라고 쓴 바 있다. 하지만 유럽과 북미는 다른 나라들에 시장 개방을 압박하면서도, 정작 자신들은 수입품에 관세를 부과했다. 이는 부분적으로는 재정 수요 때문이었다. 광범위한 소득세가 도입되기 전까지 관세는 많은 나라에서 주요한 세수원이었고, 나폴레옹 전쟁이나 미국 남북전쟁과 같은 전쟁은 대개 관세 인상을 통해 자금을 조달했다.

관세 부과는 정부가 집행하기 쉽고 재정에도 도움이 된 측면이 있긴 하지만, 전체 경제에는 해로운 조치였다. 실제로 관세 부과는 자국 항구에 바위를 던져 해상 운송을 방해하는 행위에 비유되기도 한다. 이때 바위를 제거하는 것(관세 철폐)은 교역 상대국의 대응과 무관하게 자국에 이익이 된다. 하지만 현실에서 국가들은 수입보다 수출에 더 큰 정치적 비중을 두는 경향이 있다. 이런 '중상주의mercantilism' 접근법에서는 상대국이 관세를 낮춰야만 자국도 관세를 낮추겠다고 주장한다. 이런 방식을 보여주는 과거 사례 중 하나는 1860년 영국과 프랑스 간의 협정이었다. 그 내용은 프랑스가 관세를 줄이는 대가로 영국이 거의 모든 관세를 철폐하는 것이었다. 이 협정에는 '최혜국 조항'이 포함되었는데, 이는 한 나라가 다른 나라에 부여하는 가장 유리한 대우를 협상 상대국에도 부여하도록 규정하는 조항이다. 그 이후 10여 년 동안 유럽 각국은 서로 무역 협정을 체결했고, 최혜국 조항은 유럽 대륙 전역에 자유 무역을 확산시키는 데 기여했다.[6] 활발해진 무역은 생산과 소비를 '분리unbundling'하는 효과를 낳았다.[7] 즉, 물건이 반드시 그것이 팔리는 나라에서 생산될 필요가 없게 된 것이다.

이 시기의 무역은 가장 가난한 나라들의 성장을 도왔어야 했다. 당시의 제국은 일반적으로 자유 무역 권역으로 기능했기 때문이다. 1869년 수에즈 운하의 개통은 런던에서 아라비아해까지의 항로 거리를 거의 절반으로 줄였다. 하지만 제국주의 열강은 식민지에서 수출할 수 있는 상품의 범위를 엄격히 제한했고, 무역은 제국의 주변부가 아닌 중심부의 이익에 맞게 운영되었다. 이 시기 서유럽 경제는 세계 다른 지역들과의 격차를 빠르게 벌리기 시작했다. 1820년부터 1900년까지 유럽의 생활 수준은 두 배 이상 높아졌지만, 아시아와 아프리카는 거의 높아지지 않았다.[8]

## 산업화로 인한 변화들

산업혁명의 가속화에 핵심적인 역할을 한 것은 법인기업 corporation이라는 개념이었다. 네덜란드와 영국의 동인도회사가 여러 건의 해상 원정에 걸쳐 위험을 분산시킬 수 있게 해주었듯, 산업시대의 기업은 금융가들이 새로운 사업에 투자할 때 위험을 나눌 수 있는 수단이 되었다. 기업 자체는 로마시대부터 존재했지만, 이 시대에는 광물 매장지 탐사, 새로운 지역의 철도 건설, 이국적인 상품 판매 등 고위험 사업에서 그 중요성이 특히 두드러졌다. 특히 1855년, 영국은 유한책임법Limited Liability Act을 제정해 기업이 파산하더라도 채권자들이 주주 개인에게 채무 변제를 요구할 수 없도록 했다. 이로써 기업은 투자자들이 위험한 사업에 자금을 투자하게 만드는 방법이 되었다. 손실의 범위가 제한되어 투자자가 투자한 금액 이상으로는 손해를 보지 않게 되었기 때문이다. 투자가 활발해지면서 무일푼의 창업자가 내놓은 사업 구상을 부유한 투자자가 뒷받침하는 식의 특화도 촉진되었다.

동시에 이 시대 기업은 거대한 고용주가 되어, 개별 노동자보다 훨씬 더 강력한 협상력을 가지게 되었다. 노동자들은 더 나은 임금과 근로 조건을 요구하기 위해 조직적으로 연대하기 시작했다. 하지만 산업혁명의 초기 수십 년 동안 노동조합은 불법이었다. 1834년, 노동조합을 결성했다는 이유로 여섯 명의 영국 농장 노동자들이 오스트레일리아로 유배되었다. 이들은 '톨퍼들 순교자Tolpuddle Martyrs'로 알려지게 되었다. 이후 대규모 거리 시위와 80만 명이 서명한 청원이 이어졌고, 결국 이들에 대한 형 집행은 취소되었다. 이는 노동자 권리에 대한 강력한 공동체적 지지를 보여주는 상징적인 사건이었다.

산업혁명의 성과가 영국 노동자들에게까지 도달하는 데는 놀라울 만큼 오랜 시간이 걸렸다. 실제로, 산업혁명이 시작된 지 반세기가 지난 1830년대에도 실질임금은 거의 오르지 않았다. 다른 지표들도 비슷한 양상을 보였다. 1800년대 초반 영국인의 기대수명은 대략 35~40세 사이로, 1500년대와 비교해 거의 차이가 없었다.[9] 특히 도시에 거주하는 사람들은 시골 사람들보다 수명이 10년 정도 짧았는데, 이는 열악한 위생 환경과 밀집된 생활 환경이 질병 확산을 부추겼기 때문이었다. 당시의 의학은 거머리를 이용한 사혈, 수은 복용, 위스키 주사 같은 치료법이 일반적이었기 때문에 거의 도움이 되지 않았다. 임금은 1840년대에 들어서면서 상승하기 시작했고, 그와 함께 다른 발전 지표들도 개선되었다. 예컨대, 1820년에서 1870년 사이 영국의 문해율은 50%에서 75%로 상승했다.[10]

산업혁명의 진전으로 전쟁 또한 산업화의 길을 따라 대규모로 전개되기 시작했다. 1861년부터 1865년까지 미국 남북전쟁은 국토를 초토화했다. 대량생산된 무기, 철도, 증기선, 전신이 총동원된 이 전쟁은 규모도 살상력도 산업화된 전쟁이었다. 전체 병력 중 5명 중 1명에 해당하는 60만 명 이상이 목숨을 잃었다. 전쟁이 끝난 뒤 해방된 노예는 300만 명 이상이었다.

경제학자의 시각에서 볼 때, 남북전쟁의 주요 특징 중 하나는 양측 간 자원의 불균형이다. 전쟁 시작 당시 북부의 인구는 2100만 명으로, 남부의 900만 명보다 두 배 이상 많았다. 남부는 주로 농업 기반 경제였고, 북부는 국가 전체 제조업 생산량의 90%를 차지했다. 결정적으로 북부는 총기의 97%를 생산했다. 물론 인구와 경제 규모가 크다고 해서 반드시 승리가 보장되는 것은 아니지만(어느 한쪽이 전쟁에 더 많은 자원을 투입할 의지가 있다면 특히 그렇다), 그럼에도 돈은 중요한 역할을 한다. 흔히 "신은 대개 더 많은 병력을 가진 쪽 편을 든다"라고 하지 않는가.

오히려 경제적 관점에서 특이한 점은 남부가 매우 오랜 기간 버텼다는 사실이다. 하지만 전쟁 초반 북부의 열약한 군사 전략에도 불구하고, 결국 전쟁의 향방을 결정지은 것은 두 지역 간의 경제 격차였다. 남북전쟁이 진행되는 동안 남부는 전쟁 비용의 60%를 화폐 발행을 통해 충당했는데, 이는 북부의 13%에 비해 훨씬 높은 수준이었다.[11] 그 결과, 전쟁이 끝날 무렵 남부의 물가는 전쟁 전의 92배까지 치솟았다.

## 사회 개혁과 위생 혁신

이 시기에는 국경을 넘는 이동이 사실상 아무런 제약 없이 이뤄졌다. 여권을 가진 사람은 거의 없었고, 다른 나라로 이동하는 것은 그저 기차나 배로 여행하는 일에 불과했다. 1851년, 오스트레일리아 빅토리아주의 밸러랫에서 대규모 금광이 발견되자 이민자들이 대거 몰려들었다. 그로부터 20년 동안 오스트레일리아의 이주민 수는 44만 명에서 170만 명으로 네 배 가까이 증가했다. 한 세기 전만 해도 영국 식민주의자들은 오스트레일리아를 사실상 야외 감옥 정도로 여겼지만, 1800년대 후반에는 범죄자들의 유배도 중단되었고 유럽, 아시아, 아메리카에서 이민자들이 몰려들었다. 많은 사람이 금을 캐려 했지만 상당수는 다른 산업 분야에서 일자리를 찾았고, 그곳의 임금은 대체로 그들이 떠나온 나라보다 훨씬 높았다.

오스트레일리아 노동자들이 영국 및 미국의 노동자들보다 더 높은 임금을 받았던 이유 중 하나는 노동력 부족으로 인한 높은 협상력 덕분이었다. 1855년의 파업 이후, 시드니의 석공들은 세계 최초로 8시간 노동제를 쟁취한 노동자들 중 하나가 되었다. 땅은 넓고 사람은 적었던 오스트레일리아에서 1880년대의 임금은 세계에서 가장 높았고, 오스트레일리아 노동운동은 정치에서도 영향력을 행사하기 시작했다. 이후 수십 년 동안 오스트레일리아는 여성에게 투표권과 피선거권을 부여하고, 최저임금법을 제정하고, 투표율을 높이기 위해 토요일에 선거를 실시한 세계 최초의 국가 중 하나가 되었다.

다른 곳에서는 이 시기에 복지국가의 주요 제도가 탄생했다. 1880년대, 사회민주당의 정치적 약진에 위협을 느낀 독일의 보수 총리 오토 폰 비스마르크는 의회에 건강보험, 산업재해보험, 노령장애연금을 포함한 개혁 입법안을 제출했다. 이 개혁들은 오늘날의 기준으로 보면 미미하지만 당시에는 세계를 선도하는 조치였다. 비스마르크의 건강보험 프로그램을 떠받친 '질병 기금sickness funds'은 그 재원의 3분의 2가 노동자에게서 나왔다. 연금은 만 70세 이상에게 지급되었는데, 당시 평균적인 30세 독일 남성의 기대수명은 겨우 60내 초반이었다.[12]

한편, 보건 분야의 핵심적 혁신 가운데 일부는 프랑스에서 등장했다. 1860년대에 프랑스는 세계 최대 규모에 속하는 하수도를 건설했는데, 이는 파리의 도로망을 그대로 따라가는 구조였다. 작가 빅토르 위고는 이를 "아름다운 하수도, 그곳은 순수한 양식이 지배한다"라고 표현했다. 1800년대 중반부터 다양한 나라가 세계 박람회에서 자국의 혁신 성과를 뽐내기 시작했고, 프랑스는 1867년에 개최한 만국 박람회에서 관광객들에게 하수도를 공개했다. 파리의 가정들은 이 새 하수도망에 빠르게 연결되었고, 그 결과 전염병 발병률이 크게 낮아졌다(이것은 "하수도의

공학자 외젠 벨그랑과 행정가 오스망 남작이 설계한 파리의 최첨단 하수도망을 견학 중인 관광객들.

이익"이라고 부를 만하다). 프랑스 과학자 루이 파스퇴르는 세 자녀를 장티푸스로 잃은 뒤 세균 이론을 발전시켰고, 깨끗한 식수를 제공하고 전염병 환자를 병원에 격리하는 정책이 수립되는 데 중요한 역할을 했다. 산업혁명 초기에 도시 거주자의 사망률이 농촌보다 높았던 주요 이유는 감염병 때문이었기 때문에 이런 정부 정책들은 도시를 더 안전하게 만들었고, 이는 다시 도시화의 물결을 가속화했다.

조산아의 생존률을 높여준 인큐베이터 역시 프랑스에서 개발됐다. 1880년 파리 동물원을 방문한 산부인과 의사 스테판 타르니에는 이국적인 새들이 부화기에서 자라는 모습을 보고, 같은 원리를 신생아에게도 적용할 수 있다는 사실을 깨달았다. 그가 인큐베이터를 발명한 지 3년 만에 그의 병원에서는 저체중아의 생존률이 35%에서 62%로 올라갔다.[13] 이후 수십 년간, 유아건강 관리의 개선은 기대수명 증가의 핵심 동력이 되었다. 유아 사망률이 감소하면서 많은 가정은 자녀를 잃는 고통에서 벗어날 수 있었고, 자녀가 살아남을 가능성이 높아졌다는 인식은 여성들이 더 적은 수의 자녀를 낳도록 만들었다.

또한 이 시기 보건 개혁의 흐름 속에서, 1893년 프랑스 정부는 빈곤층을 대상으로 제한적인 무상 의료 프로그램을 도입했다. 이 프로그램은 매우 큰 인기를 끌었고, 이후 10년 동안 그것을 만든 이들의 예상을 훨씬 뛰어넘는 속도로 확대되었다.

### 독점 자본의 등장

경제성장은 이 같은 사회 개혁을 가능하게 했지만, 동시에 경제 권력의 집중도 가져왔다. 미국에서는 존 D. 록펠러John D. Rockefeller의 스탠더드 오일사가 경쟁사들을 인수하거나 시장에서 밀어내는 방식으로 사실상 모든 경쟁자를 제거했다. 1880년 무렵, 이 회사는 미국 석유정제 시장의 90%를 장악하고 있었다. 록펠러와 그의 동료들은 이후 복잡한 법적 구조로 이루어진 '스탠더드 오일 트러스트'를 설립했고, 이를 통해 회사 운영을 외부의 감시로부터 차단했다. 이 보호막 뒤에서 이 회사는 독점적 지위를 이용해 가격과 이윤을 끌어올렸다.

이러한 문제를 해결하고자 미국 의회는 1890년에 셔먼 반독점법Sherman Antitrust Act을 통과시켰다. 하지만 본격적인 반독점 규제 집행은 그로부터 10년이 지나서야 시작되었다. 부분적으로 이것은 스탠더드 오일의 조직 구조를 파헤친 탐사 저널리스트 아이다 터벨 같은 사람들의 공로였다.

모든 독점 비판이 의도한 효과를 낸 것은 아니었다. 1800년대 후반, 페미니스트 작가 리지 매기는 코넬리어스 밴더빌트Cornelius Vanderbilt, 존 D. 록펠러, 앤드루 카네기Andrew Carnegie와 같은 '강도 귀족'◆들의 권력에 분노했다. 경제학자 헨리 조지Henry George의 사상을 접하면서 매기는 독점이 어떻게 극단적 부와 깊은 빈곤이 공존하게 만드는지 이해하게 되었다. 이후 그녀는 '지주의 게임'이라는 보드게임을 고안했는데, 이는 독점 권력을 비판하기 위해 만든 체험형 게임이었다.

매기의 의도는 땅을 차지한 이들이 어떻게 부를 쌓고 세입자들은 빈곤해지는지 이 게임을 통해 보여주는 것이었다. 하지만

---

◆ 19세기 말~20세기 초 미국에서 독점적 지위를 이용해 막대한 부를 축적한 기업가들을 유럽의 중세 영주에 빗댄 풍자적 표현.

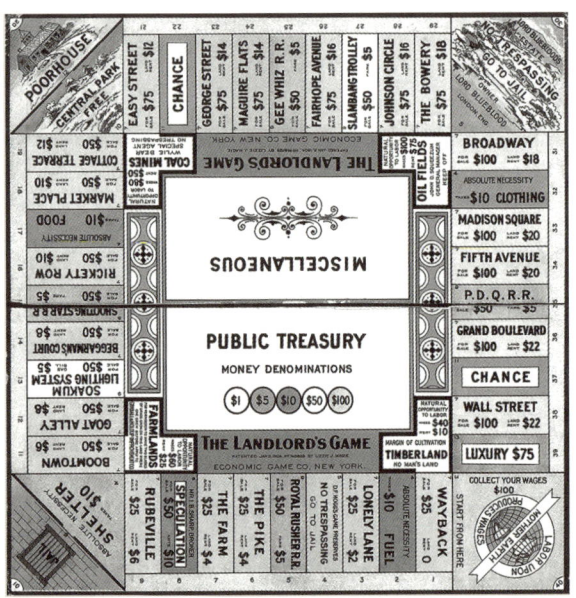

급진적인 경고의 메시지를 담아 만들어진 '지주의 게임'에서 월스트리트는 가장 가치 있는 거리 중 하나였다.

이 게임이 만들어지고 30년 뒤 파커 브라더스가 이 게임을 수정해 급진적인 색채를 지우고 '모노폴리Monopoly'라는 이름으로 시장에 내놓았을 때, 이 게임은 가장 많은 자산과 독점 권력을 쥔 사람이 승자가 되는 게임으로 변모하고 말았다. 매기는 고작 500달러만을 받았을 뿐 이 게임을 만든 공로도 인정받지 못했고, 처음에 꿈꾸었던 사회적 변화를 이끌어내는 데도 실패했다.

19세기 말, 세계에서 가장 빠르게 성장하는 도시들 중 일부는 미국에 있었다. 그 이유 중 하나는 미국의 도시 설계자들이 격자형 거리 구조를 선호한 데 있었다. 반면에, 유럽의 오래된 도시들은 지형을 따르거나 방사형 구조로 설계되어 있었다. 방사형 구조는 도시 방어에 유리했지만, 격자형 구조는 경제적으로 더 효율적이었다. 격자형 도시는 거리 면적의 활용도를 극대화하고, 주택을 하수도망과 교통망에 쉽게 연결할 수 있게 했다. 참고로, 세계에서 격자형 구조가 가장 잘 발달한 도시는 시카고이고, 그 정반대에는 로마가 있다.[14]

격자형 도시를 만들어낸 효율성 논리는 세계 최초의 마천루를 탄생시켰다. 1890년대가 되자 시카고, 뉴욕, 세인트루이스에서는 10층이 넘는 건물들이 등장하기 시작했다. 이를 뒷받침한 핵심 기술은 두 가지였다. 첫째, 베서머 공정Bessemer Process은 고층 구조물을 지탱할 수 있는 고강도 철강 빔의 대량생산을 가능하게 했다. 둘째, 승객용 엘리베이터 덕분에 사람들은 상층부까지 편하게 이동할 수 있었다.

이런 기술은 세계 어디서나 사용할 수 있었지만, 마천루의 건설 위치는 규제의 영향도 받았다. 20세기 초 대부분의 유럽 도시에서는 엄격한 화재 안전 규정과 토지 용도 제한법(특정 지역에서는 특정 높이의 건물만 지을 수 있도록 규정하는 법)에 의해 고층 건물의 건설이 억제됐다. 한편, 미국 도시들은 개발업자들에게 훨씬 더 많은 자유를 허용했다. 이 차이는 오늘날에도 세계 곳곳의 스카이라인에서 드러난다.

세상을 읽는 경제학

# 원숙한 거장과 젊은 천재

경제학자 데이비드 갤런슨David Galenson은 예술가들에 대해 분석하면서 흥미로운 패턴을 발견했다.[15] 젊은 시절에 최고의 작품을 만들어낸 이들은 개념 중심의 예술가들로, 하나의 돌파구적 아이디어에 의해 움직였다. 반면에, 인생 후반기에 걸작을 만들어낸 이들은 실험적 예술가들이었으며, 이들의 작업은 시행착오가 축적된 결과였다.

라파엘로, 요하네스 페르메이르, 빈센트 반 고흐, 파블로 피카소는 젊은 시절에 대표작을 남긴 개념주의자였다. 피카소는 입체파의 혁신작 〈아비뇽의 아가씨들〉을 스물다섯 살에 그렸다. 렘브란트, 미켈란젤로, 티치아노, 세잔은 인생 후반기에 걸작을 남긴 실험주의자들이었다. 세잔은 "나는 언제나 완벽에 조금씩 가까워지고 있다고 느낀다"라고 말했다.

시인 에드워드 에스틀린 커밍스와 실비아 플라스는 내면의 영감에서 출발해 시를 개념적으로 구상했고, 이들은 이십 대와 삼십 대에 대표작을 남겼다. 반면에, 마리앤 무어와 월리스 스티븐스는 일상에서 관찰한 실제 경험에 창작의 바탕을 두었고, 사십 대 이후에 주요 작품을 집필했다.

미국 시인 마리앤 무어는 1951년, 63세에 『선시집』으로 퓰리처상과 전미도서상을 수상했다.

개념주의 소설가로는 제임스 조이스와 허먼 멜빌을 들 수 있다. 이들은 젊은 시절에 최고의 작품을 남겼다. 반면에, 찰스 디킨스와 버지니아 울프는 실험을 통해 세계를 반영하고자 했던 원숙한 거장들이었다. 영화감독 오슨 웰스는 스물여섯 살에 〈시민 케인〉을 만든 개념주의 천재였고, 클린트 이스트우드는 예순이 넘어 주요 감독으로 자리매김한 실험주의 대가였다.

개념주의자들은 발견하고, 실험주의자들은 탐구한다.

# 6장

## 중앙은행, 현대적 공장 그리고 대중 소비

### 일상으로 파고든 자본주의

20세기 초, 영국의 앨프리드 마셜은 세계에서 가장 영향력 있는 경제학자였다. 그는 1890년에 출간한 『경제학 원리Principles of Economics』에서 자신의 수학적 재능을 십분 활용했다(그는 세계에서 가장 어렵다고 알려진 케임브리지대학교 수학 경시대회에서 2등을 차지한 바 있다). 이 책은 경제학이 어떻게 사회적 복지를 증진할 수 있는지에 중점을 두었다.

## 마셜의 경제 모델

마셜은 공급과 수요를 가위의 두 날에 비유했다. 가격을 세로축, 수량을 가로축으로 하는 그래프에서 공급 곡선은 대체로 우상향한다. 가격이 오르면 더 많은 사람이 재화나 서비스를 제공하려 하기 때문이다. 반면에, 수요 곡선은 우리에게 익숙한 한계효용체감 법칙에 따라 우하향한다. 소비자가 어떤 재화를 많이 가질수록 추가 구매 단위당 지불하려는 금액은 줄어든다. 공급자에게는 가격과 수량이 비례 관계에 있고, 소비자에게는 반비례 관계에 있다. 그리고 양측 행위자에게는 기회비용의 원리가 적용된다. 예컨대, 가격이 상승하면 새로운 공급자는 다른 일을 포기하고 이 재화 생산에 뛰어들고, 기존 소비자 중 일부는 대체재 소비로 전환한다.

두 선이 교차하는 지점에서 공급이 수요와 정확히 일치하는 시장 균형이 형성된다. 마셜이 1900년에 다이아몬드를 구매하고자 했다면, 그는 시장 가격이 구매자가 다이아몬드를 소유하려는 의사와 판매자가 그것을 내놓으려는 의사의 균형을 반영하고 있다고 말했을 것이다. 균형 가격은 판매자가 팔고자 하는 수량과 구매자가 사고자 하는 수량이 정확히 일치하는 지점에서 형성된다. 이전 경제학자들도 공급과 수요를 그래프로 나타낸 적이 있지만, 이 그래프는 마셜이 가장 완전하고 설득력 있게 설명했기 때문에 '마셜의 교차 Marshallian Cross' 그래프로 불린다.[1]

생산자와 관련해 마셜은 기업이 보유한 토지나 건물처럼 변하지 않는 고정비용과, 노동력이나 원자재처럼 사용량에 따라 달라지는 변동비용을 구분했다. 장기적으로 기업은 자산 유지와 교체에 필요한 비용을 충당하지 못하면 결국 문을 닫게 된다. 하지만 기업이 산출물에 책정하는 가격에 단기적으로 가장 큰 영향을 미치는 것은 변동비용이다. 예를 들어, 면직물의 가격은 물값의 변동에 따라 빠르게 변하지만,◆ 기계 가격 상승의 영향은 훨씬 더 천천히 나타난다.

마셜은 뛰어난 수학자였지만, 정작 그의 책이 널리 읽힌 이유는 도표와 사례를 활용해 개념을 전달하는 그의 능력에 있었다. 이 방법은 이후 경제학자들이 학생들을 가르치는 표준 방식이 되었다. 마셜은 자신의 체계를 이렇게 요약했다. "① 수학은 탐구의 도구가 아니라 개념을 축약하는 언어로 사용하라. ② 개념을 다 정리할 때까지는 수학을 활용하되, ③ 그 후에는 수학이 아닌 자연스러운 일상 언어로 전환하고, ④ 그런 다음 현실에서 중요한 사례로 설명하라. ⑤ 여기까지 했으면 이제 수학은 집어치워라. ⑥ 4번이 안 되면 3번도 집어치워라. 나는 자주 그랬다." 다시 말해, 수학은 경제를 설명하는 유용한 도구일 수 있지만, 실제 경제를 설명하지 못하는 추상적 수학에 집착해서는 안 된다는 것이다. 오늘날 더 많은 경제학자가 마셜의 이 조언을 따를 필요가 있다.

마셜은 중요한 경제학 개념들을 놀라울 만큼 명확하게 설명했다. 어떤 경우에는 그런 생각이 그렇게 늦게서야 나왔다는 사

◆ 목화 경작은 다른 식물 경작보다 훨씬 많은 물이 필요하다.

실이 놀라울 정도다. 시장과 수학은 수천 년 전부터 존재해왔다. '경제학economics'이라는 단어는 고대 그리스어인 '오이코노미아oikonomia'에서 유래했는데, 이는 대략 '가계 운영'이라는 뜻이다. 고대 그리스의 수학자들은 피타고라스의 정리를 알고 있었고, 원주율을 근사할 줄 알았으며, 포물선과 직선이 만나 생기는 면적도 계산할 수 있었다. 그런데도 공급과 수요에 대한 명확한 설명은 20세기 초가 되어서야 등장한 것이다.

## 연방준비제도의 설립

20세기 초는 중요한 경제 제도가 탄생한 시기이기도 했다. 미국 연방준비제도Federal Reserve, 즉 '연준Fed'은 최초의 중앙은행은 아니지만, 그 독특한 탄생 과정은 여기서 이야기할 만한 가치가 있다. 1907년, 은행 붕괴◆로 금융 시장이 위태로워지자 금융가 J. P. 모건J. P. Morgan은 동료들을 맨해튼 매디슨 애비뉴에 있

◆ 1907년 10월, 투기 세력이 유나이티드 코퍼사의 주가를 조작하려던 시도가 실패하면서 그 세력과 관련된 은행과 신탁회사에서 뱅크런(대규모 인출 사태)이 시작되어, 결국 뉴욕에서 세 번째로 큰 니커보커 신탁회사가 위기를 겪었다. 이에 공황이 전국적으로 확산되며 다른 지역의 은행들도 예금 인출 사태를 겪었고, 뉴욕증권거래소는 3주 동안 전년 대비 약 50% 폭락했다.

는 자신의 저택에 불러 모은 뒤 문을 잠갔다. 그는 "여기가 사태를 끝낼 곳이다"라고 말했다. 모건은 위기에 처한 은행에 수백만 달러를 지원하겠다고 약속했고, 다른 은행가들도 이에 동참하도록 설득했다. 공황은 진정되었다.

3년 뒤, 미국 주요 상업은행의 대표들이 조지아주 지킬섬에서 열흘간 비밀회의를 열었다. 이들은 오리 사냥을 가는 척하면서 함께 있는 것을 남들에게 보이지 않기 위해 한 명씩 따로 기차에 탑승했고, 실제로 한 은행가는 사냥용 산탄총까지 챙겨 분위기를 조성했다. 이 회의에서 작성된 보고서는 훗날 미국 연준의 틀을 마련했다. 연준은 궁극적으로 12개의 지역은행으로 구성되어 통화 발행 권한을 갖게 되었고, 의회에서의 치열한 협상 끝에 1913년에 공식 출범했다. 그때부터 미국은 더 이상 금융재벌에게만 위기를 막는 책임을 맡기지 않아도 되었다.

중앙은행의 기원은 17세기로 거슬러 올라간다. 암스테르담 은행, 스톡홀름 중앙은행, 영국 중앙은행 등은 모두 1600년대에 설립되었다. 하지만 20세기 들어 중앙은행은 경제 체제의 안정을 책임지는 핵심적 기관으로 자리 잡았다. 일반 상업은행은 단기 예금을 모아 장기 대출을 해주는데, 이처럼 단기로 차입하고 장기로 대출하는 구조에서는 아무리 잘 운영되는 은행이라도 예금자들이 한꺼번에 돈을 찾으려 하면 쉽게 유동성 위기를 겪을 수 있다. 중앙은행이 예금 보호를 보장하면 뱅크런을 막을 수 있고, 금융 시장은 더 안정적으로 유지된다. 보통 이 과정에서 실제로 돈이 오가는 일은 없다. 예금이 보장된다는 사실만으로도 사람들의 불안이 사라지고 공황 상태를 피할 수 있게 된다. 금융 안정성은 일종의 공공재로 볼 수 있다. 모든 사람에게 혜택이 돌아가며, 더 많은 사람이 안정적인 금융 시장의 혜택을 누린다고 해서 그 가치가 줄어들지 않는다. 현대에 들어서 중앙은행은 물가 안정을 목표로 하는 중요한 역할도 수행하는데, 이에 대해서는 뒤에서 살펴볼 것이다.

## 대량 생산 체제와 소비주의

이 시기의 가장 혁신적인 신제품 중 하나는 자동차였고, 자동차의 발전은 특화에 크게 의존했다. 처음에 자동차는 욕망의 대상이었지만 너무 비쌌다. 그러던 중 1908년에 포드사의 임원 피터 마틴이 '조립라인 assembly line'이라는 개념을 제안했다. 그는 시카고의 도축장을 방문한 경험에서 영감을 받았는데, 거기서는 도축된 짐승의 사체가 작업자들 사이를 이동하며 각자가 정해진 부위를 분리해내도록 하고 있었다. 디트로이트의 공장에서 이 아이디어를 시험한 결과, 자동차를 훨씬 더 빠르게 생산할 수 있다는 사실이 입증되었다. 이 방식이 본격적으로 가동되

미시간주 디어번에 있는 포드 자동차의 조립라인.

자 차량이 조립라인에서 너무 빠른 속도로 쏟아져 나와, 포드 사는 더 이상 고객이 자동차 색상을 선택하게 둘 수 없다고 판단했다(검은색 도료가 가장 빨리 마른다는 사실을 알게 된 헨리 포드Henry Ford는, 고객이 "원하는 어떤 색이든 선택할 수 있다. 그게 검은색이기만 하다면"이라고 말했다[2]). 조립라인은 오늘날 대부분의 제조업 공장에서 당연한 생산 방식이지만, 그 당시에는 생산 공정의 방향 자체를 뒤집는 급진적인 혁신이었다. 즉, 부품이 자동차로 이동하던 방식에서 자동차가 부품 쪽으로 이동하는 방식으로 바뀐 것이다.

소매업도 혁신의 물결을 탔다. 1909년, 해리 셀프리지Harry

뉴욕에 있었던 초기의 울워스 매장.

Selfridge는 런던 옥스퍼드 스트리트에 새로운 개념의 백화점을 열었다. 셀프리지는 쇼핑을 '즐거운 경험'으로 만들고자 했다. 그는 고객이 상품을 직접 만지고 체험할 수 있도록 매장을 구성했고, 직원들에게는 여성 고객에게 친절하게 응대하고 각 제품군에 특화된 서비스를 제공하도록 교육했다. 그는 향수 코너를 1층 입구에 배치하고 고객을 "손님"이라고 다정하게 불렀으며, "고객은 언제나 옳다"라는 광고 문구를 매장에 붙였다.

가격에 집중한 소매업자들도 있었다. 미국의 프랭크 울워스 Frank Woolworth는 5센트, 10센트짜리 상품을 파는 일련의 소매

점을 열었다. 이른바 '5&10센트 가게'는 '물건을 높이 쌓고 싸게 팔라'는 원칙에 따라 운영되었다.³ 1912년, 울워스는 전국에 596개의 매장을 가진 거대 유통 체인으로 성장해 주식시장에 상장했다. 방대한 매장망 덕분에 이들은 공급업체와 협상해 가격을 낮출 수 있었다. 오늘날의 월마트, 이온, 알디, 테스코, 까르푸 같은 유통 대기업들은 모두 이 전략의 현대적 계승자들이다. 이들은 소비자에게 더 저렴한 가격을 제공하고 주주에게는 더 많은 수익을 안겨주는 반면에, 공급업체와 소규모 자영업자에게는 압박을 가한다.

기술 혁신은 약물 소비에도 영향을 미쳤다. 1880년대, 제임스 본색이 개발한 자동 담배 말이 기계는 담배 산업에 혁명을 일으켰고, 1910년대에 접어들며 담배 소비는 급격히 증가했다(이후 흡연율은 꾸준히 증가해 미국에서는 1960년대에 남성의 절반이 지속적 흡연자였다). 헤로인은 1898년부터 1910년까지 바이엘에서 일반의약품 기침약으로 판매되었고, 코카인은 1900년대 초까지 코카콜라에 실제로 첨가되었다. 1913년에는 미국 의사 중 거의 4분의 1이

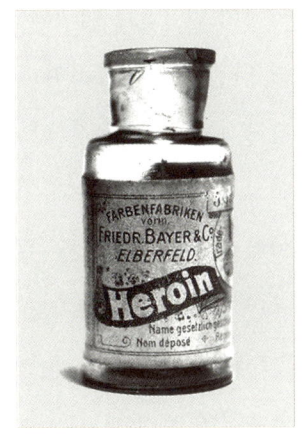

바이엘의 기침약은 효과는 뛰어났지만 중독성이 매우 강했다.

모르핀에 중독되어 있다는 주장도 나왔다.[4]

## 제1차 세계대전과 공산주의 혁명

이 시기는 대규모 이주의 시대이기도 했다. 여권은 여전히 거의 필요하지 않았고, 마치 이민자들이 오스트레일리아의 금광으로 몰려들었던 것처럼 수백만 명이 해운 기술의 발전에 힘입어 러시아에서 캐나다로, 독일에서 뉴질랜드로, 네덜란드에서 인도네시아로 이주했다. 새로운 선박들은 강철 선체를 갖추고 석탄 엔진으로 움직였다. 1850년대에는 리버풀에서 뉴욕까지 이민자들이 힝해하는 데 53일이 걸렸지만, 1910년대에는 이 여정이 단 8일로 단축되었다.[5] 대체적으로 경제학자들은 이민을 더 안전하고 행복하며 생산성이 높은 곳으로 이동하는 과정으로 본다. 이민자들은 단지 먹여 살려야 할 입이 아니다. 그들은 건설에 필요한 근육과 영감의 원천인 마음을 함께 가져온다. 이민자를 단순히 새로운 수요로만 보는 것은 오산이다. 그들은 공급의 증가를 의미하기도 한다.

1914년에 발발한 제1차 세계대전은 이렇게 상호 연결된 세계를 무너뜨렸다. 전쟁은 교전국들 간의 강한 상업적 유대에도 불구하고 일어났다(실제로 1914년 당시, 독일의 해운 무역 업체 대부분이 런던의 로이즈 보험회사의 보험에 가입돼 있었다).[6] 유럽의 국가들이 상황의 심각성을 인식하지 못한 채 전쟁으로 치닫으면서 세계의 무역과 이주는 대부분 중단되었다. 전쟁의 발발은 뜻밖이었지만 결과는 의외가 아니었다. 전쟁이 시작될 당시 연합국(영국, 프랑스, 러시아 및 그 동맹국)은 동맹국(독일 제국, 오스트리아-헝가리 제국 및 그 동맹국)보다 훨씬 더 많은 자원을 보유하고 있었다. 연합국은 인구에서 5배, 영토에서 11배, 소득에서 3배 우위를 점했다.[7]

그럼에도 이 전쟁이 4년이나 지속되었고 약 2000만 명의 목숨을 앗아갔다는 사실은 군 사령관들의 무능함과 정치 지도자들의 완고함을 보여준다. 하지만 결국 전쟁이 끝났을 때, 더 큰 경제 기반을 가진 쪽이 승리했다.

러시아에서는 혼란이 막 시작되고 있었다. 1917년 공산주의 혁명은 "평화, 토지, 빵"을 약속했지만, 5년에 걸친 내전과 참담한 경제적 결과를 가져왔다. 평균소득은 빠르게 절반으로 줄었고,[8] 몇몇 러시아 도시에서는 평균 열량 섭취량도 절반으로 줄었다. 내전, 그에 따른 기근, 감염병 확산으로 1300만 명이 조기에 사망했다. 레닌 체제는 토지의 사적 소유를 폐지했고, 토지의 매매나 임대도 금지했다. 이 금지는 1990년까지 유지되었다.

*세상을 읽는 경제학*

# 공유지의 비극

한 무리의 농부들이 소를 방목할 수 있는 초지를 공유하고 있다고 해보자. 소를 과도하게 방목하지 않도록 하는 것이 그들 모두의 공동 이익이 될 것이다. 하지만 각 농부의 입장에서는 소를 한 마리라도 더 초지에 풀어놓는 것이 자기 이익에 부합한다. 만약 이들이 조율에 실패한다면, 그 결과는 과잉 방목이 될 가능성이 크다.

이런 '공유지의 비극Tragedy of the Commons'은 각 소 한 마리가 생태계에 미치는 작은 부정적 영향 때문에 발생한다. 만약 소 주인이 이 영향에 대해 아무런 비용을 지불하지 않는다면 결과는 재앙이 될 수 있다. 실제로, 캐나다 해안의 뉴펀들랜드 대구 어장에서는 소나sonar(음파탐지기)와 같은 신기술의 사용으로 인해 어족이 고갈되었고, 1985년에서 1995년 사이 대구 개체수는 기록적인 수준인 1%로 급감했다.[9]

하지만 반대 사례도 있다. 2009년, 엘리너 오스트롬은 공동 자원을 효과적으로 관리한 지역 공동체의 사례를 분석한 공로로 여성 최초로 노벨 경제학상을 받았다. 네팔에서는 벼농사를 짓는 농민들이 협력해 물을 관리했고, 케냐에서는 지역 공동체가 산림 자원을 함께 관리했으며, 인도네시아의 어민들은 어장을 신중하게 운영했다.

엘리너 오스트롬은 일부 전통적인 공동체가 자원 공유를 위한 규칙을 개발한 방법을 분석했다.

  오스트롬의 연구가 전하는 교훈은 사용자 주도의 관리가 항상 성공한다는 것이 아니라, 그것이 충분히 가능하다는 것이다. 그녀가 조사한 성공 사례에서 지역 주민들은 외부의 권위에 의해서가 아니라 스스로 규칙을 만드는 데 적극 참여하고 있었다. 사용자 주도 관리가 효과를 거둔 경우에는 법 집행 역시 지역 주민에 의해 이루어졌고, 갈등을 해결할 수 있는 간단한 절차와 최초 위반에 대한 온건한 제재가 마련되어 있었다. 공유지의 비극은 피할 수 없는 운명이 아니다.

# 7장

## 제1차 세계대전과 대공황

### 보호 무역이 낳을 수 있는 최악의 결과

1918년 제1차 세계대전은 끝났지만 그것이 남긴 경제적 피해는 이후에도 오랫동안 지속되었다. 평화 협정에 따라 독일은 1320억 금 마르크의 배상금을 지불해야 했다(이 금액은 금 보유고 기준으로 산정되었다). 이는 전쟁 전 독일 전체 자산의 절반가량에 해당하는 막대한 금액이었다.[1] 이처럼 막대한 배상금은 독일 경제가 감당할 수 있는 수준을 훨씬 넘어서는 것이었고, 독일 정부는 초기 납입조차 힘겨워했다.[2]

독일 정부는 채무를 감당하기 위해 대량의 화폐를 찍어내기 시작했다. 그 결과, 인플레이션inflation(지속적인 물가 상승)이 가속화하면서 독일 마르크의 가치는 지속적으로 하락했고, 노동자들이 자신들이 받은 임금을 수레에 실어 가져가는 지경에 이르게 됐다. 정부는 계속해서 새로운 지폐를 발행했다. 처음에는 수천 마르크 단위였고, 이어서 수백만, 수십억, 수조 마르크 단위의 지폐가 발행됐다. 1918년에 1마르크였던 물건이 1923년에는 1조 마르크가 됐다.

이처럼 단기간에 물가가 폭등하는 하이퍼인플레이션hyper-inflation(초인플레이션)은 경제를 극심한 혼란에 빠뜨린다. 이 상황에서는 현금의 가치가 급속도로 떨어지기 때문에 사람들은 대부분의 소비를 할부로 처리하게 된다. 또한 식당은 메뉴 가격을 끊임없이 올려야 하고 택시는 요금계를 계속 조정해야 한다. 1923년 11월의 어느 날에는 저녁때 빵값이 아침 빵값의 일곱 배가 되기도 했다.[3] 결국 독일 정책당국은 통화 가치를 금과 다시 연동시키며 하이퍼인플레이션을 통제하기 시작했고, 그 결과

인플레이션에 시달리던 바이마르 공화국에서는 아이들이 거의 휴지 조각이 된 지폐를 가지고 놀았다.

1920년대 후반에는 일정 기간 동안 비교적 경기가 호전되기도 했다. 하지만 이 하이퍼인플레이션의 기억은 이후 닥친 대공황 앞에서 정책 결정자들을 지나치게 조심스럽게 만들었다. 이런 경제적 혼란 속에서 히틀러가 1933년 독일 총리 자리에 올랐다.

## 대공황이 세계를 강타하다

'광란의 20년대'는 재즈와 춤, 아르데코 양식이 발전하던 시기였다. 이 시기에 선진국 대부분에서는 소비 지출과 경제성장이 급증했다. 1929년 10월 15일 저녁, 예일대학교의 저명한 경제학자 어빙 피셔Irving Fisher는 만찬 자리에서 "주가는 이제 영구적으로 높은 수준에 안착한 것으로 보인다"라고 말했다. 하지만 피셔의 이 예측은 빗나갔다. 불과 일주일 남짓 뒤 주식시장은 사상 최대 규모의 하루 낙폭을 겪으며 붕괴하기 시작했고, 이 충격은 곧 '대공황Great Depression'으로 이어졌다. 1932년에 미국 주식시장은 1929년 최고점에서 89% 하락했다.

이 주가 붕괴의 원인 중 하나는 투기였다. 주가가 오르자 더 많은 사람이 단기간에 부를 얻기 위해 주식시장에 뛰어들었다. 훗날 미국 대통령이 되는 존 F. 케네디의 아버지 조지프 케네디는 주식 이야기가 지나치게 널리 퍼지는 것을 보고 뭔가 이상하다고 느꼈다고 한다. 그는 친구들에게 이렇게 말했다. "구두닦이 소년들까지 주식 정보를 알려줄 정도면, 그때는 시장에서 빠져나와야 할 때야." 하지만 당시 이 붕괴를 예견한 이는 거의 없었다. 많은 사람이 투자를 위해 돈을 빌렸고, 주가가 하락하자 순식간에 무일푼이 되었다. 세계 전역의 금융시장도 미국 주식시장에 연동되어 함께 추락했다.

인구의 5분의 4는 주식을 소유하지 않았기 때문에(실제로 주식을 가진 구두닦이 소년은 드물었을지 모른다) 시장 붕괴는 처음에는 그 영향이 제한적으로 보였지만, 곧바로 전반적인 경제에 영향을 미쳤다. 기업들은 투자를 중단했고, 불안에 휩싸인 시민들

대공황은 전 세계를 뒤흔들었다.

은 소비를 멈췄다. 소비가 줄자 경제 활동도 위축되었다. 수백만 명이 일자리를 잃었다. 미국에서는 실업률이 25%로 최고조에 달했는데, 이것은 일하고 싶은 사람 넷 중 한 명이 일자리를 찾지 못했다는 뜻이다. 런던의 하이드파크, 뉴욕의 센트럴파크, 시드니의 도메인에는 천막촌이 생겨났다. 라틴아메리카는 대공황의 타격을 특히 심하게 받았고, 이는 권위주의적 민족주의의 부상을 부추겼다. 1930년에 아르헨티나와 브라질에서는 군부가 쿠데타로 권력을 장악했다.

## 케인스 대 하이에크

대공황의 원인을 연구하던 영국 경제학자 존 메이너드 케인스는, 이 문제가 사람들이 서로 예상치 못한 방식으로 영향을 주고받은 결과라고 주장했다. 케인스는 대공황을 군체를 구성하는 꿀벌들이 어느 날 갑자기 꿀 소비를 줄이기로 한 상황에 비유했다. 처음에는 절약이 미덕으로 보일지 모른다. 하지만 문제는 벌 한 마리가 꿀 소비를 줄이면 그 꿀을 만들어 팔던 다른 벌의 수입이 줄어든다는 데 있다. 그럼 그 벌은 꿀을 덜 만들게 되고, 이에 따라 일이 줄고, 수입이 끊기고, 소비를 줄이게 되니 또 다른 벌들도 영향을 받는다. 이렇게 벌통 전체의 경제 활동이 위축되면서, 결국 그 안에 사는 '모든' 벌들이 불행해진다. 케인스는 경제를 다시 움직이게 하려면 정부가 지출, 특히 이상적으로는 공공사업에 대한 지출을 늘려야 한다고 주장했다.

하지만 모든 경제학자가 이 생각에 동의하지는 않았다. 가장 설득력 있는 반대 입장을 제시한 사람은 오스트리아의 경제학자 프리드리히 폰 하이에크Friedrich von Hayek였다. 그는 경기침체를 필요악으로 보았고, 위기 이전의 정부 정책이 금리를 지나치게 낮춰 기업들이 무분별하게 자금을 차입하게 만들었다고 주장했다. 결국 위기가 닥쳤을 때 그런 부실한 기업들이 붕괴하는 것은 당연한 결과라는 것이다. 하이에크에게 침체는 피할 수 있는 질병이라기보다는 과음 뒤에 반드시 찾아오는 숙취 같은 것이었나.[1]

이 두 견해에는 뚜렷한 도덕적 메시지가 담겨 있다. 하이에크에게 경기침체는 잘못된 투자를 정화하는 과정이었다. 반면에, 케인스는 경기침체를 고통스럽고 불필요한 것으로 보았다. 하이에크는 정부의 개입이 상황을 더 악화시킨다고 믿었고, 케인스는 정부가 경기순환을 완화하는 데 중요한 역할을 한다고 보았다. 하이에크는 민주적인 정부가 오히려 자유를 침식할 수 있다고 우려했고, 경우에 따라 과도기적 독재가 필요하다고 생각했지만, 그럼에도 전체주의 및 계획경제에는 반대했다.

이 두 경제학자의 생각 차이는 개인적인 삶에서도 드러난다.

하이에크는 금욕적인 인물이었으며, 제1차 세계대전에서 패배하고 경제적 고통에 시달리던 시기의 오스트리아에서 다정다감하지 않은 부모 밑에서 성장했다. 그는 차가운 성격에 과묵한 사람이었고, 그의 전기작가의 전언에 따르면 그가 평생 가깝게 지낸 친구는 단 세 명뿐이었다.[5]

이에 비해 케인스는 자신감으로 충만한 인물이었다. 그는 경제학을 독학으로 익혔고, 시험에서 낮은 성적을 받은 뒤에도 "시험 출제자보다 내가 경제학을 더 잘 아는 게 분명하다"라고 유쾌하게 말하곤 했다.[6] 케인스는 피카소, 르누아르, 마티스의 작품을 수집했고, 오늘날 기준으로 볼 때도 억만장자인 투자자였다. 그는 자신의 성적 경험에 관한 일기를 썼으며(남성과 여성 모두와의 경험을 기록했다), 거기에 1909년에는 65명, 1910년에는 26명, 1911년에는 39명과 성적 만남을 가졌다고 적었다.[7] 케인스의 개방적인 사고방식과 진보적인 세계관에는 그의 이런 다양한 성적 취향이 기여했을지도 모른다. 케인스는 친화력이 뛰어났고, 아내 리디아와 함께 블룸즈버리 그룹에 참여하기도 했다. 이 그룹은 영국의 작가와 화가 들의 모임으로, 그 일원이었던 작가 버지니아 울프는 케인스를 "두 겹의 턱과 붉은 입술선, 작디작은 눈을 가진, 배불리 먹은 바다표범"이라고 묘사했다. 그는 낙관적이고 자신감이 넘치는 코스모폴리탄(세계시민)이었다. 그가 20세기 초에 가장 영향력 있는 경제학자가 된 데는 그의 이런 기질이 한몫한 것으로 보인다.

케인스와 하이에크의 차이는 영화감독 존 파폴라와 경제학자 러스 로버츠Russ Roberts가 만든 풍자적인 랩 배틀에서도 잘 요약된다. 그 후렴구는 다음과 같다.

[같이] 우리는 한 세기 동안 왔다 갔다 해왔지
[케인스] 나는 시장을 조종하고 싶어
[하이에크] 나는 시장을 자유롭게 두고 싶어
[같이] 경기 호황과 침체의 순환은 두려워할 만한 이유가 있지
[하이에크] 원인은 낮은 금리야
[케인스] 아니, 문제는 인간의 동물적 본능이지

케인스주의자들은 경기침체를 자연재해, 즉 누구든 당할 수 있는 충격이라고 생각했다. 오늘날의 정책 결정자들은 대체로 케인스주의자들이다(물론 그 충격에 대해 정부가 어느 정도로 대응해야 하는지에는 의견차가 있다). 하이에크에 대해 비판적인 시각을 가진 한 인사는 경기침체에 대한 그의 접근 방식에 대해 "얼어붙은 연못에 빠졌던 취한 사람에게, 원래 그가 열이 많은 것이 문제였다는 이유로 담요와 약을 주지 않는 것만큼이나 부적절하다"라고 평가했다.[8] 하이에크가 현재의 주류 경제학에 미친 영향은 경기순환에 대한 그의 견해가 아니라, 시장의 '보이지 않

는 손'에 관한 그의 저술에서 비롯된다. 그는 개인이 자신의 이익을 추구하는 자유시장 안에서 자생적 질서가 발생할 수 있다고 강조했다.

## 불황이 길어진 이유

1930년대의 경제 불황에 '대공황'이라는 이름이 붙은 이유 중 하나는 그 지속 기간이 매우 길었기 때문이다.♦ 일부 국가는 케인스의 조언을 따르기보다 긴축재정을 선택했다. 즉, 경기침체 속에서도 정부 지출을 줄였다. 한 연구에 따르면, 주식시장 붕괴가 일어난 지 10년이나 지난 1939년에도 벨기에, 캐나다, 덴마크, 네덜란드, 노르웨이, 영국의 실업률은 10%를 상회했다.⁹ 당시 많은 가정의 실질소득은 10년 전보다 오히려 줄어들었다.

대공황을 장기화한 또 다른 요인은 당시 세계가 점점 더 폐쇄적인 방향으로 나아갔다는 점이었다. 1930년, 미국 공화당 의원 리드 스무트와 윌리스 홀리는 2만 종이 넘는 수입 농산물 및 공산품의 관세를 인상하는 법안을 공동 발의했다. 자유 무역에 대

---

♦ 1930년대 대공황은 1929년 10월 24일 '검은 목요일'의 주식시장 대폭락으로 시작하여 제2차 세계대전 발발 직전인 1939년까지 계속되었다.

한 경제학계의 확고한 입장을 보여주기 위해 1028명의 경제학자는 의회를 통과한 스무트-홀리 관세 법안Smoot-Hawley Tariff Act을 거부해달라는 공개서한을 허버트 후버 대통령에게 보냈다. 하지만 무역 문제에서 경제학자들의 조언을 무시하는 정치인의 경향을 보여주듯, 후버 대통령은 이 법안에 서명했다.

관세 인상은 미국 기업에 타격을 주었다. 많은 원자재 가격이 상승했기 때문이다. 수백 개의 자동차 부품이 관세 인상 대상이 되었고, 자동차 산업은 큰 피해를 입었다. 양모 헝겊에 대한 관세는 두 배 이상으로 늘어나 그것을 재활용한 값싼 의류를 만드는 섬유 산업에 타격을 주었다.[10] 다른 나라들도 맞불을 놓았다. 프랑스는 자동차 관세를 올려 미국의 중저가 차량이 시장에 진입하는 것을 막았고, 에스빠냐는 재봉틀, 년노날, 타이어 등 미국의 주요 수출품에 대한 관세를 인상했다. 캐나다는 관세를 올리는 동시에 '덤핑 방지' 조치도 시행했다.[11]

제1차 세계대전 이후 수년 동안 각국은 이민 규제를 강화했다.[12] 캐나다는 전쟁에서 적으로 싸웠던 몇몇 국가 출신의 이민을 금지했다. 미국 의회는 모든 아시아인의 이민을 사실상 전면적으로 금지하고, 다른 국가들에 배정된 이민 할당량도 축소하는 이민 제한 법안을 통과시켰다. 1930년대에는 이러한 규제가 한층 더 강화되었다. 오스트레일리아는 평균 연간임금의 4분의 1에 해당하는 이민세를 부과했다. 태국은 이민 희망자에게 문해력 시험을 실시하고 고액의 거주 허가 비용을 부과했다. 뉴질랜드는 이민청 자체를 폐지했다. 1930년대의 유럽발 이민은 19세기 중반보다도 줄어들었다.

대공황은 국가 간 자본 흐름도 심각하게 둔화시켰다. 그 이전 수십 년 동안에는 고소득 국가로부터 저소득 국가로 자본이 이동하며 높은 수익률을 추구했고, 이 흐름은 대개 이민자들의 이동과 맞물려 일어났다. 하지만 이 시기에는 외국인 투자 유입도 해외 투자 수요도 모두 대폭 줄어들었다. 베트남에서 브라질에 이르기까지, 20세기 전반 30년 동안 활발했던 외국인 투자는 1930년대에 접어들며 점점 줄어들기 시작했다.[13]

## 각성과 개혁

대공황은 진보적 개혁이 일어날 수 있는 정치적 환경을 만들어내기도 했다. 진보적 개혁의 핵심 설계자 중 한 명은 노동자 권익을 옹호한 프랜시스 퍼킨스Frances Perkins였다. 그녀는 경력 초기에 뉴욕의 트라이앵글 셔트웨이스트 공장에서 발생한 화재를 직접 목격한 적이 있었다. 이 화재로 대부분이 젊은 이민자 여성이었던 146명의 노동자가 사망했는데, 이는 건물 출입구가 무단 휴식을 막기 위해 잠겨 있었기 때문이었다. 이 경험을 계기로 퍼킨스는 뉴욕시 정부에서 일하게 되었고, 그곳에서 더 안전한 작업 환경을 보장하고 여성 및 아동의 노동 시간 상한제를 도입하기 위해 노력했다.

1933년, 새로 취임한 프랭클린 D. 루스벨트 대통령은 퍼킨스를 미국 노동부 장관에 임명했으며, 그녀는 미국 역사상 최초의 여성 내각 구성원이 되었다. 퍼킨스는 루스벨트가 실시한 뉴딜 정책◆의 핵심 중 하나였던 미국 사회보장법United States Social Security Act을 설계하는 데 중추적인 역할을 했다. 1935년에 제정된 이 법은 노인들에게 직접적인 현금 지급을 보장했고, 이후 수십 년에 걸쳐 고령층 빈곤을 극적으로 줄였다. 이 제도는 급여세를 통해 재원을 조달했지만, 수혜자들은 사회보장법을 통해 자신이 납부한 세금보나 훨씬 너 많은 금액을 돌려받을 수 있었다. 첫 월간 수급자인 버몬트주의 교사 아이다 풀러는 1940년에 은퇴하면서 연금을 받기 시작했다. 풀러는 사회보장세로 단 25달러를 납부한 뒤 100세까지 생존하며 총 2만 2889달러를 수령했다. 인플레이션을 감안하면, 그녀가 정부로부터 받은 금액은 자신이 납부한 세금의 200배가 넘는 액수였다.

1930년대는 시장 실패에 대한 경제학자들의 사고방식이 크게

---

◆ 대공황 극복을 위한 경제 활성화 정책으로, 빈곤과 실업의 구제, 정상 수준으로의 경제 회복, 재발 방지를 위한 제도 개혁을 핵심 골자로 한다.

1935년, 프랜시스 퍼킨스가 지켜보고 있는 가운데 루스벨트 대통령이 사회보장법에 서명하고 있다.

진전된 시기이기도 했다. 이 분야에서 가장 결정적인 역할을 한 인물은 조앤 로빈슨Joan Robinson이었다. 로빈슨은 비정통적 사고와 비순응적 태도를 중시하는 가정에서 성장하여, 1931년 케임브리지대학교 교수진에 합류했다. 당시 거시경제학은 케인스가 주도하고 있었지만, 로빈슨은 미시경제학에 주목하며 앨프리드 마셜의 분석을 검증했다.

1933년, 로빈슨은 『불완전 경쟁의 경제학The Economics of Imperfect Competition』을 출간하며 시장의 일반적 작동 방식에 대한 경제학의 사고방식을 전복시켰다. 마셜의 이론은 대체로 시장이 수많은 구매자와 판매자로 구성되어 있다는 전제를 두고 있었다. 이는 주식시장 같은 일부 분야에는 잘 들어맞았지만, 영국 동인도회사 같은 사례에는 적절하지 않았다. 로빈슨은 치열한 경쟁이 일반적인 시장의 모습이 아니라 오히려 예외적인 경우라고 주장했다. 기존 경제학자들이 시장을 활발한 거래가 이루어지는 역동적인 곳으로 생각했다면, 로빈슨은 독점이나 과점이 훨씬 더 일반적인 현상이라고 보았다.

로빈슨은 '수요독점monopsony'이라는 새로운 개념을 도입하기도 했다. 이는 단일 수요자가 공급자들에게 가격 결정력을 행사하는 상황을 말한다. 예를 들어, 단일 기업이 지배하는 지역 사회에서는 고용주가 노동자들에 대해 수요독점 권력을 갖게 되어, 노동자의 실제 가치보다 낮은 임금을 지급할 수 있다. 마찬가지로, 단일 슈퍼마켓 체인이 식료품 유통시장의 대부분을 장악하고 있다면, 이 체인은 농민들이 경쟁시장에서 받을 수 있는 가격보다 낮은 금액을 지불하는 방식으로 수요독점 권력을 행사할 수 있다.

로빈슨의 학문적 호기심은 끝이 없어서, 그녀는 다른 사람의 생각뿐 아니라 자신의 생각에 대해서도 항상 의문을 제기했다. 『불완전 경쟁의 경제학』이 출간된 지 36년 후, 그녀는 이 책에 대해 8쪽 분량의 날카로운 자기비판을 써서 개정판의 서문으로 실었다. 하지만 이런 탁월한 학문적 업적에도 불구하고 그녀는 1965년이 되어서야 정교수로 임용됐다. 공교롭게도, 그해는 그녀의 남편이 케임브리지대학교에서 은퇴한 해이기도 했다. 1975년에는 그녀가 노벨 경제학상을 받을 것이라는 소문이 무성했다. 《비즈니스위크》는 수상을 예측하면서 그녀의 업적을 다룬 장문의 기사를 실었지만, 상은 다른 사람에게 돌아갔다.

## 국가 회계의 도입

오늘날 우리는 경제학자들이 국민총생산을 계산하는 것을 당연한 일이라 생각하지만, 현대적 의미의 국가 회계는 1920~1930년대에 이르러서야 본격적으로 정립되기 시작했다. 그 목적은 시간의 흐름에 따른 생산과 지출의 정확한 통계를 수집하는 것이었는데, 이를 통해 한 국가의 총소득 변화를 파악할 수 있었다. 영국에서는 아서 보울리Arthur Bowley와 조사이아 스탬프Josiah Stamp가 단일 연도의 국민소득을 포괄적으로 분석하려는 시도를 했으며, A. E. 피비어이어A. E. Feavearyear는 국민소득이 어떻게 사용되는지 분석함으로써 후속 연구를 수행했다. 그는 토끼 구매 비용에서 종교 단체 기부금에 이르기까지 모든 지출 항목을 따로 분류해 살펴보았다. 통계학 분야의 또 다른 선구자인 콜린 클라크Colin Clark는 케임브리지대학교에서 성공적으로 경력을 쌓은 뒤 세 차례 영국 노동당 후보로 출마했지만 정치적으로는 성공하지 못했다. 그는 이후 오스트레일리아로 건너가 획기적인 국민소득 추정치를 발표했다. 미국에서는 1920년에 설립된 전미경제조사국과 사이먼 쿠즈네츠 Simon Kuznets 가 물가, 임금, 저축, 이윤 등에 대한 국가 통계 수집을 체계화하는 데 선도적인 역할을 했다. 데이터 수집은 학자들의 연구를 촉진했고, 경제 생산량 측정은 정책 결정자들이 경기침체를 미리 막기 위한 시기적절한 개입을 하는 데 도움을 주었다.

한편, 독재 정권이 공식 통계를 다루는 방식을 보면 통계학자의 역할을 당연하게 여겨서는 안 된다는 점을 다시금 깨닫게 된다. 1937년, 이오시프 스탈린은 소비에트연방에서 10년 넘게 중단되었던 인구조사를 재개하겠다고 발표했다. 그는 자신의 정책 덕분에 소련 인구가 급격히 증가하고 있으며, 매년 핀란드 전체 인구보다 많은 사람이 새로 태어나고 있다고 떠들어댔다. 하지만 이는 거짓이었다. 스탈린의 정책은 기근과 대규모 이민을 초래했고, 실제 인구는 그가 주장한 것보다 최소 1000만 명이나 적었다. 1937년 인구조사 결과는 또 다른 충격을 안겨주었는데, 대부분의 소비에트 국민이 종교를 가지고 있다는 사실이 드러난 것이다. 이는 공산당 지도부의 반종교적 이념과 정면으로 충돌하는 결과였다. 결국 스탈린은 해당 결과의 공개를 금지했고, 인구조사국장 올림피 크비트킨은 처형당했다.

*세상을 읽는 경제학*

# 세이디 알렉산더

경제학 박사 학위를 받은 최초의 아프리카계 미국 여성은 세이디 알렉산더 Sadie Alexander였다. 그녀의 부모는 모두 노예 출신이었다. 알렉산더는 북부 필라델피아로 이주한 흑인 가정의 생활상을 분석한 논문으로 펜실베이니아대학교에서 학위를 받았다. 그녀는 총 100가구를 인터뷰하면서 그들의 생활 수준과 소비 패턴을 연구했다. 이 연구에 따르면, 비록 많은 사람이 과밀한 주거 환경에서 살고 있었지만, 그들 중 3분의 2는 외부의 도움 없이 살아가고 있었다. 특히 대량으로 물품을 구입할 수 있고, 흑인이라는 이유로 더 높은 가격을 지불하는 일을 피할 수 있을 때 자립이 가능했다.

1921년에 대학을 졸업한 알렉산더는 자신의 능력에 상응하는 경제학 분야의 직장을 구할 수 없었다. 결국 그녀는 다시 펜실베이니아대학교에 입학해 법학을 공부했고, 이후 남편과 함께 필라델피아의 영화관 및 호텔의 인종차별 철폐를 위한 민권 소송을 맡았다. 그녀의 대중 연설은 경제학적 통찰이 풍부했다.[14] 한 연설에서 그녀는 가난한 백인을 돕기 위한 정책이 흑인에게는 해가 되었다고 지적하기도 했다. 1933년에 프랭클린 D. 루스벨트 대통령의 전국산업부흥법National Industrial Recovery Act이 특정 업계의 임금을 인상하자, 해당 업계의 고용주들은 흑인 노동자를 해고하고 그 자리에 백인을 채용했다. 알렉산더는 이 법을 "흑인 축출법"이라 불렀다.

　알렉산더는 인종 평등을 달성하기 위해서는 완전고용이 필수적이라고 주장했다. 흑인 노동자는 "마지막에 고용되고 가장 먼저 해고되는" 구조 속에서 경제침체기에 가장 큰 고통을 겪었기 때문이다. 그녀는 완전고용이 인종에 대한 인식도 개선할 수 있다고 보았다. 그리고 완전고용이 백인 노동자의 "경제적 경쟁에 대한 두려움"을 완화함으로써 민주주의를 강화한다는 주장도 펼쳤다. 또한 그녀는 노동시장이 강력할수록 정치적 선동가들이 발붙일 가능성이 줄어든다고 생각했다. 알렉산더는 시대를 앞선 인물이었다. 최근 연구에 따르면, 경제위기는 우익 포퓰리스트가 집권할 가능성을 높이는 것으로 나타났다.[15]

# 8장

# 제2차 세계대전과 브레튼우즈 체제

### 세계 경제 통합의 기틀을 닦다

THE SHORTEST HISTORY OF ECONOMICS

파시즘이 대두하자, 연합국은 히틀러를 달래려는 잘못된 시도를 했다. 1938년 뮌헨 협정은 독일의 주데텐란트(당시 체코슬로바키아 영토) 합병을 허용했고, 1939년 독소 불가침 조약은 독일의 동유럽 침공을 용이하게 했다. 경제적 요인들도 중요했다. 일본의 제국주의적 야망은 국내 에너지 자원이 부족한 데서 비롯된 측면이 있었다. 하이퍼인플레이션과 제1차 세계대전 배상금의 부담은 독일 국민에게 분노를 일으켰다. 독일의 러시아 침공은 흑해와 카스피해 사이 지역의 석유 자원을 추가적으로 확보하려는 시도였다.[1]

경제학적으로 보았을 때 제2차 세계대전의 결과는 처음부터 어느 정도 예측 가능했다. 미국 남북전쟁과 제1차 세계대전 때와 마찬가지로, 초기의 자원 배분은 결국 승리할 편에 유리하게 작용했다. 추축국(독일, 이탈리아, 일본 및 그 동맹국)에 비해, 연합국(영국, 프랑스 및 그 동맹국)은 인구에서 두 배 이상, 영토에서 일곱 배 이상 우세했고, 총소득은 40% 더 높았다.²

## 연합국의 승리는 이미 정해져 있었다

전쟁 초반 나치 독일은 에르빈 롬멜 같은 장군들의 전술적 역량 그리고 전격전blitzkrieg과 기동전bewegungskrieg 같은 전술 덕분에 상당한 승리를 거두며 우위를 점하는 듯했다. 한 경제사학자의 표현을 빌리면, "나치에 맞선 모든 나라, 즉 폴란드, 네덜란드, 벨기에, 프랑스, 유고슬라비아, 그리스, 영국, 미국, 러시아는 초기 전투에서 전술적, 작전적 측면 모두에서 거의 똑같이 실패했다. 이후의 여러 전투에서도 마찬가지였다."³

하지만 제2차 세계대전에는 결정적인 전투가 없었다.⁴ 진주만 공습도, 미드웨이 해전도, 스탈린그라드 전투도, 쿠르스크 전투도 결정적인 전투와는 거리가 멀었다. 제2차 세계대전은 본질적으로 산업 생산력을 겨루는 싸움이었고, 연합국은 더 많은 자원을 보유하고 있었다. 전쟁이 중반에 접어들었을 때조차도 그랬다. 당시 히틀러의 독일이 유럽 대부분을 합병했지만, 미국과 소비에트연방이 연합국 측으로 참전했기 때문이다. 1942년에도 연합국은 인구, 영토, 소득 면에서 여전히 압도적 우위를 점하고 있었다. 항공모함 생산량은 이 격차를 보여주는 대표적 사례였다. 일본은 항공모함의 전략적 가치를 일찍이 인식했지만, 전쟁 기간 동안 생산된 항공모함의 90%는 연합국이 만들었다.

참전국들은 전시 자원 동원 규모에서도 차이를 보였다.[5] 이탈리아는 제2차 세계대전에 자국 경제력의 4분의 1 이상을 투입한 적이 없었지만, 일본은 전쟁이 절정에 달했을 때 전체 경제력의 4분의 3 이상을 군사 부문에 쏟아부었다. 영국과 러시아는 자국 생산의 절반 이상을 전쟁에 투입했으며, 미국은 전체 경제력의 5분의 2를 전쟁에 할당했다. 이 모든 요소는 연합국에 상당한 이점을 안겨주었다. 군수품 생산 면에서 연합국은 소총, 전차, 항공기, 박격포, 군함 등 대부분의 무기류를 추축국의 최소 두 배 이상 생산했다. 추축국은 확실하게 화력에서 밀렸다.

## 폭격기에서 배운 통계의 오류

제2차 세계대전이 진행되면서 남긴 경제적 피해는 제1차 세계대전 때보다 훨씬 더 파괴적이었다. 이는 그사이 살상 기술이 비약적으로 발전했기 때문이었다. 공중에서는 제1차 세계대전 때 복엽기와 비행선이 비교적 작은 역할을 했던 데 반해, 제2차 세계대전 때 폭격기 편대가 소이탄, 나아가 원자폭탄으로 도시를 초토화했다. 해상에서는 항공모함의 등장이 양 진영 함대가 서로를 직접 보지 않고도 전투를 벌이는 해전 양상을 가능하게 했다. 장거리 폭격기, 제트 전투기, 자율 유도 어뢰, 순항 미사일 등도 제2차 세계대전 중에 등장했다. 총체적으로 볼 때, 제2차 세계대전은 제1차 세계대전보다 세 배 더 많은 인명을 앗아갔다.

제2차 세계대전은 새로운 무기의 발명을 촉진했을 뿐 아니라, 통계 기법을 경제학 문제에 적용하는 계량경제학 분야에서도 진전을 가져왔다. 당시 현실적인 관심사 중 하나는 적의 포격 속에서 아군 폭격기가 무사히 돌아올 확률을 높이는 문제였다. 일부 전문가는 귀환한 항공기의 하부를 살펴본 뒤, 꼬리 부분처럼 손상이 유난히 심한 곳에 주목하고 그런 부위를 보강하자고 제안했다. 하지만 헝가리 출신 유대인 난민이자 수학자인 아브라함 왈드Abraham Wald는 이 분석이 상황의 일부만 보고 내린 결

누락된 정보는 격추돼 돌아오지 못한 폭격기에 있었다.

론이라는 점을 간파했다. 그런 관찰은 폭격기가 꼬리에 손상을 입고도 귀환할 수 있음을 보여준 것이었기 때문이다. 그는 오히려 기수 부분이 손상된 채 돌아온 폭격기가 없다는 사실이야말로 그 부분에 추가적인 보강이 필요하다는 점을 시사한다고 주장했다. 왈드가 개발한 이 분석 기법은 오늘날에도 계량경제학자들이 활용하고 있다.

## 전후 새로운 세계 질서

제2차 세계대전 이후에 평화가 더 오래 지속된 이유 중 하나는 각국이 전쟁 이전의 실책에서 교훈을 얻었던 데 있다. 미국은 마셜 플랜◆을 통해 서유럽에 약 130억 달러를 지원했는데, 이는 수혜국 전체의 연간 국민소득의 약 3%에 해당하는 규모였다.[6] 독일과 일본에서 점령국은 재건에 큰 비중을 두었고, 그 결과로 이 두 나라는 한 세대 만에 주요 산업 강국으로 성장했다.

경제학자들은 전후 평화를 뒷받침할 국제경제 체제를 구축하는 과정에서 중심적인 역할을 했다. 1944년, 미국 뉴햄프셔주

◆ 공식 명칭은 '유럽 부흥 계획European Recovery Program'으로, 1948년 4월에 시작되어 1951년 12월까지 계속되었다.

브레튼우즈에서 44개 연합국의 대표가 모여 회의를 열었다. 이는 매우 흥미로운 모임이었다. 영국 대표로는 당시 재무부 고문이었던 케인스가 참석했는데, 그는 제1차 세계대전 이후 각국이 저질렀던 경제적 실책이 되풀이되지 않기를 바랐다. 미국 대표는 고위 재무부 관료 해리 덱스터 화이트였는데, 그는 소련의 스파이였다는 의혹이 있다. 프랑스 대표는 재무부 장관 피에르 망데스 프랑스였다('프랑스'라는 성을 가진 사람이 프랑스를 대표했기 때문에, 이 회의의 참석자 명찰을 만든 사람은 일이 좀 수월했을 것 같다).

이처럼 이질적인 인물들이 모인 자리에서, 경제적 고립주의를 끝내기로 하는 합의가 도출되었고, 무역과 자본의 흐름이 더 풍요롭고 안정적인 세계를 만들 것이라는 생각이 받아들여졌다. 이 합의는 세계은행과 국제통화기금IMF의 탄생으로 이어졌다. 세계은행은 최빈국들의 생활 수준 향상을 목표로 했고, 국제통화기금은 각국이 금융위기를 피할 수 있도록 지원하는 기관이었다. 또한 브레튼우즈 협정은 금본위제를 부분적으로 복원했는데, 미국 달러를 금 1온스당 35달러로 고정하고 다른 나라의 통화는 달러에 고정하는 방식이었다. 하지만 금으로의 교환은 국제 간 공식 거래에 한정되었고, 실제로는 거의 이루어지지 않았다.

## 케인스 이론이 전 세계로 뻗어나가다

전후 시기의 거시경제학자들은 케인스의 작업 위에 새로운 성과를 쌓아 올렸다. 그중에서도 눈에 띄는 인물은 빌 필립스Bill Phillips였다. 그는 뉴질랜드의 한 낙농장에서 태어나, 영화관 지배인, 금광 노동자, 악어 사냥꾼으로 일하다 공학을 공부한 뒤 제2차 세계대전에 참전했으며, 그 과정에서 일본군 포로수용소에 3년간 억류된 경험이 있는 사람이었다. 포로수용소에서 그는 다른 포로들로부터 중국어를 배우고, 몰래 라디오를 조립하기도 했다. 전쟁이 끝난 후 그는 런던정치경제대학에 입학해 사회학을 공부하기 시작했지만, 곧 경제학으로 전공을 바꾸었다. 1949년에 필립스는 하숙집 차고에서 물 펌프를 활용해, 경제의 작동 방식을 물의 흐름으로 설명하는 실물 모델을 만들었다.[7] 이 기계는 원래 교육용 도구로 설계됐지만, 정책 변화의 효과를 모의실험하는 데 탁월한 성능을 발휘하는 것으로 드러났다. 정부 지출과 조세의 변화가 소득의 '순환 흐름'에 어떻게 영향을 미치는지 시각적으로 보여주기 때문이다. 이 기계는 열두 대가량 제작되었으며, 그중 케임브리지대학교에 설치된 한 대는 오늘날에도 여전히 작동하고 있다.

케인스의 모델을 발전시킨 또 다른 인물은 매사추세츠공과대학교MIT의 폴 새뮤얼슨Paul Samuelson이었다. 새뮤얼슨의 '실용

빌 필립스가 자신이 만든 경제 모델링 장치
'국민소득 분석 아날로그 컴퓨터MONIAC'를 들여다보고 있다.

적 케인스주의pragmatic Keynesianism'는 가격과 임금의 경직성 때문에 자유시장만으로는 완전고용을 이룰 수 없으며, 따라서 위기가 닥쳤을 때 정부가 개입하는 것이 정당하다고 주장했다. 경제학자들은 주로 논문을 통해 소통하지만, 교과서도 소통에 중요한 역할을 한다. 새뮤얼슨이 1948년에 출간한 교과서는 그중에서도 가장 중요한 저서 중 하나로 평가된다. 그는 케인스의 저서 『고용·이자 및 화폐의 일반 이론The General Theory of Employment, Interest and Money』을 '천재의 작품'으로 평가하면서도, 모순이 많고 글이 난해하다고 지적했다. 새뮤얼슨은 수학이 경제학의 자연스러운 언어라고 믿고 케인스의 아이디어를 수학적으로 공식화하는 데 주력했으며, 그 과정에서 경제학을 이야기 중심에서 방정식 중심으로 전환하는 데 기여했다. 새뮤얼슨은 자부심을 담아 이렇게 말했다. "나는 누가 국가의 법을 만드는지에 관심 없다. 내가 그 나라의 교과서를 쓸 수만 있다면."

새뮤얼슨의 교과서에서 강조된 개념 중 하나는 비교우위였다. 앞서 보았듯, 이 원리는 100년 전 데이비드 리카도가 제시한 것이었다. 비교우위는 두 국가가 서로 교역할 때 양쪽 모두 이익을 얻을 수 있다는 원리를 보여준다. 무역을 성립하게 만드는 것은 '차이'다. 국가들은 서로 다른 기후에서 농작물을 재배하고, 특정 산업에 특화하며, 임금 수준의 차이로 인해 노동 집약적인 상품을 더 저렴하게 제조할 수 있기 때문에 교역을 한다. 브라질의 커피, 스위스의 시계, 방글라데시의 섬유는 각각 이런 차이를 담아낸 수출품이다. 이후 새뮤얼슨은 비교우위를 "사회과학에서 사실이면서도 직관적이지 않은 명제의 가장 좋은 사례"라고 설명했다.

안타깝게도 1930년대의 많은 정책 입안자들은 이 통찰을 잊은 듯 보인다(스무트-홀리 관세법에 의해 보호무역주의가 확산되고 전 세계 무역량이 감소했던 것을 떠올려보라). 하지만 제2차 세계대전 이후 무역은 다시 성장하기 시작했다. 1947년에는 전 세계 무역의 5분의 4 이상을 차지하는 국가들이 '관세 및 무역에 관한 일반 협정GATT'에 서명함으로써, 100억 달러 상당의 무역 규모에 영향을 미치는 4만 5000건의 관세를 줄이는 데 합의했다.

## 요람에서 무덤까지

제2차 세계대전은 복지국가 확대의 강력한 동인이 되었다. 이 기간 동안 각국 정부는 세금을 인상하고 식량과 의류를 배급했으며, 가족수당을 도입했기 때문이다. 또한 대공황과 전쟁의 고통을 겪으면서 사람들은 전쟁이 끝난 뒤에는 더 공정한 사회를 건설해야 한다고 생각하게 됐다. 영국에서는 부부 경제학자 재닛 베버리지Janet Beveridge와 윌리엄 베버리지William Beveridge가 1942년에 발표한 보고서를 통해 다섯 가지 사회악(불결, 무지, 빈곤, 나태, 질병)을 지적하고, 실업자, 병자, 노인을 위한 국가보험 제도를 제안했다. 베버리지 보고서는 철학 면에서 비스마르크식 개혁과 근본적으로 달랐다. 비스마르크 모델이 개인의 기여에 기초한 반면, 베버리지 모델은 보편적 정부 프로그램이었다. 이런 사회보장 프로그램에 대한 대중의 요구는 워낙 강력해서, 1945년에 영국 유권자들은 윈스턴 처칠의 보수당 정부를 퇴출시키고 복지국가의 비전을 제시한 노동당을 집권시켰다. 노동당은 국민에게 "요람에서 무덤까지" 사회안전망을 제공하겠다고 약속했다.

복지국가의 확대는 정부의 경제적 역할 증가와 병행되었다. 선진국 전체를 보면, 정부 지출이 국민경제에서 차지하는 비중은 1937년 평균 24%에서 1960년에는 28%로 늘어났다.[8] 제2차 세계대전 종전 이후 영국은 철도, 탄광, 전력 공급, 철강 산업 대부분과 중앙은행을 국유화했다. 프랑스는 나치 점령기에 협력했던 르노 자동차 회사를 비롯해 가스 및 전력 산업, 은행 및 보험 산업 대부분을 국유화했다. 뉴질랜드는 뱅크오브뉴질랜드BNZ♦를 국유화했고, 스웨덴은 철도 국유화를 마무리지었다.

선진국 전반에서 정부의 영향력이 커지면서 국가가 거두는 세금의 규모도 눈에 띄게 늘어났다. 제2차 세계대전 이전까지만 해도 대부분의 나라에서 평균적인 노동자는 소득세를 내지 않았다. 하지만 전쟁을 수행하기 위해 막대한 자금이 필요해지자 대부분의 노동자가 소득세를 부담해야 했고, 이는 원천징수 제도의 도입으로 이어졌다. 원천징수는 고용주가 근로자의 소득세를 직접 공제해 정부에 납부하는 방식이다. 납세자는 자신이 얼마를 세금으로 냈는지 언제든지 확인할 수 있었지만, 처음부터 그 돈을 손에 쥐지 않았기 때문에 상실감을 덜 느꼈다.

♦ 오늘날 뉴질랜드의 4대 은행 중 하나로, 1861년도에 설립되었다.

# 9장

## 영광의 30년?

### 부국과 빈국의 운명이 갈리다

THE SHORTEST HISTORY OF ECONOMICS

　　　　　　인생의 놀라운 점 중 하나는 많은 것들이 결국 운에 의해 결정된다는 사실이다. 당신의 부모가 만난 바로 그 순간, 당신을 만들어낼 특정 정자와 특정 난자가 만날 확률은 100만 분의 1도 되지 않았다. 세계적으로 소득 격차의 대부분은 태어난 나라와 부모의 사회적 지위에 의해 결정된다.[1] 당신이 부모를 직접 선택했다고 믿지 않는 한, 이 또한 운이다.

　노동시장에서도 운은 항상 작용한다. 경제침체기에 고등학교를 졸업한 청년은 취업이 어려워지는데, 이처럼 일시적 충격이 장기적으로 영향을 미치는 이른바 '상흔효과 scarring effect'는 10년 이상 지속될 수도 있다. 유망한 직업을 선택한 노동자가 기술 발전으로 일자리를 잃는 경우도 있다. 작은 도시에 있는 큰 회사가 파산하면, 그 회사의 직원이었던 사람들이 모두 같은 지역에서 새로운 일자리를 찾기는 거의 불가능에 가깝다. 선천적 결함이나 직장 내 부상과 같은 불행한 장애는 개인이 생계를 유지할 만큼 충분한 소득을 얻는 것을 어렵게 만든다. 또한 예상보다 오래 살아서 저축한 돈을 모두 소진하게 되는 상황도 있다. 장수한다는 것은 더 많은 시간을 누릴 수 있다는 점에서 행운이시만, 노인복지가 부족한 사회에서는 불행이 된다.

 전후 시기에는 복지 제도와 조세 제도를 통해 운이 좋은 사람으로부터 운이 좋지 않은 사람으로 소득이 재분배되었다. 당시의 소득세는 매우 누진적이었는데, 이는 고소득층이 소득의 더 많은 부분을 세금으로 납부했음을 뜻한다. 비틀스의 노래 〈택스맨〉의 가사에는 "당신에게 한 푼 주고 열아홉 푼을 가져간다"는 세금 징수원이 나온다. 이는 과장이 아니었다. 당시 비틀스 멤버들은 최고 세율 구간에 속해 있었고, 이로 인해 95%라는 최고 세율$^{\text{supertax}}$을 적용받았다. 실제로, 그들은 벌어들인 돈 20달러 중 19달러를 세금으로 내고 있었던 것이다. 몇 년 후 롤링스톤스는 세금을 피하기 위해 영국을 떠났고, 그렇게 나온 앨범이 〈메인스트리트로의 망명〉이었다.

## 노동조합의 성장

 직장에서는 노동조합이 점점 더 강력한 세력으로 부상하면서 노동자의 삶 전반에 영향을 미쳤다. 노조가 운영되는 방식은 국가마다 달랐다. 스웨덴에서는 노조 연맹이 사용자단체와 전국 단위의 임금 협약을 체결했다. 오스트레일리아에서는 노조가 노동위원회에 임금 소송을 제기했다. 미국에서는 노조가 기업 경영진과 직접 협상했다. 여전히 식민지 지배를 받던 국가들에서는 노조가 독립운동과 지역 자치권 확대 운동의 선봉에 서기도 했다. 전 세계적으로 병가, 휴가, 주말수당, 안전 기준, 차별금지법, 고용 안정성 그리고 급여까지 모두 노동조합의 영향을 받았다. 당신이 조합원이든 아니든, 만약 노조가 존재하지 않았다면 당신의 일자리 모습은 지금과 상당히 달랐을 것이다.

노동조합은 임금 인상, 더 안전한 근로 환경, 차별금지법 제정을 위해 투쟁했다. 그림 안 문구는 '노동자는 결코 패배하지 않는다'라는 뜻이다.

전후 수십 년 동안 많은 선진국에서 노동조합은 급속히 성장했다. 1970년대가 되자 OECD 선진국 노동자 세 명 중 한 명은 노동조합원이었다(오늘날은 여섯 명 중 한 명 미만이다).[2] 이 시기에 노동조합이 강력해진 것은 경제 구조와 부분적으로 관련이 있었다. 노동조합 결성은 한 사업장 전체에 걸쳐 단결하려는 노동자들과 새로운 사업장을 만들어 단결을 어렵게 만들려는 고용주 간의 경쟁으로 볼 수 있다. 스타트업보다는 공장이나 공공 부문에서 노동조합 가입률이 더 높은 이유가 바로 여기에 있다. 많은 나라에서 강력한 제조업 부문은 노조 결성을 위한 비옥한 토양을 제공했고, 그 결과 해당 직종의 높은 임금이 보장되었다. 1950년대와 1960년대에 제조업은 정규교육을 거의 받지 못한 노동자들이 중산층으로 진입하는 통로였다.

## 자본주의의 황금기

1950~1960년대 많은 노동자가 정규교육을 점점 더 많이 받기 시작하면서 학교 졸업률이 상승하고 고등교육이 점차 보편화되던 시기이기도 했다. 이러한 현상은 전후 수십 년 동안 여러 선진국에서 나타난 불평등 감소의 주요 요인 중 하나였다. 불평등에 대한 한 이론에 따르면, 불평등의 정도는 교육과 기술

발전의 상대적 속도에 의존한다.[3] 기술은 발전하는데 교육이 정체되면 사회는 불평등해지고, 교육 수준이 신기술 출현 속도보다 빠르게 증가하면 사회는 더 평등해진다. 이 이론에 따르면 불평등을 줄이는 가장 좋은 방법은, 모든 사람이 양질의 교육을 받을 수 있도록 하는 것이다.

불평등에 관한 또 다른 거대 이론(교육과 기술 간 경쟁 이론과 모순되지 않는)은 경제성장률(g)과 자본투자 수익률(r) 간의 차이에 초점을 맞춘다. 토지와 기업 주식과 같은 자본 자산은 부유층에게 집중되어 있기 때문에(오늘날 상위 10%가 전 세계 부의 76%를 소유하고 있다), 높은 자본 수익률은 부자들에게 압도적으로 유리하다.[4] 프랑스 경제학자 토마 피케티Thomas Piketty는 『21세기 자본Capital in the Twenty-First Century』에서 $r > g$이면 불평등이 증가하며, 이 상태가 인류 역사의 일반적인 상태라고 주장했다.

따라서 전후 수십 년 동안 많은 선진국에서 자본투자 수익률이 장기 평균보다 훨씬 낮았고, 경제성장률이 역사적 평균을 크게 웃돌았다는 사실은 주목할 만하다. 이 시기는 r이 g보다 낮아지면서 많은 고소득 국가에서 불평등이 감소한 시기였다. 일자리는 풍부했고, 임금은 이윤보다 빠르게 상승했으며, 경영진의 보수보다는 생산 현장 노동자의 소득이 더 빠르게 올랐다.

이런 현상은 널리 퍼져 있었지만, 각국은 자국의 성공에 자부심을 느꼈다. 프랑스인들은 전후 30년을 '영광의 30년'이라 불렀다. 이탈리아인들은 '경제 붐'이라 했고, 에스파냐인들은 '에스파냐의 기적'이라고 칭했다. 독일인들은 '라인강의 기적'이라고 했다. 내 연구 결과에 따르면, 유권자들은 높은 경제성장률을 달성한 정부에 재선 표를 더 많이 주는 경향이 있었으나, 세계 경제 호황기에 우연히 권력을 잡은 정부와 글로벌 평균 이상으로 국가를 발전시킨 유능한 정부를 명확히 구별하지 못했다.[5]

이 영광스러웠던 수십 년은 단지 정치인들에게만 행운을 안겨주지는 않았다. 바로 이 시대에 많은 유럽인이 처음으로 자동차를 가졌고, 미국인 상당수는 첫 냉동고를 구입했다. 텔레비전과 건축도 이 시기에 널리 보급됐다. 부의 평준화를 촉진한 주요 요인 중 하나는 주택 소유의 확산이었다. 예를 들어, 제1차 세계대전이 끝났을 무렵 영국에서 자가 주택 비율은 전체 주택의 23%에 불과했지만, 1970년대 후반에는 약 58%로 상승했다.[6]

같은 시기에 여성들도 대규모로 유급 노동자로 변신했다. 경제학자가 아닌 사람들은 이를 사회적 규범의 변화 때문이라고 설명하곤 한다. 하지만 경제학자들은 기술과 정책의 역할에도 주목한다. 실제로, 전기스토브, 진공청소기, 수도 시설, 냉장고, 세탁기 등은 가사노동을 단순하게 만듦으로써 많은 여성의 삶을 바꿔놓았다. 피임약은 여성들이 자녀를 언제 가질지에 대해 더 큰 통제력을 가질 수 있도록 해주었다. 클로디아 골딘Claudia Goldin 같은 경제학자들이 지적했듯이, 이는 여성들이 자신의 교육에 더 많은 시간과 노력을 투자할 인센티브를 한층 더 강하게 만들어주었다.

기업가들에게는 프랜차이즈라는 새로운 하이브리드 형태가 등장했다. 이는 독립적으로 소규모 사업을 여는 것과 대기업의 주식을 사는 것 사이의 중간 형태였다. 1953년 리처드 맥도널드와 모리스 맥도널드는 애리조나주 피닉스에서 첫 번째 프랜차이즈 매장을 열었다. 이듬해 적극적인 사업가 레이 크록Ray Kroc이 이 프랜차이즈 모델을 이용해 맥도날드를 세계 최대의 패스트푸드 체인으로 성장시켰다.

호텔, 슈퍼마켓, 부동산 중개업도 프랜차이즈 모델을 폭넓게

1950년대 초창기의 맥도날드 매장.

활용했다. 프랜차이즈 모델은 전국적인 광고 캠페인을 가능하게 하고, 표준화된 생산 공정이라는 이점을 제공했다. 하지만 상당한 위험 부담을 소규모 가맹점주에게 떠넘겼고, 가맹점주는 대기업인 본사와의 협상에서 불리한 위치에 놓일 수 있었다.

새로운 기술 도입이 예상치 못한 효과를 낳기도 했다. 1955년 미국에서는 50가구 중 1가구만 에어컨을 보유하고 있었다. 하지만 1980년이 되자 과반수 가구가 에어컨을 갖추게 되었다. 이후 에어컨의 전 세계적 확산은 선진국에서 적도 인근 지역으로의 대규모 인구 이동을 가능하게 했다. 미국인들은 플로리다주로, 오스트레일리아인들은 퀸즐랜드주로 이동했고, 싱가포르, 두바이, 도하 같은 적도 및 사막 도시들이 급성장했다. 에어컨은 말 그대로 세계의 지리적 구성을 바꿔놓았다.[7] 현재는 전 세계에서 20억 대가 넘는 에어컨이 사용되고 있다.

## 경제학의 분화와 발전

경제학이 다른 학문 분야로 확산되기 시작한 것도 이 시기부터였다. 어느 날 경제학자 게리 베커$^{Gary\ Becker}$가 회의에 늦을 뻔한 적이 있었다.[8] 합법적인 주차를 하면 늦을 것이고, 불법 주차를 해야만 정시에 도착할 수 있었다. 베커는 단속될 확률에 벌금을 곱해, 예상되는 비용이 회의에 정시에 도착했을 때 얻을 수 있는 이익보다 작다는 결론을 내렸다. 이 경험으로 그는 획기적인 경제학 논문 「범죄와 처벌: 경제학적 접근 Crime and punishment: An economic approach」을 썼다.[9] '범죄자들이 어리석은 것이 아니라 그들도 다른 사람들처럼 자신의 행복을 극대화하려고 행동한다고 생각해보면 어떨까?' 베커는 이렇게 논리를 펼쳤다. 그의 연구가 제시하는 결론 중 하나는 범죄 억제가 처벌의 강도뿐 아니라 적발될 확률에도 의존한다는 점이다. 따라서 미래를 중시하지 않는 잠재적 범죄자들에게는 징역형을 두 배로 늘리는 것보다 경찰 순찰을 두 배로 늘리는 것이 비용 면에서 더 효율적인 범죄 억제 수단일 수 있다.

베커는 경제학의 분석 도구를 인종차별에 관한 연구에도 적용했다.[10] 이 연구를 통해 그는 인종차별주의적인 고용주가 결국 더 높은 임금을 지불하게 된다는 결론을 내렸다. 소수 민족 지원자 고용을 거부하면, 채용할 수 있는 인재의 범위를 축소하게 되어 결국 같은 수준의 인재를 고용하기 위해 비차별적 고용주보다 더 많은 임금을 지불해야 한다. 고객들이 고용주의 편견에 동조하지 않는 경쟁시장에서는 인종차별주의적 고용주가 더 낮은 이윤을 얻을 수밖에 없다. 베커의 연구는 경쟁이 심화할수록 인종차별주의적 고용주에게 경제적 압박이 가해져, 결과적으로 최적의 지원자를 고용할 경제적 인센티브가 커진다고 설명한다. 이는 여성, 고령 노동자, 종교적 소수자, 장애인, 성소수자에 대한 차별에도 마찬가지로 적용된다. 물론 경쟁만으로 차별이 사라지지는 않겠지만, 경쟁은 차별을 줄이는 긍정적인 역할을 수행할 수 있다.

이 시기에는 응용경제학 또한 꾸준히 발전했다. 응용경제학의 핵심 과제 중 하나는 상관관계correlation와 인과관계causation를 분리하는 일이었다. 예를 들어, 발이 큰 사람은 대개 키도 크지만, 큰 신발을 신는다고 키가 자라지는 않는다. 아이스크림을 먹는 사람은 햇빛에 탈 가능성이 더 높지만, 더운 날 차가운 간식을 피한다고 피부암을 예방할 수는 없다. 경제학에서도 마찬가지로 외국 원조가 경제성장에 미치는 영향을 측정하는 일은 까다롭다(대개 원조는 위기에 처한 나라에 제공되기 때문이다). 수출이 기업 성과에 미치는 영향을 분리해 측정하는 것 또한 어렵다(경영을 더 잘하는 기업일수록 세계를 바라보는 시야가 더 넓기 때문이다).

실험실에서 연구를 하는 과학자들은 시험관 속 물질을 통제할 수 있지만, 사회과학자들은 실제 현실 속의 사람을 대상으로 연구를 해야 하기 때문에 상황이 더 복잡했다. 그들은 의학 분야에서 이미 무작위 대조실험으로의 전환이 이뤄지고 있다는 사실에 주목했다. 예를 들어, 제2차 세계대전 직후 의학 연구자들은 결핵 치료제와 소아마비 백신의 효능을 검증하기 위해 치료제를 투여받는 그룹과 위약을 투여받는 그룹을 무작위로 나

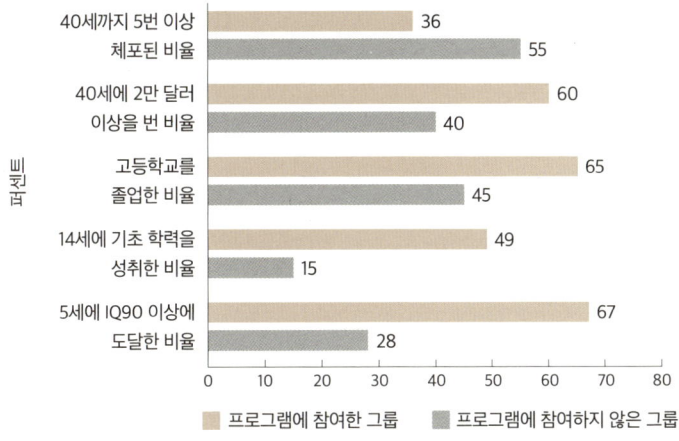

페리 유치원 프로젝트의 무작위 실험은 프로그램에 참여한 그룹과 대조 그룹 사이에 큰 차이가 발생했다는 결과를 보여주었다.

누어 비교했다. 사회과학자들도 비슷한 기법을 활용해 1962년 영아에 대한 조기 중재 프로그램을 평가하는 두 가지 사회적 실험을 시작함으로써 무작위 정책 실험Randomised Policy Trial을 획기적으로 진전시켰다. 테네시주에서 시행된 '조기 훈련 프로젝트'와 미시간주의 '페리 유치원 프로젝트'는 고품질의 조기 아동 프로그램이 극도로 열악한 환경에 놓인 미취학 아동에게 실질적인 변화를 가져올 수 있는지 평가했다. 참여 아동들이 성인이 되었을 무렵, 그 차이는 명백해졌다. 조기 개입을 받은 그룹은 그렇지 않은 대조군보다 소득이 더 높았고 체포율도 더 낮았다. 이 실험은 조기 아동교육에 대한 경제학자들의 사고방식을 근본적으로 바꾸었을 뿐만 아니라, 상관관계와 인과관계를 구별하는 도구로서 무작위화에 대한 관심을 증대시켰다.

## 컨테이너가 발명되다

1950년대 초반만 해도 부두는 온갖 상자, 드럼통, 운반 용기 등으로 어지럽게 뒤덮여 있었다. 배에 화물을 실으려면 철사 코일, 묶이지 않은 목재 더미, 목화 뭉치, 올리브 통 등을 하나하나 옮겨야 했다. 화물이 파손되는 일이 잦았고, 노동자들은 부상을 입거나 목숨을 잃는 일이 많았다. 화물을 모두 배에 싣는 데 며칠이 걸렸고, 때로는 선적과 하역에 드는 비용이 전체 운송비용의 절반에 이르렀다. 따라서 국제 무역이 불가능한 상품이 매우 많을 수밖에 없었다.

오늘날 사용되는 표준화된 컨테이너는 미국의 트럭 사업가 맬컴 매클레인Malcom McLean이 발명했다. 1956년 4월 26일, 매클레인은 뉴저지주에서 텍사스주로 향하는 SS 아이디얼 X호에 58개의 컨테이너를 실었다. 그의 컨테이너는 모서리에 트위스트락◆

◆ 컨테이너의 네 모서리에 있는 구멍(코너 캐스팅)에 끼운 다음, 90도로 회전시켜 고정하는 장치.

가장 큰 컨테이너선은 2만 개 이상의 컨테이너를 운반할 수 있다.

이 부착돼 있어, 크레인을 이용해 손쉽게 옮길 수 있었다. 이후 수십 년 동안 매클레인과 운송업계 관계자들은 컨테이너의 규격에 대해 논의했고, 마침내 국제 표준이 정해졌다. 오늘날 세계 대부분의 컨테이너는 길이 12.2m, 너비 2.4m, 높이 2.6m의 규격을 가진다. 컨테이너 하나가 적재할 수 있는 무게는 일반적으로 최대 약 30톤이다. 현대식 컨테이너선은 길이가 수백 미터에 달하고 수천 개의 컨테이너를 실을 수 있다. 화물의 선적 및 하역은 몇 시간 만에 이루어지며, 이 과정은 선박의 균형을 유지하는 컴퓨터 시스템에 의해 관리된다.

표준화된 해상 컨테이너 덕분에 운송비용은 극도로 낮아졌고, 이제 거의 비용 계산에 포함되지 않는다. 표준화된 철제 상자 하나가 전 세계를 더 가깝게 연결했다.

## 심화되는 상호 연결성

전후 수십 년간 경제 통합 또한 크게 진전되었다. 1947년 GATT 체결 이후, 세계 여러 나라들은 1949년, 1951년, 1956년, 1962년, 1967년, 1979년, 1994년에 걸쳐 중요한 관세 협정을 맺었다. 유럽경제공동체EEC는 1957년에 출범해 창립국 6개국 사이의 모든 관세를 철폐했고, 이후 수십 년 동안 지속적으로 회원국을 확대했다. 오늘날 유럽연합EU은 세계에서 가장 중요한 무역 블록으로, 27개국의 4억 명 이상을 아우른다.[11] 유럽연합은 작은 나라들이 영토와 인구라는 물리적 한계를 뛰어넘을 수 있게 해준다. 예를 들어, 룩셈부르크는 인구가 66만 명에 불과한 소국이지만, 그곳 국민은 자국의 좁은 영토에서만 누릴 수 있는 제품과 기회에 갇혀 지내지 않는다. 그들은 유럽연합 전역에서 자유롭게 여행하고 일하며 무역할 수 있는 권리를 누린다.

한때 극소수 부유층의 특권이었던 항공 여행의 비용도 꾸준히 하락했다. 다른 상품 가격과 비교했을 때 1960년대에 항공 요금은 25% 낮아졌으며, 비행 속도는 거의 두 배로 빨라졌다.[12] 1970년에는 약 400명의 승객을 실을 수 있는 최초의 대형 동체 항공기인 보잉 747이 도입되었다. 하지만 비행기 여행 수요가 급증하면서 또 다른 문제가 생겼다. 당시 승객들은 대개 공항에서 티켓값을 결제했는데, 신용카드 결제가 느려서 비행기를 놓치는 사람들이 생기곤 했다. 1970년, 아메리칸항공, IBM, 아메리칸 익스프레스는 시카고 오헤어 공항에서 최초로 마그네틱 신용카드 실험을 진행했다. 이 기술은 항공 여행뿐 아니라 소매 거래 환경 전반을 단순화했지만, 개인 부채를 증가시키는 원인이 되었다. 현재 신용카드 부채 중앙값은 인도가 미화 300달러, 중국이 1500달러를 넘어서고, 미국은 5000달러를 초과한다.[13] 수많은 연구를 통해, 현금 대신 신용카드로 결제할 때 과소비가 더 많아지고 훗날 후회하는 구매가 더 빈번해진다는 사실이 밝혀졌다.[14]

잠깐, 왜 우리는 구매 후 후회를 할까? 그 이유 중 하나는, 많은 상품이 매장을 떠나는 순간부터 가치가 하락하기 때문이다. 1970년에 경제학자 조지 애컬로프George Akerlof는 이 현상을 이렇게 설명했다.[15] 가령, 중고차 판매자는 자신이 판매하는 차가 좋은 차(일명 '복숭아')인지 불량차(일명 '레몬')인지 잘 알고 있지만 구매자는 이를 알 수 없다. 이로 인해 시장에는 주로 불량차를 가진 판매자들만 몰리게 되고, 이렇게 불량차를 사게 될 가능성이 높은 상황에서 구매자는 불량차 가격만 지불하려 한다. 결국 좋은 중고차를 판매하는 업자들은 판매를 포기하게 되고, 중고차 시장은 '레몬 시장market for lemons'이 된다. 후에 애컬로프에게 노벨 경제학상을 안긴 이 연구는 발표되기 전에 3개의 학술지에서 거절당했는데, 이는 논문 게재를 거절당한 경제학자

들에게 지금도 큰 위로가 되고 있다(현재 최상위 5개 경제학 학술지의 논문 거절률은 약 95%다).[16]

## 경제 번영에 실패한 나라들

하지만 전후 30년의 번영을 모든 나라가 함께 누린 것은 아니었다. 중국에서는 마오쩌둥의 공산당이 1949년에 집권한 후 많은 기업 지도자가 처형되었다. 농업이 집단화되면서 농민들은 열심히 일할 인센티브를 잃었는데, 이는 추가로 생산한 곡물을 마을 전체가 공유해야 했기 때문이다. 1958년 그는 농민들에게 뒷마당 용광로에서 쇠와 철을 생산하게 하는 황당한 계획인 '대약진운동'을 시작했다. 이 운동 때문에 수백만 개의 멀쩡한 냄비와 프라이팬이 쓸모없는 고철로 녹아내렸다.

같은 해에 마오쩌둥은 참새가 곡식을 먹는다며 참새를 없애라는 지시를 내렸다. 사람들은 참새가 지쳐 죽을 때까지 큰 소리를 내도록 동원되었고, 결국 수백만 마리의 참새가 죽었다. 하지만 참새가 사라지자 메뚜기 떼가 이듬해의 농작물을 초토화했다. 이후 마오는 생태계를 회복하기 위해 소련에서 25만 마리의 참새를 수입해야 했다. 이러한 실책으로 인한 농작물 손실은 1957년에서 1961년 사이 쌀과 밀 생산량을 40% 감소시켰고, 수

천만 명이 굶어 죽는 대기근을 초래했다.[17]

이후에도 혼란은 계속되었다. 1966년 시작된 문화혁명은 마오쩌둥의 홍위병에게 과학자와 학자, 지식인을 공격하도록 부추겼다. 대학과 학교는 문을 닫았고, 수백만 명의 도시 청년들(훗날 국가주석이 되는 시진핑을 포함하여)이 농촌으로 내려가 살게 되었으며, 종종 정규교육도 받을 수 없었다. 정치적 갈등으로 정부는 심각한 혼란에 빠졌는데, 이는 1975년 발생한 반차오댐 붕괴 사건과 같은 비극으로 이어졌다. 이 사고로 최소 500만 채의 가옥이 물에 잠기고 수만 명이 목숨을 잃었다. 마오쩌둥의 정책이 중국 경제에 미친 영향은 이웃 나라와 비교하면 명백해진다. 그가 집권했던 시기 동안 홍콩의 1인당 실질소득은 중국 본토보다 두 배 빨리 성장했다. 한국은 중국보다 네 배 빠르게, 일본은 다섯 배 빠르게 성장했다.[18]

쿠바에서는 피델 카스트로가 이끄는 혁명 세력이 1959년에 기존 정권을 전복하고 공산주의 독재 체제를 수립했다. 새 정부는 경제의 주요 부문을 장악하고 대규모 토지를 몰수해 농민들에게 재분배했다. 하지만 혁명 이후 10년 동안 쿠바의 생활 수준은 제자리걸음을 걸었다. 카스트로와 그의 동료 혁명가들은 경제에 대해 잘 알지 못했다. 한 유명한 일화에 따르면(실화인지 확실치 않지만), 카스트로가 늦은 밤 지도부 회의에서 방을 둘러보며 쿠바 국립은행장으로 임명할 '훌륭한 경제학자'를 찾았다. 그때 졸린 눈으로 체 게바라가 손을 들었다. 놀란 카스트로가 말했다. "체, 당신이 훌륭한 경제학자인 줄은 몰랐소." 그러자 게바라가 즉시 사과했다. "아, 나는 당신이 훌륭한 공산주의자를 찾는 줄 알았다오!"[19]

라틴아메리카의 다른 지역에서는 일부 국가가 글로벌 경제 참여로부터 벗어나기 시작했다. 아르헨티나에서는 경제학자 라울 프레비시Raúl Prebisch가 '수입대체 산업화import substitution industrialisation'를 주장했다. 이는 저소득 국가가 자국 내에 충분한 수요가 존재하는 품목을 중심으로 제조업을 육성해야 한다는 주장이었다. 비교우위론은 각국이 특화해야 한다고 강조하지만, 수입대체 산업화는 국가가 다양한 제조업 기반을 구축할 경우 이익을 얻을 수 있다고 보았다. 이 주장을 옹호하는 사람들은 수입을 억제하기 위한 관세 인상도 지지했다. 하지만 관세 인상은 해로운 결과를 불러왔는데, 용접기, 트랙터, 사무용 기기처럼 생산에 필수적인 물품에 관세가 부과되었을 때 특히 더 그랬다. 결국 수입대체 산업화 정책은 기대했던 경제적 이익을 실현하지 못했고, 20세기 후반에는 대부분 폐기되었다.

## 민주주의 국가는 기근을 겪지 않는다

제2차 세계대전 직후 10년 동안 필리핀, 요르단, 시리아, 리비아, 캄보디아, 라오스, 베트남 등 많은 나라가 독립을 선언했다. 이 중 가장 큰 나라는 인도였는데, 인도는 독립 이후에 자본주의로부터 확실하게 멀어졌다. 비효율적인 중앙집권적 계획경제 체제, 만연한 부패, 세계 시장과의 교류 부족 등은 인도의 성장률을 낮췄고, 이는 흔히 '힌두 성장률'로 불렸다. 1947년부터 1964년까지 인도의 총리를 지낸 자와할랄 네루는 소비에트연방을 방문했을 때 목격한 모습에 영향을 받아 정부가 경제를 강력히 통제해야 한다고 확신했다. 네루는 소비에트 방식으로 '5개년 계획'을 추진했고, 인도는 최대 80개 기관의 허가를 받아야만 기업이 운영을 시작할 수 있는 '인허가의 왕국'으로 변화했다.[20] 이 시기 인도에서는 정부가 생산품의 종류와 가격까지 결정하면서 혁신은 억눌리고 생산성 향상은 제약을 받았다.

하지만 인도는 1947년 독립 이후 중국과 달리 단 한 차례의 기근도 겪지 않았다. 이에 관한 한 가지 이론은 인도의 경제학자 아마르티아 센Amartya Sen이 발전시켰는데, 그는 아홉 살 때인 1943년 영국 식민 통치하에서 약 300만 명이 굶어 죽은 벵골 대기근을 직접 목격한 경험이 있었다. 센은 기근의 원인이 단지 식량 생산량 부족에만 있는 것이 아니라, 정부가 식량을 필요한 곳이 아닌 다른 곳으로 빼돌리는 데 있다고 설명했다. 그는 선거의 공정성과 언론의 자유가 보장된 민주주의 국가는 부유하건 가난하건 간에 기근이 발생할 가능성이 거의 없다고 결론지었다. 센의 접근 방식은 인간의 역량$^{capability}$, 즉 스스로의 이익을 위해 행동할 수 있는 능력을 강조한다. 그는 인간의 번영에는 단지 '~로부터의 자유'(타인의 간섭으로부터의 자유)뿐 아니라, '~을 할 자유'(이를테면 교육을 받을 자유, 민주주의에 적극 참여할 자유 등)도 중요하다고 주장했다.

1943년 벵골 대기근 당시 무료 급식소 앞에 줄을 서고 있는 굶주린 시민들.

센의 연구는 경제적 산출물보다 더 다양한 지표로 국가를 평가하는 유엔의 인간개발보고서 Human Development Report에 큰 영향을 끼쳤다. 일반적으로 이런 지표들은 함께 움직인다. 민주적인 국가일수록 경제성장률이 빠르게 증가한다.[21] 성소수자의 권리가 더 잘 보장된 국가는 소득 및 복지 수준이 더 높다.[22] 또한 여성의 사회 참여를 적극 장려하는 나라들은 일반적으로 생활 수준이 더 높다.[23]

시장의 번영을 증진할 잠재력과 인간의 성장에 대한 역량이 중요한 이유는 동·서독과 남북한의 경제적 궤적을 통해서도 확인할 수 있다. 약 40년간 공산주의를 경험한 후, 동독의 생활 수준은 서독의 3분의 1로 떨어졌다.[24] 거의 80년 가까이 공산주의 체제를 유지하고 있는 북한의 생활 수준은 자본주의를 채택한 남한의 23분의 1에 불과하다.[25] 이 두 사례는 공산주의 체제가 센이 주장한 '인간의 역량'을 제대로 육성하지 못한다는 것을 보여준다. 두 나라가 국경을 맞댄 곳에서, 자국민이 장벽을 넘어 탈출을 시도하면 총으로 위협한 쪽은 자본주의 국가가 아니라 공산주의 국가였다.

1970년대 말은 많은 나라가 시장 지향 정책으로 전환한 분기점이었다. 어떤 나라에서는 자본주의의 지나친 확장을 우려했다. 반면에, 어떤 나라에는 시장 도입이 매일 저녁 충분한 식사를 하는 것과 배고픈 채 잠드는 것 사이의 차이를 입증했다.

*세상을 읽는 경제학*

# 변화에 대한 갈망

역사상 최악의 기근으로는 1693~1694년 프랑스 기근, 1740~1741년 및 1846~1852년 아일랜드 기근, 1868년 핀란드 기근, 1921~1922년 소련 기근, 1975~1979년 캄보디아 기근 등을 들 수 있다.[26] 이 각각의 시기에 각 나라 전체 인구의 5% 이상이 사망했다. 가난한 나라는 어려운 시기를 견딜 자원이 부족해 기근에 더 취약했다. 기근은 대부분 극단적 기상 현상에 의한 연이은 농작물 흉작으로 촉발되었지만 정부의 실패로 악화되기도 했다. 전체주의 정부는 정책적 실수를 더 자주 저지르며, 기근의 실제 규모를 숨기거나 외부의 지원을 거부하는 경향이 더 강했다.

기근이 발생하면 사람들은 실제적인 굶주림보다는 질병으로 사망하는 경우가 더 많다. 사망자는 주로 극빈층, 아동층, 노인층에서 많이 나온다. 여성이 남성보다 기근에서 살아남는 비율이 높은데,

이는 여성의 신체가 남성보다 지방 대 근육 비율이 높다는 생리학적 사실 때문일 가능성이 크다.

시간이 지날수록 기근으로 사망하는 사람의 비율은 줄어들고 있다. 그럼에도 불구하고, 20세기에 기근으로 사망한 사람의 수는 두 차례의 세계대전으로 사망한 사람의 수를 합친 것보다 많다. 오늘날에는 극단적인 흉작이 발생한다고 해도 반드시 기근으로 이어지지는 않는다. 유엔 산하의 식량농업기구 FAO와 세계식량계획WFP은 기근 예방을 위해 설립됐으며, 일반적으로 해당 국가가 이들의 자국 진입을 허용하기만 한다면 식량 구호를 제공할 수 있다. 오늘날 기근의 위험은 농업의 실패보다는 정치적 실패에서 비롯된다. 정부가 제대로 작동한다면, 인류는 기근을 역사 속에 가둘 수 있을 것이다.

1846~1952년 아일랜드 감자 대기근 동안 고통받은 한 가족을 묘사한 신문 삽화. 이 기근으로 아일랜드 인구의 12%가 사망했다.

# 10장

## 어디에나 시장이 있다

### 작은 정부와 신자유주의의 시대

THE SHORTEST HISTORY OF ECONOMICS

　　　　　　1978년, 중국의 작은 마을 샤오강에서 열여덟 명의 주민이 목숨을 걸고 비밀 계약서에 서명했다. 중국의 다른 지역들과 마찬가지로 샤오강 역시 대약진운동 당시 지독한 고통을 겪었다. 1958년에서 1960년 사이, 이 마을 전체 인구 120명 중 절반 이상이 목숨을 잃었다.¹ 1970년대에도 사람들은 여전히 극심한 기아에 시달렸다. 그들은 농업 생산량을 더 높일 수 있다는 사실을 알고 있었지만, 집산주의 체제의 인센티브 구조가 생산 증가를 가로막고 있다는 것 역시 알고 있었다.

　당시 모든 것은 집단 소유였다. 계약서에 서명했던 사람 중 한 명인 옌징창은 이렇게 말했다. "열심히 일하든 대충 일하든 결과는 똑같아요. 그러니 아무도 일하려 하지 않죠."² 어느 집 초가지붕 아래 흙바닥에서 체결된 이 계약은 공산당 당국의 방침에 정면으로 위배되는 것이었다. 이 계약서에는 각 가정이 토지를 나누고, 생산물 중 일부를 자신들이 소유할 수 있도록 한다는 내용이 담겨 있었다. 이 계약은 너무도 위험했기 때문에, 서명자들은 만일 누군가가 투옥되거나 처형당할 경우 서로의 자녀를 돌봐주기로 합의했다. 등잔불 아래에서 작성한 이 문서는 옌홍창이라는 마을 주민의 집 지붕 속 대나무 통 안에 숨겼다.

하지만 이들을 드러나게 만든 건 문서가 아니라, 사유지에서 나온 수확량이 압도적으로 많았다는 사실이었다. 예전에는 호루라기 소리가 들려야 비로소 집단농장에서 일이 시작되었지만, 계약 이후에 일부 농민은 해가 뜨기도 전에 자신의 사유지를 돌보러 나갔다. 그해 말, 샤오강의 수확량은 이전 5년 동안의 수확량을 합친 것보다 많았다. 지역 관리들은 분노하며 옌홍창을 심문했다. 하지만 그는 운이 좋았다. 당시 중국의 새 국가주석 덩샤오핑이 그들의 발상에 호감을 보이며, 다른 마을 주민들에게도 비슷한 실험을 해보라고 장려한 것이다. 몇 년 지나지 않아 샤오강의 비밀은 중국이 빈곤에서 벗어나는 길이 되었다.

## 큰 정부에서 작은 정부로

집산주의에서 벗어나는 과정에서 실제로 현실이 법의 변화를 앞지르는 경우가 많았다. 예를 들어, 중국은 1988년에 이르러서야 비로소 7명 이상을 고용하는 민간기업을 합법화했다.[3] 하지만 변화의 속도는 매우 빨랐고 그 파급력은 엄청났다. 1978년 개혁 이후 10년 동안 매년 약 1000만 명의 중국인, 즉 오늘날 스웨덴 인구에 해당하는 수가 빈곤에서 벗어났다.[4]

이러한 변화는 또한 기술과 정책이 사회 규범보다 훨씬 더 강력하게 사회를 변화시킨다는 경제학의 기본 원리를 다시금 상기시켰다. 공산주의 사회야말로 정책의 영향력이 가장 분명하게 드러나는 사회다. 러시아 혁명이 생활 수준의 붕괴를 불러온 것처럼, 1978년 중국의 개혁개방 정책은 수백만 명에게 기아와 생존 사이를 가르는 결정적 차이를 만들어냈다. 그해 이후 중국의 연평균 경제성장률은 9%를 넘겼다. 무역은 그 성장의 핵심 요소가 되었다. 중국의 제조업체들이 세계 시장을 상대로 제품을 판매할 수 있었기 때문이다.

중국이 시장의 역할을 확대해가던 시기, 영국과 미국도 비슷한 방향으로 나아가고 있었다. 영국에서는 1979년에 마거릿 대처가, 미국에서는 1981년에 로널드 레이건이 집권하면서 양국 모두 경제에 대한 정부 개입을 대폭 줄였다. 대처는 공공 소유였던 대부분의 공공 서비스를 민영화했고, 공공 임대주택의 장기 거주자에게 시가의 절반 가격에 주택을 매입할 수 있는 권리를 부여했다. 100만 채가 넘는 공공주택이 민간에 매각되었고, 그 결과 주택 소유율이 한때 상승했지만 이후 많은 신규 소유자가 전문 임대인에게 집을 팔면서 다시 하락했다.

미국에서는 레이건의 8년 집권 기간 동안 최고 소득세율이 70%에서 28%로 인하되었다. 항공교통 관제사들이 파업하자 레이건은 그들 중 1만 명이 넘는 사람을 해고하고 비조합원 인력으로 대체했다. 이에 자극받은 기업 경영자들도 그 뒤를 따랐다. 이후 몇 년 동안 구리 광산 노동자, 육가공업 노동자, 버스 운전사, 제지 노동자 들이 파업에 나섰지만 모두 해고를 당했다.[5] 노동조합의 영향력은 점차 약화되었다. 레이건은 정부 규제를 축소하며 케이블TV, 해운업, 천연가스, 주간 화물 운송 서비스에 대한 가격 통제를 완화했다.[6]

## 신자유주의 경제학

대처와 레이건 모두에게 자문을 제공한 경제학자가 바로 시카고대학교의 밀턴 프리드먼Milton Friedman이었다. 언변이 뛰어나고 에너지가 넘쳤던 프리드먼과 그의 아내 로즈 프리드먼Rose Friedman은 『자본주의와 자유Capitalism and Freedom』, 『선택할 자유Free to Choose』 등의 대중서적을 공동 집필하고, 10부작짜리 경제 다큐멘터리도 제작했으며, 신문 칼럼도 꾸준히 썼다. 자유지상주의자였던 프리드먼은 자유를 최고의 가치로 여겨 징병제에 반대했고 마약 합법화를 지지했으며 작은 정부를 옹호했다. 그는 정부 지출이 경기침체를 피하는 데 도움이 된다는 주장을 비판하고, 그 대신 '항상소득permanent income'◆ 가설을 제시했다. 이 가설에 따르면, 가계는 현재의 정부 지출이 결국 미래의 세금 인상으로 이어질 것이라 예상한다. "정부 지출은 곧 세금 부과다"라는 것이 프리드먼의 주장이었다.

항상소득 가설은 이론적으로는 정교하지만, 실제로 사람들이 어떻게 행동하는지는 잘 설명하지 못한다. 사람들이 완전히 합리적이지 않기 때문일 수도 있고, 정부의 경기 부양책이 세수 기반을 확대할 것이라고 믿기 때문일 수도 있지만,◆◆ 정부의 지출은 국가의 경제 활동 전체를 활성화할 수 있다. 실제로, 대부분의 가계는 미래의 세금 부담을 예상해 현재의 소비를 줄이지 않는다. 정파를 막론하고 어떤 정부도 무리한 소비를 한 가계의

---

◆ 한 개인의 생애 전체에 걸친 평균소득의 개념으로, 정기적이고 확실하게 발생하리라 예상되는 장기적 소득을 뜻한다. 이에 비해, 복권 당첨이나 정부 보조금 등 임시적이고 일회성인 소득은 '일시소득transitory income'이라고 한다. 프리드먼은 소비를 결정하는 것은 일시소득이 아니라 항상소득이기 때문에 세금 환급이나 보조금 지급 등 정부 정책은 소비 진작 효과가 제한적이라고 주장했다.

◆◆ 사람들은 정부가 예산을 지출해 경기를 살리면, 나중에 기업의 수익이 늘고 고용도 증가하면서 세금을 낼 수 있는 사람들이 많아질 것이라고 믿는다. 정부가 지출한 돈을 미래에 다시 세금으로 회수할 수 있으니, 정부의 지출이 정당화될 수 있다고 보는 것이다.

10장 | 어디에나 시장이 있다

부도덕함을 질책하면서 경기침체에 대응하지 않는다. 오히려 정부는 적절한 시기에 적절한 대상에게 일시적인 재정 부양책을 제공하는 케인스식 대응 방식을 택한다. 캐나다 중앙은행 총재를 역임한 마크 카니는 "참호 속에 무신론자가 없듯, 금융위기에는 자유지상주의자가 없다"라고 말했다.[7]

1980년대에는 프리드먼 외에 다른 시카고학파◆ 경제학자들도 영향력을 행사했다. 경쟁 정책 분야에서는 로버트 보크Robert Bork와 리처드 포스너Richard Posner가 기업 인수합병에 대한 느슨한 접근 방식을 제안했다. 이른바 '소비자 후생 기준consumer welfare standard'이다. 이들은 대기업이 더 효율적으로 제품을 생산한 사례를 제시하며 '큰 것이 아름다울 수 있다'고 주장했다. 1980년대 동안 이 같은 사고방식은 미국은 물론 전 세계에서 점점 더 우세한 것이 되었다. 시카고학파에 따르면, 인수합병이나 가격 정책이 경쟁자를 해치는지 여부는 중요하지 않고 오직 소비자에게 해를 끼칠 수 있다는 것이 입증되었는지 따져야 한다. 레이건 행정부 아래에서 경쟁법은 약화되었고, 은행들은 더 다양한 자산에 투자할 수 있는 자유를 얻었다.

---

◆ 미국 시카고대학교를 중심으로 발전한 경제학 및 사회과학 분야의 학파를 일컫는다. 이들은 특히 20세기 후반 세계 각국의 경제 정책에 큰 영향을 미쳤으며, '신자유주의의 산실'로 불리기도 한다.

## 민영화의 진실

1980년대, 영국과 미국 외에 다른 많은 선진국도 공공 부문을 축소하려고 시도했다. 기업과 개인의 세율은 인하됐고, 민영화의 물결이 세계를 휩쓸었다. 유럽, 아시아, 라틴아메리카의 정부들은 전화통신 회사, 항만, 유료 도로, 전력회사, 철도 등 국가가 소유한 기업들을 매각했다.[8] 당시 많은 경제학자는 민영화된 기업들이 민간 소유하에서 엄격한 시장과 경쟁 압력에 노출됨으로써 더 효율적으로 운영될 것이라 믿었다.

하지만 나중에 보니 민영화는 과대평가된 측면이 있었다. 많은 경우, 매각 대상이 된 자산은 경쟁의 위협에 거의 노출되지 않는 자연독점 natural monopoly♦ 자산이었다. 민영화된 철도 독점기업과 경쟁하려면 수백만 달러를 들여 새로운 선로와 열차에 투자해야 하는데, 이는 대부분의 신규 진입 기업이 엄두도 낼 수 없는 일이었다. 정부 재정을 일시적으로 채우기 위해 철도 독점기업을 매각한다고 해도, 이후 수십 년에 걸쳐 기차 요금이 인상된다면 이는 형편없는 거래인 셈이다.

♦ 한 시장에서 하나의 공급자가 재화나 서비스를 생산하는 것이 가장 효율적인 상황을 일컫는다. 규모의 경제, 높은 진입 장벽, 높은 고정비용과 낮은 한계비용 등의 특징을 보이며, 전기, 가스, 수도, 철도, 통신 등 공공 서비스 성격이 강한 산업에서 주로 나타난다.

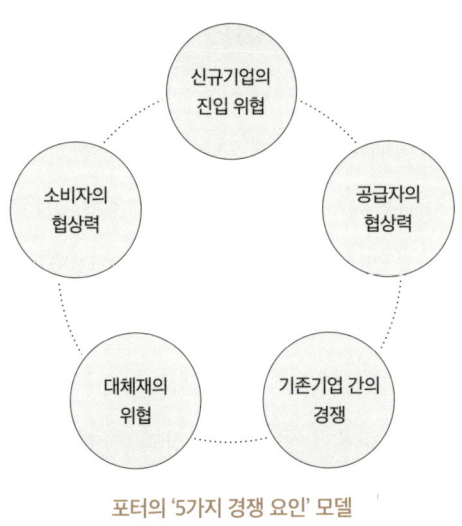

포터의 '5가지 경쟁 요인' 모델

경영대학원에서는 예비 CEO들이 마이클 포터Michael Porter의 '5가지 경쟁 요인five forces' 모델을 배운다. 이것은 어떤 기업이 비정상적으로 높은 수익을 올릴 수 있는지 설명한다.[9] 기업 간의 경쟁이 없고, 신규기업의 진입 장벽이 높고, 공급자의 협상력이 약하고, 소비자의 선택지가 거의 없고, 대체재의 위협이 없다면, 그 기업은 경영자와 투자자 모두에게 최고의 기업이다.

하지만 이 다섯 가지 요인은 기업 이익에는 좋지만 소비자에게는 불리하다. 일반적으로 정부의 경쟁 정책은 경쟁을 촉진하고, 신규 진입을 장려하며, 독점기업이 공급자와 소비자에게 권력을 남용하지 못하도록 막는 등 정반대 방향으로 나아간다. 앞서 철도 산업의 예시처럼 근시안적 민영화는 종종 초기의 높은 매각 수익을 얻게 해주지만, 사실상 소비자에게 장기 세금을 부과하는 일과 마찬가지다. 소비자가 민영화된 공공 서비스에 많은 비용을 지출해야 하기 때문이다. 오늘날 많은 경제학자는 독점 공급자를 고착화할 수 있는 민영화에 대해 더욱 회의적인 시각을 갖고 있다.

세상을 읽는 경제학

# 아름다움은 이익이 된다

"외모의 아름다움은 그 어떤 추천서보다 더 강력한 추천서다." 아리스토텔레스의 말이다. '미의 경제학'은 외모의 매력과 소득 사이의 상관관계를 다룬다. '아름다움은 보는 이의 눈에 달렸다'는 말이 있기는 하지만, 사실 사람들은 아름다움을 꽤 비슷하게 인식한다. 여러 사람이 한 개인의 외모를 평가하면, 그 결과는 놀랄 만큼 일관되게 나타난다.

경제학자 댄 해머메시 Dan Hamermesh는 매력도 평가와 소득 측정치가 포함된 다양한 설문조사 결과를 기초로, 외모가 가장 뛰어난 노동자가 외모가 가장 떨어지는 노동자보다 평균적으로 약 10% 더 높은 소득을 올린다고 추정했다.[10] 선진국에서는 이 격차가 경력 전체에 걸쳐 수십만 달러에 이를 수 있다. 일반적으로 외모와 임금 간의 상관관계는 여성보다 남성에게서 더 강하게 나타난다. 고객과 거의 접촉이 없는 직종에서도 이 효과가 나타난다는 사실은, 고용주가 덜 매력적인 사람을 차별하고 있다는 의심을 뒷받침한다. 이 현상은 '외모지상주의lookism'라고 불리지만, 외모에 따른 차별을 금지하는 법이 있는 나라는 거의 없다.

외모가 뛰어난 사람은 다른 면에서도 이익을 본다. 예를 들어, 매력적인 사람은 대출을 받을 가능성이 더 높고, 정치인이라면 당선 가능성도 더 높으며, 피고인일 경우 무죄 판결을 받을 확률도 더 높다. 학생은 발표 수업에서 더 좋은 성적을 받고, 교수(심지어 경제학 교수조차도)는 더 높은 강의 평가를 받는다. 아기들도 아름다운 얼굴을 더 오래 응시한다.

하지만 걱정할 필요는 없다. 통상적으로 출중하다고 여겨지지 않는 외모를 가지고 있다면 비교우위의 이론을 기억하고, 두뇌, 체력, 혹은 개성을 활용한 다른 강점을 살리는 데 집중하면 된다.

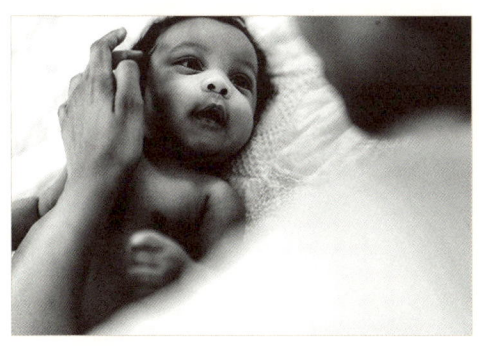

아기들도 아름다운 얼굴을 더 오래 바라본다.

# 11장

## 인플레이션과의 전쟁

### 금융 자본주의의 문이 활짝 열리다

1980년대에 경제 정책 입안자들은 꾸준히 인플레이션을 줄여나갔다. 앞에서 우리는 인플레이션의 가장 극단적인 형태인 하이퍼인플레이션에 대해 살펴본 바 있다. 제1차 세계대전 이후의 독일처럼, 헝가리도 제2차 세계대전 이후 극심한 하이퍼인플레이션을 겪었다. 한때 헝가리의 연간 인플레이션율은 419,000,000,000,000,000%에 이르렀으며 정부는 1해(1 다음에 0이 20개 붙는 수) 포린트짜리 지폐를 발행하기도 했다.[1] 1989년, 아르헨티나 정부는 물가가 매달 두 배씩 오르자 지폐용 종이가 바닥났다고 발표했다. 말 그대로 인쇄할 종이가 없었던 것이다. 로버트 무가베 치하의 짐바브웨에서는 하이퍼인플레이션으로 인해 물가가 매일 두 배씩 오르기도 했다. 한 시점에는 주요 은행들의 현금 자동 입출금기에 표시되는 자릿수가 너무 많아 '데이터 초과 오류'를 일으키기도 했다.[2]

하이퍼인플레이션의 위험은 화폐 가치를 금에 고정시키는 금본위제 채택의 촉매제가 되었다. 하지만 실제로 이는 불편한 방식이었다. 금본위제를 사용하는 국가들의 경제성장률과 세계 금광의 채굴 속도가 반드시 일치하리라는 보장이 없었기 때문이다. 만일 광부들이 엄청난 금광을 발견한다면, 그로 인해 화폐 가치가 떨어질 수도 있었다. 1970년대 초 금본위제가 폐지되면서, 각국은 인구 증가와 생활 수준 향상에 발맞추어 통화 공급을 늘릴 수 있게 되었다. 또한 주요 경제국들은 자국 통화를 서로 연동시키는 고정환율제fixed exchange rates를 포기하고, 통화의 수요와 공급에 따라 환율이 결정되는 변동환율제floating exchange rates를 채택하기 시작했다.

## 중앙은행의 독립성을 강화하다

이 시기에는 중앙은행이 정치인들의 통제하에 있었기 때문에 인플레이션 관리에 경제적 요인만 고려된 것이 아니었다. 일부 정부는 선거를 앞두고 인위적으로 경기호황을 유도하곤 했고, 이는 선거 이후 경제위기로 이어지기 일쑤였다. 인위적인 경기호황 유도는 정치인들의 재선을 도왔을 수는 있지만, 선거 이후의 경기충격으로 인해 많은 노동자가 일자리를 잃게 되었다.

이 문제는 너무나 뚜렷해서 경제지표를 보면 선거가 언제 치러졌는지를 알 수 있을 정도다. 전후 수십 년 동안 미국의 경제성장률은 선거가 있었던 해보다 그다음 해에 더 낮은 경향을 보였다. 유럽에서도 비슷한 양상이 나타났다.

정치권의 금리 간섭은 노골적으로 이뤄지기도 했지만, 은밀하게 이뤄질 때도 많았다. 1972년에 인플레이션이 발생하자 미국 대통령 리처드 닉슨은 연방준비제도이사회가 금리를 인상해 경기를 둔화시킬까 봐 두려워했다. 이에 닉슨은 중앙은행을 압박하기 위해, 아서 번스 당시 연준 의장이 50%의 급여 인상을 요구했다는 허위 정보를 언론에 흘렸다.[3]

'정치적 경기순환'의 실체가 드러나자 새로운 제도가 도입되었다. 재정 정책은 선출된 정치인들이 계속 담당하되, 통화 정책은 중앙은행이 독립적으로 수행하게 된 것이다. 1980년대는 선진국들에서 중앙은행의 독립성이 점차 강화된 시기였다. 중앙은행장들은 일반 공무원과 다를 바 없는 제한된 자율권에서 출발해, 점차 판사에 버금가는 수준의 독립성을 갖추게 되었다.

이제 중앙은행은 점점 더 독립적인 기관이 되었을 뿐 아니라, 인플레이션 자체를 직접적으로 목표로 삼기 시작했다. 1970~1980년대에 중앙은행은 통화량이나 신용 공급(은행 대출) 같은 중간지표를 목표로 삼았지만, 시간이 지날수록 인플레이션과 통화량 사이의 관계가 가변적일 수 있다는 인식이 커졌다.

이에 대해 당시 한 중앙은행장은 "우리가 통화지표를 버린 게 아니라 통화지표가 우리를 버렸다"라고 말하기도 했다.[4]

1990년부터 뉴질랜드 정부는 중앙은행에 인플레이션을 0~2% 사이로 유지하라고 요구했는데, 이는 국가가 중앙은행에 인플레이션 관리에 초점을 맞추도록 공식적으로 지시한 최초의 사례였다. 수년간 두 자릿수에 달하는 인플레이션을 겪은 끝에 뉴질랜드는 이러한 극심한 물가 변동에 종지부를 찍고자 했다. 다른 나라들도 빠르게 그 뒤를 따랐다. 캐나다는 1991년, 영국은 1992년, 오스트레일리아는 1993년에 인플레이션 억제책을 도입했다.

오늘날 대부분의 중앙은행은 일반적으로 약 2% 수준으로 인플레이션을 유지하고자 한다. 이 수지는 물가를 안정적으로 유지하면서도 디플레이션을 피할 수 있는 수준으로 여겨진다. 참고로, 높은 인플레이션이 불안정을 초래하듯 디플레이션 역시 문제를 일으킨다. 경제 주체들이 내년에 재화를 더 싸게 살 수 있을 것이라는 기대를 하면서 주요 지출을 미루게 되면, 소비가 위축되어 경제 성장을 둔화시킬 수 있기 때문이다.

## 왜 금리가 중요할까

실질적으로 중앙은행이 통제하는 것은 단기 금리다. 하지만 이것은 가계와 기업에 대출을 해주는 시중은행들의 장기 금리에 영향을 끼친다.

그렇다면 금리가 경제에 미치는 영향은 왜 그렇게 클까? 이걸 쉽게 이해하는 방법은 금리를 '오늘 소비할 것인가, 내일 소비할 것인가'라는 선택에 수반되는 '가격'으로 생각하는 것이다. 금리가 낮을 때는 기업과 개인이 소비나 투자 계획을 앞당길 인센티브를 갖게 된다. 새로운 사무실을 열거나 주택을 구매하고 싶은가? 낮은 금리는 그 선택에 결정적인 역할을 할 수 있다. 반대로, 금리가 높아지면 대출이 덜 매력적이게 되어 소비와 투자가 줄어들고, 그 결과 경제 활동이 위축된다. 중앙은행에 금리는 자동차의 브레이크인 동시에 가속페달과도 같다. 적절한 시점에 정확한 페달을 밟으면 도로를 벗어나지 않고 목적지에 신속히 도달할 수 있다.

일부 중앙은행은 오로지 인플레이션 통제만을 목표로 하지만, 실업률 조절 같은 목표까지 포함하는 이중 책무를 갖고 있는 중앙은행들도 있다. 그런데 실제로는 이 두 책무의 차이가 생각보다 크지 않을 수 있다. 경제학자 빌 필립스가 개발한 경제 모델링 장치 덕분에 우리는 단기적으로 인플레이션과 실업률 사

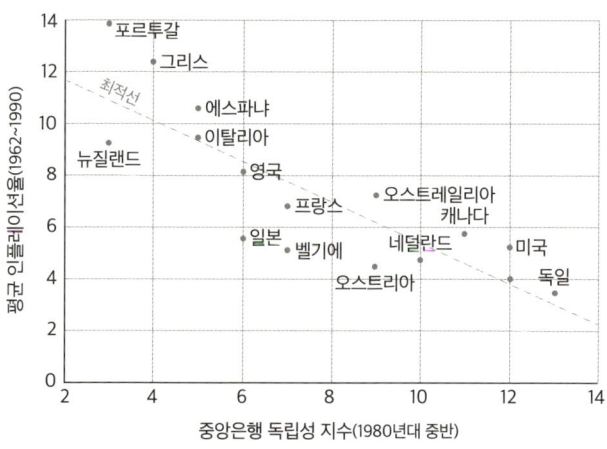

선진국의 인플레이션율과 중앙은행의 독립성

이에 강한 상관관계가 있다는 사실을 알고 있다. 따라서 인플레이션 통제를 목표로 하는 중앙은행도 결국 고용과 성장에 영향을 미치게 된다. 결국 중앙은행의 목표는 경제를 골디락스 상태 goldilocks state,◆ 즉 너무 과열되지도 침체되지도 않은 이상적인 상태로 유지하는 것이라고 할 수 있다.

그렇다면 인플레이션 억제책과 중앙은행의 독립은 성공을 거두고 있을까? 적어도 인플레이션 억제 측면에서는 그렇다. 1970년대의 석유 파동 이후 미국의 연간 인플레이션율은 10년 동안 6%

◆ 이 용어는 영국 동화 『골디락스와 세 마리 곰』에서 너무 뜨겁지도, 너무 차갑지도 않은 죽을 찾던 주인공 골디락스의 이름에서 유래했다.

를 넘었고, 1980년에는 14%에 달하며 장점을 찍었다.⁵ 하지만 1990년대와 2000년대에 인플레이션은 낮은 수준에서 안정적으로 유지되었다. 영국과 일본에서도 마찬가지였다. 두 나라 모두 1970년대에는 인플레이션율이 20%를 넘었지만, 1990년대와 2000년대에는 낮고 안정된 수준으로 억제되었다.

통화 정책은 기본적으로 예측의 게임이다. 금리가 미래를 바꾸기 때문에, 중앙은행은 늘 가능성과 싸워야 한다. 그래서 1955년 당시 미국 연준 의장이던 윌리엄 맥체스니 마틴William McChesney Martin에 따르면, "파티가 무르익기 시작할 즈음, 중앙은행은 펀치볼을 치워야 한다."⁶◆ 앞으로 살펴보겠지만, 21세기 첫 사반세기는 균형을 맞추려는 중앙은행들에게 새로운 도전이 제기된 시기였다.

## 인도의 경제혁명

뉴질랜드가 인플레이션 억제 정책을 선도적으로 시행하던 시기에, 인도는 자국 역사상 가장 중요한 개혁을 준비하고 있었다.

◆ 원래 펀치볼punch bowl은 파티용 칵테일을 담는 큰 그릇을 가리키지만 여기서는 과열된 시장을 의미한다. 따라서 펀치볼을 치운다는 것은 금리 인상 등으로 경기를 진정시킨다는 뜻이다.

이 개혁은 정부와 시장 사이의 균형에 직접적으로 영향을 주기 위한 것이었다. 1991년, 인도 재무장관 만모한 싱은 의회에 예산안을 제출하면서, '인허가의 왕국' 체제(기업이 무엇을 생산할 수 있는지 국가가 정하는 규제 체제) 대부분을 철폐했다. 루피화는 평가절하되어 수출업자들에게 유리해졌고, 일부 산업은 외국인 투자에 개방되었다. 이러한 개혁의 직접적인 배경에는 외환 위기가 있었다. 당시 인도는 외화 보유액이 보름치도 남지 않은 데다 긴급 대출 담보로 금 47톤을 런던에 실어 보낸 직후였다.[7] 싱은 이런 개혁 조치들이 인도가 '세계적인 경제 대국'으로 부상하는 전환점이 될 것이라고 주장했다.

1846년 영국의 곡물법 폐지와 1978년 중국의 사유재산 인정과 마찬가지로, 인도의 1991년 개혁은 경제에 막대한 영향을 미쳤다. 경제성장률은 가속화했고 민간 부문도 빠르게 성장했다. 인도 최대의 다국적 복합기업 타타 그룹은 화학 제품부터 컨설팅 서비스에 이르기까지 다양한 분야로 사업을 확장했다. 이어 타타 그룹은 식민 지배의 역사를 역전하기라도 하듯, 영국 최대의 홍차 브랜드 테틀리와 대표적인 자동차 브랜드 재규어를 인수했다.

하지만 인도의 개혁 이야기는 평균값에만 초점을 맞출 때 발생할 수 있는 위험을 일깨워주기도 한다. 개혁 이전에는 인도에서 하위 50% 계층의 소득이 상위 1%보다 훨씬 더 빠르게 증가

했다. 반면에, 개혁 이후에는 상위 1%의 소득이 하위 50%보다 훨씬 더 빠르게 증가했다.[8]

또한 지금도 여전히 인도는 다른 저소득 국가들에 비해 신규 기업가가 활동하기 어려운 나라다. 2020년 세계은행의 추정에 따르면, 인도에서 사업을 시작하려면 17일 동안 열 가지에 이르는 절차를 밟아야 하며, 이 과정에는 평균 월소득에 해당하는 비용이 든다.[9] 이에 비해, 동유럽 국가 조지아에서 사업을 시작할 때는 단 하루가 소요되는 단 한 가지 절차만 거치면 되고, 평균 주급에 해당하는 비용 정도만 든다.

## 아시아의 호랑이들

20세기 후반에 세계 교역량은 세계경제 생산량보다 더 빠르게 늘어났는데, 이는 글로벌 경제 통합이 심화했음을 반영한다. 이 추세는 특히 1985년부터 1995년까지 두드러졌다. 한 무역사가는 이 시기를 두고 "세계가 바뀐 10년"이라 부르기도 했다.[10] 이 시기에는 외환 보유고 고갈로 인해 개방적인 무역 정책을 선택한 나라도 있었고, 무역이 번영을 가져다줄 것이라는 세계은행이나 국제통화기금 같은 국제기구의 설득에 동의해 개방 정책을 선택한 나라도 있었다. 이 시기를 휩쓴 민주화의 물결 역시 정치적 방향을 관세 인하 쪽으로 전환시켰고, 연줄에 기대는 기업들을 보호하는 정책으로부터 멀어지게 했다.

1994년에는 마침내 세계무역기구WTO가 출범했다. 반세기 전, 브레튼우즈 회의에서 국제무역기구ITO 설립이 구상되었으나 미국 상원의 반대로 무산되면서 세계는 대신 GATT에 의존해야 했다. 이름이 좀 투박하긴 하지만, 이 협정은 1947년에 22%였던 세계 평균 관세율을 현재의 3%까지 낮추는 데 핵심적인 역할을 했다.[11]

무역 확대의 또 다른 촉매제는 유럽의 고소득 국가 11개국이 공동 통화인 유로화를 채택하기로 한 결정이었다. 1999년부터 시작된 유로화 도입은 무역과 여행을 더 쉽게 만들었다. 하지만 단점도 있었다. 참가국들은 위기 상황에서 자국 통화를 평가절하할 수 있는 융통성을 잃게 되었기 때문이다. 이 위험은 10년 후 유럽의 채무위기와 그에 따른 그리스의 심각한 경기침체에서 명확히 드러났다.

무역은 아시아 국가들의 경제발전 궤적에서 특히 중요한 요소였다. "아시아의 네 호랑이"로 불린 한국, 대만, 홍콩, 싱가포르는 수출 주도형 경제성장 전략을 성공적으로 채택했고, 1960년대부터 1980년대까지 평균소득이 빠르게 증가했다. 1980년대에는 중국이 미국 및 유럽연합과의 협상에서 최혜국 대우 조항을 얻어냄으로써, 자국 수출품에 대한 관세가 다른 교역국에 비해 높아지지 않도록 보장받았다. 중국은 2001년에는 세계무역기구에 가입했다.

다른 아시아 국가들도 이와 비슷한 경로를 따랐다. 1990년대에 접어들면서, 인도네시아, 말레이시아, 필리핀, 태국, 베트남 등 5개국은 "새끼 호랑이 경제"로 불리기 시작했다. 이들 국가는 수출 지향적 제조업, 외국인 투자 유치, 교육 수준의 향상을 바탕으로, 두 세대에 걸쳐 저소득국에서 중소득국으로 성장했다. 이러한 효과를 확인하는 한 가지 방법은 이들처럼 개방적인 경제와 상대적으로 폐쇄적인 라틴아메리카 국가들(브라질이나 아르헨티나 등)을 비교해보는 것이다. 20세기 중반까지만 해도 동아시아의 생활 수준은 라틴아메리카의 절반에도 못 미쳤지만, 세기 말에는 그 격차가 거의 사라졌다.[12]

아시아로의 금융 권력 이동은 싱가포르의 한 옵션 트레이더가 런던에서 가장 오래된 상업은행인 베어링스를 파산시킨 사건을 통해 극적으로 드러났다. 당시 스물여덟 살이었던 닉 리슨은 베어링스의 싱가포르 지점에서 파생상품을 거래했다. 이는 특정 자산의 가치에 따라 가격이 결정되는 금융상품인데, 가장 단순한 파생상품은 농산물 '선물'계약이다. 예를 들어, 밀 농부가 수확 시점까지 밀 가격이 어떻게 변할지 몰라 불안하다면, 선물시장을 통해 미래 특정 시점에 오늘자 가격으로 밀을 파는 계약을 맺을 수 있다. 또 다른 형태의 파생상품은 특정 가격에 사고팔 수 있는 '옵션'으로, 이는 위험을 이전하는 데 사용된다.

보험이 고객의 위험을 보험회사로 이전하는 것처럼, 파생상품 거래도 위험을 다른 거래자에게 이전하는 구조를 가진다. 리슨이 베어링스에서 초기에 진행했던 거래들은 큰 성과를 거두어서, 단 1년 만에 그 이익이 회사 전체 수익의 10분의 1을 차지할 정도였다. 하지만 손실이 발생하자 그는 그것을 숨기기 위해 경영진 몰래 '오류 은폐용 비밀 계정'을 만들었다. 1995년, 리슨은 일본 증시가 하락하지 않을 것이라는 예측에 베팅했는데, 고베 대지진이 발생하면서 베팅에 실패했다. 상황을 더욱 악화시킨 것은 파생상품 거래의 위험한 구조였다. 주식을 소유할 경우 최악의 상황은 가치가 0이 되는 것이지만, 특정 파생상품을 소유할 경우 손실은 무세한으로 확대될 수 있다. 베어링스 은행은 10억 달러 이상을 잃었다. 결국 은행은 파산했으며 리슨은 수감되었다.◆

한 세대가 지난 오늘날에도 파생상품은 여전히 규제 당국의 감시 대상이다. 파생상품은 개별 거래자의 위험을 줄일 수 있지만, 금융 시장 전체를 훨씬 더 불안정하게 만들 수도 있기 때문이다.

◆ 230여 년의 전통을 자랑하던 베어링스는 단 1파운드에 네덜란드 ING 그룹에 합병되었다. 닉 리슨은 6년 6개월의 징역형을 선고받고 싱가포르에서 복역하던 중 모범수로 조기 석방되었다.

## 부국은 어떻게 만들어지는가

금융시장이 이처럼 불안정했음에도 불구하고, 1990년대는 아시아의 많은 사람에게 번영이 확산된 시기로 기억된다. 경제발전을 설명하는 일은 경제학의 핵심 과제인데, 가난한 나라들이 어떻게 부유해지는지 설명하는 데 신선한 통찰을 제공한 한 사람은 경제학자 중에서도 유독 독특한 삶의 궤적을 지닌 인물이었다.

스물여섯 살이던 저스틴 이푸 린Justin Yifu Lin은 대만 군대에서 중대장으로 복무 중이었는데, 당시 주둔지는 중국 본토에서 불과 몇 킬로미터 떨어진 진먼도(금문도)였다. 어느 날 그는 부하들에게 밤에 군사 훈련이 있을 것이니, 누군가 바다에서 헤엄치는 것을 보더라도 절대 발포하지 말라고 지시했다. 바로 그날 밤 어둠 속에서 린은 바다에 몸을 던졌고, 중국 본토까지 헤엄쳐 간 후 망명했다. 이듬해, 린은 베이징대학교에서 경제학을 공부하게 되었고, 그곳에서 인생의 또 다른 전환점을 맞는다. 노벨 경제학상 수상자인 시카고대학교의 시어도어 슐츠Theodore Schultz가 중국을 방문했을 때 린이 그의 통역을 맡았는데, 슐츠는 린의 능력에 깊은 인상을 받고 시카고대학교 박사 과정 전액 장학금을 주선해주었다. 이후 린은 성공적인 연구 경력을 쌓았다.

린이 세계은행에서 수석 경제학자로 재직하던 시절 수많은 저서와 논문, 강연을 통해 펼친 이론에 따르면, 전후 시대에 가장 뛰어난 성과를 거둔 저소득 국가는 시장 지향성, 안정적인 거시경제 정책, 개방적인 경제 구조를 공유할 뿐 아니라 적극적인 국가 주도 아래 성장했다는 공통점을 지닌다.[13] 이들 국가의 정부는 자국이 비교우위를 가질 수 있는 산업을 선별했고, 이를 지원하기 위해 경제특구를 설립하고 인프라에 투자하며 외국인 투자를 유치했다.

1980년대는 라울 프레비시가 주창한 수입대체 산업화가 라틴 아메리카에서 명백히 실패한 것으로 드러난 시기였기 때문에, 정부가 주요 수출 산업을 지원해야 한다고 주장하는 린의 전략은 여러 후발 개도국에 새로운 성장 모델이 되어주었다. 하지만 이 전략에도 위험은 따른다. 정부가 잘못된 산업을 선택할 수 있으며, 일시적이어야 할 정책이 영구화할 수 있기 때문이다. 비판자들이 지적하듯, '유아기 산업'에 대한 정부의 보호는 그 산업이 유아기를 벗어났을 때도 계속 유지되는 경우가 많다.

그럼에도 가장 시장 지향적인 국가들에서조차 정부는 기술 발전을 촉진하는 과정에서 지대한 역할을 해왔다.[14] 유니버시티 칼리지런던의 경제학자 마리아나 맞추카토Mariana Mazzucato는 주요 기술 혁신의 대부분은 정부가 달 착륙이나 인터넷 구축과 같은 '미션'에 투자했을 때 이루어졌다고 지적한다. '기업가형 국가entrepreneurial state'는 민간 부문의 공으로 잘못 여겨지곤 하는 혁신들을 이끌어온 실질적인 핵심 동력이었다.

## 인구 폭발과 녹색혁명

기술이 급속도로 확산되면서 세계 인구와 평균수명도 계속 증가해왔다. 1798년, 성직자이자 경제학자였던 토머스 맬서스Thomas Malthus는 식량 공급이 인구 증가 속도를 따라가지 못할 것이라며, 대규모 기근과 인구 감소는 피할 수 없다고 주장했다. 1968년, 생물학자인 앤 에얼릭과 폴 에얼릭 부부는 『인구 폭탄The Population Bomb』이라는 책에서 "전 인류를 먹여 살리기 위한 싸움은 끝났다"라고 선언하며, "1970년대에 세계는 기근을 겪게 될 것이며, 수억 명이 굶어 죽을 것"이라고 예측했다. 그들은 인도에 대한 모든 식량 원조를 중단하라고 냉정하게 권고했는데, 이는 "인도가 '인구-식량' 게임에서 너무 뒤처져 있어 자급자족에 이를 가능성이 없다"는 이유에서였다.

현재 인도의 인구는 에얼릭 부부가 책을 집필한 당시보다 두 배 이상 많아졌다. 영양실조와 유아 사망률은 감소한 반면, 기대수명과 평균 신장은 늘어났다. 인도의 출산율은 여성 한 명당 2.1명 출산이라는 '대체 출산율replacement rate' 아래로 떨어졌다.[15]

대체 출산율이란 인구가 다음 세대에서 감소하지 않고 그대로 유지되기 위해 필요한 평균 출산율을 뜻한다. 현재의 예측에 따르면, 전 세계 평균 출산율은 약 한 세대 후에 대체 출산율 밑으로 떨어지고, 그 뒤에는 세계 인구가 약 100억 명 수준에서 정점을 찍은 뒤 감소하기 시작할 것이다.[16]

그렇다면 맬서스와 에얼릭 부부가 틀린 이유는 무엇일까? 그 이유 중 하나는 바로 혁신이 그들의 비관론을 무력화했기 때문이다. 철조망은 대형 가축을 값싸게 가둘 수 있게 해 대규모로 소와 양의 사육을 가능하게 했고, 트랙터는 대규모 경작을 가능하게 해 농부들의 노동 시간을 크게 절감시켰다. 하버-보슈 공정Haber-Bosch process◆은 대기 중 질소를 암모니아 비료로 바꿀 수 있게 만들었다. 예전에는 얼내 심에서 구아노guano◆◆를 채굴해야 했지만, 이제는 산업적으로 비료를 생산하며 전 세계 비료 생산량은 매년 2억 톤을 넘어선다. 지금 이 순간 당신 몸속에 있는 질소의 절반은 하버-보슈 공정으로 생성된 것이다.[17]

1960년대 '녹색혁명'의 핵심 성과 중 하나는 키가 작고 병충해에 강한 밀 품종의 개발이었다. 이 품종은 일반 밀보다 거의

---

◆ 철 촉매를 써서 고온 고압에서 수소와 질소로부터 암모니아를 대량으로 합성하는 공업적 방법으로, 독일 화학자 프리츠 하버와 카를 보슈가 개발했다.
◆◆ 강우량이 적은 건조지대에서 새들의 배설물이 퇴적, 응고되어 화석화한 것으로, 천연비료로 사용된다.

두 배 많은 수확량을 기록했다. 인도, 파키스탄, 멕시코에 이 밀 품종을 도입한 미국의 농학자 노먼 볼로그는 10억 명 이상의 생명을 구한 공로를 높이 평가받고 있다. 최근에는 유전자 변형 기술 덕분에 농부들은 수확량을 늘리는 동시에 살충제 사용을 줄일 수 있게 되었다. 전 세계 경작지의 10% 이상이 이미 유전자 변형 작물을 재배한다. 레이첼 카슨의 『침묵의 봄 Silent Spring』이 계기가 되어 살충제 사용이 줄어든 것은 자연환경에 긍정적인 영향을 미쳤다. 또한 살충제 사용 감소는 살충제 중독과 농민 자살률 감소에도 기여했다.[18] 연구자들은 현재 비타민이 강화된 채소나 광합성 효율이 더 좋은 식물 등 다양한 유전자 변형 식물을 만들어내기 위해 노력하고 있다.

## 기대수명이 늘어나다

의학 분야에서는 항생제가 세균 감염 치료 방식을 혁신적으로 변화시켰다. 한 세기 전, 미국 대통령 캘빈 쿨리지의 아들은 테니스를 치다 발에 생긴 물집에 감염이 발생해 목숨을 잃었다. 그로부터 몇 년 뒤, 알렉산더 플레밍이 페니실린을 발견했다. 노르망디 상륙작전이 진행되던 무렵에는 연합군 병사들을 위해 수백만 회 투여량의 페니실린이 준비되어 있었다. 전쟁이 끝난 후에는 일반 시민들도 페니실린을 사용할 수 있게 되었고, 이후 항생제는 의학과 농업 전반에 걸쳐 사용되기 시작했다(물론 과도하게 사용되기도 했다). 결핵, 파상풍, 소아마비, B형 간염, 홍역, 인플루엔자, 폐렴 그리고 코로나19에 이르기까지 백신은 수백만 명의 생명을 구했다.

경제학자들 또한 효과적인 치료법의 보급을 확산시키는 데 중요한 역할을 했다. 1990년대에 전문가들 사이에서는 말라리아 예방용 모기장을 무상으로 나눠줘야 하는지, 아니면 유상으로 판매해야 하는지를 두고 논쟁이 일었다. 일부 전문가는 무상으로 받은 모기장은 사람들이 그 가치를 낮게 평가해 생명 보호용이 아니라 비효율적인 어망 따위로 사용할 수도 있다고 주장했다. 이 문제를 해결하기 위해 연구자들은 대규모 무작위 실험을 실시했다. 일부 집단에는 모기장을 무료로 제공하고, 다른 집단에는 보조금 지원을 통해 낮은 가격에 구입할 수 있는 기회를 주는 방식이었다. 결과는 명확했다. 무료 모기장의 수령률이 훨씬 높았고, 실제 사용 목적에도 잘 부합했다.[19] 그 결과, 국제원조 기관들은 무상 보급 쪽으로 방향을 전환하게 되었다. 에스테르 뒤플로Esther Duflo, 아브히지트 바네르지Abhijit Banerjee, 마이클 크레이머Michael Kremer, 딘 칼런Dean Karlan을 비롯한 여러 연구자들은 개발경제학 분야에서 무작위 실험을 광범위하게 확산시켰다. 무작위 실험의 강점은 인과관계를 밝혀내는 강력한 도구를 제공한다는 것이다.

보건과 농업 분야의 혁신 덕분에 세계 인구와 기대수명이 비약적으로 증가했음을 우리는 쉽게 간과한다. 1800년에 세계 인구는 10억 명이었고, 그 어떤 국가도 평균 기대수명이 40세를 넘지 못했다. 하지만 오늘날 세계 인구는 80억 명 이상으로 증가했고, 모든 국가의 기대수명이 40세 이상이며, 세계 평균 기대수명도 1800년의 30세 미만에서 70세 이상으로 상승했다.

경제학적으로 보자면, 기대수명의 증가는 평균소득의 증가보다 더 중요할 수도 있다. 만약 당신이 건강하게 두 배로 더 오래 사는 것과 소득이 두 배로 느는 것 중 하나를 선택할 수 있다면, 무엇을 선택하겠는가? 나라면 수명을 선택할 것이고, 내 주변의 많은 친구도 그렇게 할 것이다. 이 질문은 결국 경제학의 본질이 소득이 아니라 '삶의 질wellbeing'이라는 점을 일깨워준다. 오스트레일리아 출신의 경제학자 저스틴 울퍼스Justin Wolfers는 "건축에서 인치inche가 가장 중요한 것이 아니듯이, 경제학에서도 돈이 가장 중요한 것은 아니다"라고 말했다. 돈은 비용과 편익을 비교할 때 유용한 측정 도구일 뿐, 궁극적 목표는 아니다.

이런 이야기들을 한다고 기술 발전과 세계 시장에의 접근이 모든 문제를 해결했다는 것은 아니다. 많은 나라는 이른바 '중진국 함정middle-income trap'에 빠진 듯 보인다. 이는 저소득국에서 중진국으로 도약한 뒤 고소득국 진입에는 실패하고 정체되어 있는 나라가 많다는 뜻이다. 일본, 싱가포르, 한국처럼 이 함정을 벗어난 국가는 예외에 속한다. 2020년 말 기준, 하루 2.15달러 미만으로 살아가는 극빈층 인구는 전 세계적으로 7억 1900만 명에 달한다. 이들 대부분은 아프리카 사하라 이남 지역에 거주하고 있다.

## 더욱 벌어진 빈부 격차

지난 세대에 걸쳐 세계 대부분의 나라에서 불평등이 더욱 심화했다. 어떤 나라들에서는 빈부 격차가 더 크게 벌어졌을 뿐만 아니라 빈곤층은 오히려 더 가난해졌다. 소련 붕괴 이후 러시아에서는 알코올 중독이 증가하고 사망률이 높아졌으며, 올리가르히oligarch(신흥 재벌)가 득세했다. 러시아의 하위 50% 소득 계층은 1980년보다 실질소득이 약 25% 낮아졌다.[20] 1989년 공산주의 붕괴 이후 러시아의 전체 경제성장 결과 중 99%는 상위 10% 소득 계층에 돌아갔다. 푸틴 체제하의 러시아는 어쩌면 니콜라이 2세의 제정 러시아보다 더 불평등한 국가일지 모른다.

전 세계 경제성장의 분포를 시각적으로 보여주는 방법 중 하나는 '코끼리 곡선elephant curve'으로 알려진 그래프다. 이 곡선은 세르비아 출신 경제학자 브랑코 밀라노비치Branko Milanović가 처

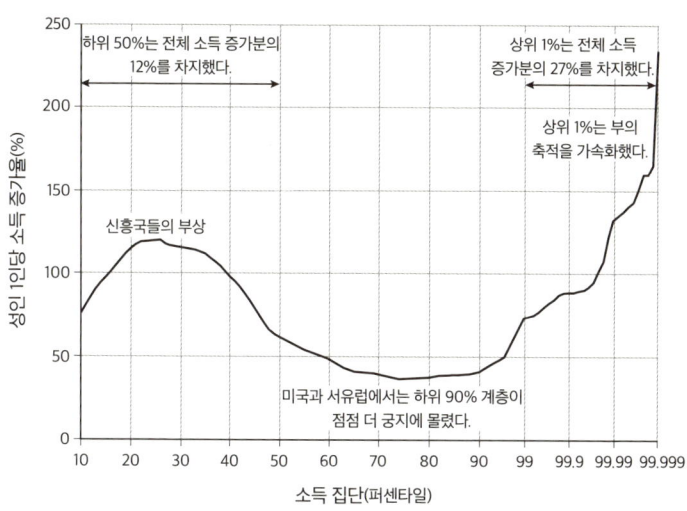

1980~2016년 세계 총소득 증가를 퍼센타일로 표시한 그래프

음 제시했으며, 이후 여러 연구자에 의해 보완되었다. 이 그래프는 1980년부터 2016년까지 세계소득 분포 전체에 걸친 소득 증가율을 보여주는데, 가장 가난한 사람들은 왼쪽에, 가장 부유한 사람들은 오른쪽에, 중산층은 가운데에 위치해 있다.

자세히 들여다보면 이 곡선에서 코끼리의 형상이 드러난다. 가장 하위층(꼬리 부분)은 성장율이 낮고, 20~30퍼센타일에 해당하는 계층(등 부분)은 성장률이 좀 더 높다. 그다음 상위 중산층은 성장세가 다시 약해지다가(아래로 처진 코 부분), 최상위 소득 계층에서는 성장이 매우 두드러진다(치솟은 코끝). 신흥국의 강한 경제성장이 코의 융기부를 형성하고, 선진국의 압박받는 중산층은 코의 밑부분에 해당하며, 세계 최상위층의 급속한 부의 증가는 하늘로 치솟은 코끝으로 나타난다.

일반적으로, 교육 수준은 기술 발전 속도를 따라가며, 노동조합이 강하고 세금이 누진적일수록 국가 간 불평등은 줄어드는 경향이 있다. 또한 경제성장률(g)이 자본 수익률(r)을 따라잡을 때에도 불평등은 완화된다.

## 불평등에 대한 서로 다른 해법

유럽과 미국은 사회안전망을 통해 불평등을 줄이는 방식에서 차이를 보인다. 유립 모델은 실직자에게 관대한 지원을 제공하는 반면, 미국 모델은 노동을 권장하는 방향으로 설계되어 있다. 미국의 대표적인 정책 중 하나는 근로소득세액공제Earned Income Tax Credit 로, 저소득 근로자(특히 자녀가 있는 경우)의 임금을 보조해주는 방식이다. 이 제도는 최대 40%까지 보조가 가능하다. 예를 들어, 시간당 20달러를 버는 사람은 이 제도를 통해 실질적으로 28달러를 벌게 된다.

둘 중 어떤 모델을 선호하는지는 일자리에 미칠 기술의 영향에 대한 견해에 따라 다르다.[21] 비관론자들은 인공지능 기반 로봇이 점점 더 똑똑해지고 있으며, 결국 상상 가능한 모든 일을 대신하게 될 것이라고 생각한다. 따라서 우리는 일 없는 세상에 대비해야 한다는 것이다. 반면에, 낙관론자들은 과거에도 이러한 주장은 많았지만, 편직 기계에서 데스크톱 컴퓨터에 이르기까지 기술의 물결 속에서도 여전히 일자리는 존재해왔다고 지적한다. 나는 낙천주의자라 그런지, 일자리를 장려하는 정책 쪽에 더 마음이 간다. 우리 중 많은 사람에게 일은 단순한 소득원이 아니라 의미와 정체성의 원천이기 때문이다. 직장을 잃은 사람은 단순히 급여를 잃는 것 이상의 행복감 하락을 경험한다. 일자리의 세계를 포기하기엔 아직 이르다.

보건의료에서도 미국과 유럽은 뚜렷한 차이를 보인다. 이를 설명하는 한 가지 방식은 '보건의료의 철의 삼각형iron triangle of health care'이다. 이 개념은 보건의료 체계가 비용cost, 질quality, 접근성access이라는 세 요소 간의 상충 관계에 의해 유지된다는 것을 보여준다.[22] 미국은 건강보험 혜택을 받을 수 있는 운좋은 사람들에게는 수준 높은 의료 서비스를 제공하지만, 다른 어떤 선진국보다 의료비 지출이 많은데도 여전히 의료 체계에서 소외된 사람들이 있다. 유럽의 의료 체계는 최신 치료법을 제공하는 경우는 적지만 보편적인 의료 서비스를 제공한다.

보건의료에 대해 경제학적으로 생각하면, 비용이 많이 들더라도 기술 혁신이 사람들의 건강과 생명에 큰 도움을 줄 수 있다면 그에 대한 지출은 타당하다는 결론을 내릴 수 있다.[23] 예를 들어, 베타 차단제는 심근경색 발생률을 낮추었고, 심근경색 치료를 위한 외과 수술의 증가 역시 환자의 생존 확률을 높이는 데 기여했다. 저체중아를 위한 특수 인공호흡기나 폐 발달을 돕는 인공 폐표면활성제 같은 치료법은 작고 연약한 아기들이 건강하게 자랄 수 있는 가능성을 높여주었다. 백내장 수술도 이전에는 사흘간 입원이 필요하고 합병증도 잦았던 큰 수술이었지만, 지금은 30분 이내에 끝나는 외래 진료로 전환되었다. 이러한 기술적 진보들은 건강한 기대수명을 늘려주었고, 그 자체로 투자할 가치가 충분했다. 하지만 요통 치료를 위한 척추유합술 같은 영역에서는 환자의 건강에 실질적 개선효과가 있다는 증거가 거의 없다. 맞춤형 의료나 로봇 수술의 부상은 이 '보건의료의 철의 삼각형'을 한층 더 시험할 것이다. 국가의 선택은 경제성장과 불평등에 모두 영향을 줄 수 있다.

가장 불평등한 국가들은 공공 서비스에 대한 투자 부족이라는 공통점을 지닌 경우가 많다. 경제학자 존 케네스 갤브레이스 John Kenneth Galbraith는 이를 '개인의 풍요와 공공의 빈곤'이라고 표현한 바 있다.[24] 브라질 리우데자네이루에서는 이파네마 해변에 늘어선 고급 호텔에서 범죄가 만연한 빈민가를 쉽게 볼 수 있다. 남아공 케이프타운에서 부유층은 사설 발전기, 전용 차량, 사립학교, 민간 경비를 이용하며 사는 반면, 빈민가 주민들은 불안정한 전력 공급, 신뢰할 수 없는 철도 시스템, 열악한 교육, 인구

테라스에 수영장이 있는 고급 빌딩과 인접한 판자촌이 브라질 리우데자네이루의 빈부 격차를 보여준다.

1500명당 1건에 달하는 연간 살인 발생률 속에서 살아가고 있다.◆ 인도 델리에서 가장 부유한 가정들은 하인들을 거느리고 살지만, 대기오염 수준은 세계 최악 수준이다.

◆ 2023년 기준, 한국의 살인 발생률은 인구 10만 명당 1.6건이다.

*세상을 읽는 경제학*

# 스포츠의 경제학

스포츠는 세계경제에서 차지하는 비중이 1%도 안 되지만, 경제적 행동을 폭넓게 이해하기 위한 축소판 역할을 한다.[25] 스포츠 경제학이라는 학문은 1950년대 야구 노동시장에 대한 분석에서 출발했지만, 2000년에 《스포츠 경제학 저널》이 창간되면서 급속히 성장했다.

스포츠에서는 시장 구조가 매우 중요하다. 이 분야에서는 독점 권력이 일반 경제 분야에서보다 훨씬 더 큰 문제로 작용할 수 있다. 일방적인 경기를 보고 싶어 하는 스포츠 팬은 거의 없을 것이다. '경쟁 균형competitive balance'◆을 유지하기 위해 스포츠 리그는 수익을

◆ 특정 시장 또는 산업 내에서 경쟁자들이 공정하게 경쟁할 수 있는 상태를 말한다.

팀 간 전력이 균형을 이룰수록 관중 수는 많아진다.

공유하고,◆ 선수 연봉에 상한선을 설정하며, 시즌 성적이 낮은 팀에 다음 시즌 신인 드래프트 우선권을 부여한다.

스포츠는 직관적인 판단이 어떻게 인종적 편향에 따라 작동하는지를 연구하는 데도 유용한 실험장이 된다. 미국 프로농구$^{NBA}$ 심판을 대상으로 한 연구에서는, 심판이 자신과 인종이 다른 선수에게 더 많은 개인 반칙을 부과하는 경향이 있다는 사실이 드러났다.[26]

스포츠는 또한 '롱 코비드$^{long\ COVID}$'◆◆의 영향을 분석하는 데도

---

◆ 리그 전체가 벌어들인 돈, 예를 들어 방송 중계권료, 티켓 판매 수익 등을 개별 팀끼리 나눠 갖는 제도를 뜻한다.
◆◆ 코로나19 감염 이후 오랜 기간 지속되는 장기 후유증을 말한다.

활용되었다. 백신이 아직 보급되지 않았던 시즌 동안 유럽 축구 선수들을 분석한 결과, 코로나19에 감염된 선수들은 경기력에서 뚜렷한 저하를 보였다. 감염 8개월이 지난 후에도 이 젊은 선수들은 감염되지 않은 팀 동료들보다 패스 횟수가 5%나 적었다.[27]

스포츠는 규칙이 만들어내는 인센티브에 따라 사람들이 행동하는 무대고, 그 과정에서 스포츠 정신에 어긋나는 일도 벌어진다.[28] 2012년 올림픽에서는 여자 복식 배드민턴 네 팀이 토너먼트 단계에서 더 유리한 대진표를 받기 위해 일부러 조별 경기에서 패하려다 실격 처리되었다. 인센티브는 어디에나 존재한다.

# 12장

## 뜨거워진 시장과 더 뜨거워지는 지구

### 비합리적 과열에 대한 가장 합리적인 설명

2000년 초, '펫츠닷컴'이라는 웹사이트는 양말 인형 마스코트를 등장시킨 슈퍼볼 광고에 100만 달러를 쏟아부었고, 그 뒤 기업공개[IPO]를 통해 8200만 달러를 조달했다. 하지만 그해 말에 이 회사의 주가는 주당 11달러에서 0.19달러로 폭락했다. 이 회사는 마케팅 전략은 기발했지만, 사업 구조는 고양이 모래와 개 사료를 원가 이하로 판매하는 데 기반을 두고 있었다. 이는 고객이 늘어날수록 손실이 커진다는 뜻이었다. 펫츠닷컴은 그해 닷컴 붕괴의 상징이 되었다.

1990년대에 웹은 빠르게 성장했다. 이른바 '웹 1.0' 시대에는 검색 엔진, 파일 공유, 정부 웹사이트, 상업 활동이 활발히 늘어났다. 20세기 말까지 전 세계 인터넷 사용자는 매년 두 배씩 증가했다.[1] 구글이나 아마존처럼 업계를 지배하게 된 기업도 있었지만, 펫츠닷컴, 이토이즈, 지오시티즈, 웹밴, 가든닷컴처럼 투자자를 만족시킬 만큼의 수익을 내지 못한 기업도 많았다.

미국 기술주 거품의 붕괴는 세계적인 수준의 충격을 주었다기보다는 지역적인 영향을 주는 데 그쳤다. 이런 점에서 이는 그 몇 해 전에 발생한 아시아 금융위기와 비슷했다. 기술주 비중이 높은 나스닥NASDAQ 주식시장은 2000년 고점에서 78% 하락했고, 2001년 9·11 테러는 침체를 더욱 길게 만들었다. 그럼에도 경기침체는 비교적 짧았고 실업률 증가도 크지 않았다. 영국, 캐나다, 오스트레일리아를 포함한 많은 국가가 경기침체를 완벽하게 피해갔다.

## 행동경제학이 주는 교훈

2002년 노벨 경제학상은 행동경제학을 발전시킨 공로로 프린스턴대학교의 대니얼 카너먼Daniel Kahneman에게 수여되었다. 경제학상은 처음에는 노벨상의 범주에 포함되어 있지 않았으며, 1969년에야 스웨덴 중앙은행 설립 300주년을 기념해 신설된 상이다. 경제학자가 아닌 사람들은 노벨 경제학상이 진정한 노벨상인지 의문을 제기하기도 한다. 하지만 이 상이 경제학자들에게는 최고의 영예인 것만은 분명하다.

심리학자인 카너먼의 연구는 인간이 '호모 이코노미쿠스'라는 전통적인 합리성 모델과 일관되게 다른 방식으로 행동한다는 사실을 보여준다. 우리가 모기에 물려 사망할 확률은 상어에 물려 사망할 확률보다 8000배 높고, 자동차 사고로 사망할 확률은 비행기 사고로 사망할 확률보다 4000배 높다.[2] 하지만 많은 사람은 상어나 비행기를 모기나 자동차보다 더 두려워한다. 우리는 은퇴 준비는 부족하게 하면서 슬롯머신에 쓰는 돈은 아깝다고 생각하지 않는다. 식당은 메뉴에 비싼 항목을 하나 올려두어 우리가 '합리적인' 식사의 가격을 높게 인식하도록 만든다. 온라인 쇼핑몰은 시간제한 '반짝 세일'을 통해 우리가 불필요한 소비를 하도록 유도한다. 사람들은 밤에 늦게까지 깨어 있으려 한다. 코미디언 제리 사인펠드가 말했듯, 다섯 시간 수면으로 인한 피로는 '아침의 나'가 감당할 문제라고 생각하기 때문이다.

카너먼은 에이머스 트버스키Amos Tversky(트버스키는 1996년에 사망하지 않았다면 카너먼과 노벨상을 공동 수상했을 것이다)와 함께 행동경제학을 단지 흥미로운 일화들의 집합 수준에서 인간의 의사결정 전반을 설명하는 이론으로 끌어올렸다.[3] 카너먼에 따르면, 인간의 뇌는 두 가지 '시스템'을 사용한다. 시스템 1은 빠르고 직관적이며 감정적으로 반응한다. 이 시스템은 행동 편향에 취약하다. '기준점 편향anchoring bias'은 제품이 원래 가격보다 더 싸게 판매되는 것처럼 보일 때 구매 확률이 높아지는 현상이다. '계획 오류plannin fallacy'는 예를 들어, 주방 리모델링 공사를 계획할 때 예상보다 두 배 이상의 비용이 드는 경우를 말한다. 시스템 1은 순간적인 판단이나 경험적 규칙에 기반할 때 작동하며, 이로 인해 편향에 노출되기 쉽다. 시스템 2는 시스템 1보다 느리지만 합리적이다. 예를 들어, '2×2'는 시스템 1이, '17×24'는 시스템 2가 계산한다. 시스템 2는 더 많은 노력을 요구하지만 그만큼 더 이성적이다. 어떤 세탁기를 살지 결정할 때는 시스템 2를 동원하면 더 좋은 선택이 유도된다.

카너먼 연구의 핵심은, 모든 결정을 계산적이고 합리적으로 내리라는 것이 아니다. 오히려 우리의 행동 편향이 언제 값비싼 실수를 초래할 수 있는지를 인식하도록 돕는 데 그 목적이 있다. 오늘날 행동경제학은 표준석인 경제학의 일부로 교육되며, 특히 사람들이 언제 위험을 감수하거나 보험에 가입하는지, 현재의 만족과 미래의 이익 사이에서 무엇을 선택하는지, 어떻게 '넛지nudge'◆를 통해 더 나은 결정을 유도할 수 있는지 등을 연구하는 데 매우 중요하다.

---

◆ 미국의 행동경제학자 리처드 세일러Richard H. Thaler와 법률가 캐스 선스타인Cass R. Sunstein이 《넛지》에서 소개한 개념이다. 'nudge'는 원래 '팔꿈치로 슬쩍 찌르다'라는 뜻이지만, 이들은 '타인이 특정 선택을 하도록 유도하는 부드러운 개입'으로 정의했다. 즉, 넛지란 환경이나 정보 제시 방식의 조작을 통해 사람들이 스스로 더 나은 결정을 내리도록 하는 것을 의미한다.

## 인류 역사상 최악의 시장 실패

현재 인류가 내려야 하는 가장 중대한 결정 중 하나는 '지구 온난화에 어떻게 대응할 것인가'다. 2005년, 영국 정부는 경제학자 니컬러스 스턴Nicholas Stern에게 기후변화가 경제에 미치는 영향에 대한 보고서를 의뢰했다. 이듬해 제출된 「스턴 보고서The Stern Review」는 기후변화에 관한 가장 중요한 경제 보고서 중 하나가 되었다.

경제학자들은 100년 전 케임브리지대학교의 아서 피구Arthur Pigou의 연구를 통해 외부효과externality◆ 개념에 익숙해져 있는 상태였다. 예를 들어, 세탁소 옆에 매연을 배출하는 공장이 있다고 하자. 공장이 가동될 때마다 세탁소의 시트 위에 그을음이 떨어진다. 이는 시장 실패의 전형적인 사례다. 공장은 세탁소에 끼친 피해에 대해 아무런 비용을 지불하지 않기 때문이다. 가장 단순한 해결책은 세탁소가 위치한 지역 내에는 매연을 배출하는 공장의 설립을 허가하지 않거나, 매연을 배출하는 공장이 위치한 지역 내에는 세탁소를 열지 못하도록 하는 것이다. 또 다른 대안은 공장이 세탁소에 끼친 피해의 가치와 동일한 '피구세

◆ 어떤 경제적 활동이 제3자에게 의도하지 않은 편익이나 비용을 발생시키지만 그에 대한 대가가 지불되지 않는 현상을 뜻한다.

Pigouvian tax'를 부과하는 것이다.◆ 한편, 경제학자 로널드 코스Ronald Coase는 만약 거래비용(협상, 계약, 집행 등에 드는 비용)이 거의 없다면, 당사자끼리 협상을 통해 사회적으로 가장 효율적인 결과에 도달할 수 있다고 주장했다(물론 그는 그런 일이 실제로는 거의 발생하지 않는다고 인정했다).

스턴은 보고서에서 기후변화야말로 인류가 직면한 가장 거대한 시장 실패라고 결론지었다. 탄소 배출은 막대한 사회적 비용을 유발하지만 배출자는 이를 줄일 인센티브가 거의 없기 때문이다. 스턴은 만약 아무런 대응을 하지 않는다면, 기후변화는 식량 생산, 식수 접근성, 인구 건강 등에 심각한 영향을 미칠 것이라고 경고했다. 그는 기후변화로 인한 물 부족, 해안 침수, 기아 등이 수억 명의 삶을 위협해 세계대전 수준의 사회적 혼란을 불러올 수 있다고 했다. 또한 이로 인한 손실은 매년 세계소득의 5%에 해당할 것이며, 경우에 따라 세계 연간소득의 20%에 이르는 피해가 발생할 수 있다고 보았다. 그는 세계소득의 약 1%만 투자해도 온실가스 배출을 대폭 줄여 기후변화가 미칠 수 있는 최악의 영향을 막을 수 있다고 강조했다. 행동의 핵심은 필연적으로 이뤄져야 하는 투자, 즉 에너지 생산 현대화와 교통망

◆ 반대로 긍정적 외부효과를 장려하기 위해 그 편익만큼 보조금을 지급하는 것은 '피구의 보조금Pigouvian Subsidy'이라고 한다.

개선 등에 대한 투자를 탄소 배출을 줄이는 방식으로 유도하는 것이었다.

스턴의 보고서 이전에도 유엔 산하기구 '기후변화에 관한 정부 간 협의체IPCC'의 과학적 보고서들이 이미 전 세계의 주목을 받고 있었다. 일부 과학자는 지구가 '인류세Anthropocene'라는 새로운 지질시대에 진입했다고 주장했다. 스턴 보고서는 이러한 과학적 논의를 경제학의 시각으로 재조명했다. 행동함으로써 얻는 이익이 행동에 따르는 비용보다 크다는 것을 보여준 것이다. 이 보고서의 핵심 결론은 미래의 가치를 현재의 가치와 거의 똑같이 중요하게 다뤄야 한다는 주장이다. 즉, 미래의 가치에 할인율discount rate◆ 개념을 적용하지 않아야 한다는 것이다. 이는 경제학자들이 장기적인 의사결정을 분석할 때 일반적으로 사용하는 방식과 다르다. 예를 들어, 고속도로 건설을 검토할 때 정부는 일반적으로 미래에 발생할 편익을 축소하여 평가한다. 해당 자금을 다른 곳에 투자하여 미래에 더 큰 가치를 가질 수익을 창출할 수 있다는 점을 반영하는 것이다.

하지만 기후변화는 이야기가 다르다. 우리가 표준적인 경제학적 할인율을 적용해 미래비용을 줄여 계산하면, 이는 곧 미래

---

◆ 미래에 발생할 편익이나 비용을 현재 시점의 가치로 환산할 때는 화폐의 가치가 시간에 따라 변화하므로 할인하여 계산하는데, 이때 적용하는 비율을 말한다.

세대의 생명이 현재 세대의 생명보다 덜 소중하다는 결론으로 이어진다. 미국 행정예산관리국OMB은 인프라 사업 평가에서 최대 7%의 할인율을 사용하도록 권고한다. 그런데 할인율이 7%라면, 10년 뒤의 편익은 현재 비용의 두 배가 되어야 하고,◆ 100년 뒤라면 무려 868배에 달해야 한다. 이 논리를 개인의 가치에 적용하면, 100년 전 한 사람의 가치는 오늘날 868명의 가치에 해당한다는 말이 된다. 조지 5세 한 명의 가치를 오늘날 고등학교 한 곳 전체 학생의 가치와 같다고 생각할 수 있을까? 이런 어처구니없는 결론을 피하기 위해 스턴은 낮은 할인율을 채택하고 미래 세대의 복지에 더 큰 비중을 두었다.

스턴 보고서 발표 이후 할인율 선택을 둘러싼 논쟁이 있었지만, 이 보고서의 핵심 결론은 지금까지도 널리 수용되고 있다. 경제학자들은 정부와 함께 탄소 배출을 줄이기 위한 다양한 정책을 설계해왔으며, 선진국 대부분에서 배출량이 실제로 감소하고 있다. 하지만 중국의 온실가스 배출량은 전 세계 배출량의 3분의 1을 차지하며 꾸준히 증가하는 추세에 있다. 보다 많은 저소득 국가가 배출량을 줄이도록 유도하는 것이 현재 세계 최대의 시장 실패를 해결하기 위한 핵심 과제다.

---

◆ 예를 들어, 1만 원에 7%의 할인율을 적용한다면, 10년 뒤 1만 원은 오늘날 약 5000원의 가치로 평가된다. 따라서 오늘의 1만 원 지출을 정당화하려면, 10년 뒤에 최소한 2만 원 상당(현재 가치 약 1만 원)의 편익이 발생해야 한다.

## 도덕적 해이와 금융위기

시장이 항상 실패하는 것은 아니며, 단순한 거래 행위만으로도 얼마나 큰 가치가 창출되는지 인식하는 것은 유익할 수 있다. 당신이 아침에 마시는 커피 한 잔의 가격은 아마도 당신이 기꺼이 지불할 수 있는 최대 금액보다 적을 것이다. 이 차이를 우리는 '소비자 잉여consumer surplus'라고 부른다. 반면에, 카페는 당신이 지불한 금액이 자신들이 받아도 되는 최소 가격보다 높다고 느낄 것이다. 이 차이는 '생산자 잉여prodeucer plus'라고 한다.

2005년, 캐나다의 블로거 카일 맥도널드는 이 원리를 극적으로 입증했다. 그는 빨간색 종이클립 하나로 시작해 집 한 채를 얻을 때까지 물물교환을 이어갔다. 첫 번째 교환에서는 종이클립을 물고기 모양 펜으로 바꾸었고, 이후 손으로 조각한 문손잡이, 캠핑용 버너 등으로 바꿔나갔다. 열네 번째이자 마지막 거래에서는 영화 출연권을 작은 집 한 채로 바꾸었다. 맥도널드는 매번 이전 물건보다 새로운 물건에 더 큰 가치를 두었지만, 자신과는 반대로 새로운 물건보다 이전 물건에 더 큰 가치를 두는 상대와 거래했다. 맥도널드는 그냥 집을 얻은 것이 아니라, 총 열네 번의 거래를 거치며 그때마다 각각의 거래 상대에게 이득을 주면서 집을 얻었다.

한편, 집을 갖고 싶어 했던 것은 맥도널드만이 아니었다.

카일 맥도널드가 교환 거래로 얻은 집 앞에서 첫 번째 물물교환 품목인 종이클립을 들어 보이고 있다.

2005년에 미국 경제는 짧았던 닷컴버블 붕괴의 충격에서 회복되었고, 부동산 시장은 호황을 맞이하고 있었다. 당시 거의 모든 선진국에서 집값이 오르고 있었다. 1995년에는 중소득층 부부와 두 자녀가 수도 워싱턴 DC에서 60제곱미터짜리 소형 주택을 사려면 7년치 소득이 필요했지만, 2005년에는 동일한 아파트 가격이 10년치 소득으로 상승했다.[4]

이 시기에 미국의 물가 상승은 특히 가팔랐다. 2007년, 경제학자 로버트 실러Robert Shiller는 그 시점 이전 100년간의 미국 주택 가격 데이터를 롤러코스터 시뮬레이션으로 구현했다.[5] 이 시뮬레이터는 관람객을 위아래로 흔들어놓다가, 마지막에는 거대한 상승 곡선을 보여준다. 종료 시점에는 롤러코스터가 사상 최고점에 도달하게 된다.

주택 가격이 치솟는 동안 대출 기준은 낮아지고 있었다. 캘리포니아주 베이커스필드에서는 연수입 1만 4000달러에 영어도 하지 못하는 딸기 수확 노동자에게 주택 가격 전액인 72만 달러를 대출해주었다.[6] 이런 대출은 '닌자 대출Ninja loan'이라 불렸는데, 이는 '소득 없음No Income'과 '직업 또는 자산 없음No Job or Asset'을 의미했다. 닌자 대출은 주택 가격이 계속 오를 것이라는 가정에 기반해 이루어졌다. 은행은 주택 가격이 오르면 차입자가 주택담보 재융자를 통해 대출을 갚을 수 있을 것이라고 기대했다. 당시 은행은 대출을 '증권화securitize'했다. 이는 곧 여러 가지 대출을 하나의 금융상품으로 묶어 투자자들에게 판매했다는 뜻이다.◆ 이 방식을 이용하면 이론상으로는 위험이 분산돼 시장이 더 빠르게 성장할 수 있었다. 문제는 이런 방식이 인센티브 구조를 바꿔놓았다는 점이었다. 전통적으로 은행은 사람들이 주택을 구입할 수 있도록 자금을 대출했고, 만약 대출자가 상환하지 못하면 손실을 떠안았다. 그러나 증권화가 도입되면서 대

◆ 핵심은 은행이나 금융회사가 더 이상 대출을 자체적으로 보유하면서 관리하지 않고, 그 대출을 금융상품으로 만들어 시장에 판매함으로써 위험을 이전하고 자금을 회수했다는 것이다.

출을 실행하는 사람들이 더 이상 그 위험을 부담하지 않게 되었고, 그 결과 상환 능력이 없는 사람들에게도 과도하게 대출을 해주려는 인센티브가 생겨났다.

투자은행 골드만삭스는 위험성이 높은 '서브프라임subprime'(비우량) 주택대출을 모기지담보증권MBS으로 묶어 판매한 금융기관 중 하나였다. 이 증권을 산 투자자들은 여러 개의 주택담보대출에 대한 지분을 소유하게 된 셈이었다. 이는 한 명의 닌자 대출자가 채무불이행에 빠졌을 때 투자자들이 입게 될 손실은 줄여주었지만, 주택시장 전체가 침체에 빠졌을 때 투자자들을 위험에 노출시켰다. 골드만삭스는 이런 상품을 광범위하게 판매했으며, 퇴직 기금 가입자들에게도 패키지로 묶어 판매했다. 당시 골드만삭스의 한 트레이더는 자신이 '과부와 고아'에게 서브프라임 모기지를 팔았다고 자랑스럽게 말하기도 했다. 하지만 한편으로 당시 골드만삭스는 주택시장 하락에도 베팅하고 있었다. 이 거래는 훗날 '빅 쇼트big short'◆라는 이름으로 알려지게 되었다. 이후 골드만삭스는 자신들이 고객에게 판매한 상품에 대해 반대 포지션을 취했다는 점을 애초부터 감추지 않았다고 주장했다.

◆ '결정적 공매도'라는 뜻이다. 공매도란 주가 하락이 예상될 때 없는 주식을 빌려서 팔고 나중에 갚는 거래로, 가치가 하락하는 쪽에 베팅하는 전략을 말한다.

주택시장 붕괴 이후, 미국 평균 주택 가치는 약 20% 하락했다. 2008년, 주택담보 대출자 10명 중 1명은 '역자산negative equity' 상태, 즉 집값보다 대출 잔액이 더 많은 상황에 처하게 되었다. 수백만 명이 대출을 상환하지 못했고, 결국 집을 잃었다. 하지만 골드만삭스는 재정적인 타격을 전혀 받지 않았다. 오히려 이 회사는 2009년에 130억 달러의 이익을 냈고, 직원들에게 수십억 달러의 보너스를 지급했다. 최고경영자 로이드 블랭크페인은 900만 달러의 보너스를 수령했다.

이 금융위기는 모두가 공범이었다는 점에서 애거서 크리스티의 『오리엔트 특급 살인』에 비유되곤 한다. 이 위기의 책임은 탐욕스러운 은행가, 무능한 신용평가기관, 순진한 주택 구매자, 태만한 정책 입안자 모두에게 있었다. 이 위기에 대응해 G20은 전 세계 20대 주요 경제국에 걸쳐 재정 부양책을 공동으로 시행했다. 하지만 많은 국가가 여전히 장기적인 피해를 겪었다. 미국에서는 흑인 노동자의 실업률이 10%를 넘었고, 그 상태가 6년 넘게 지속되었다. 반면에, 백인 노동자의 실업률은 두 자릿수를 넘은 적이 없었다.[7] 이는 경기침체 기간에 각국에서 반복되는 일반적인 양상이다. 교육과 자산은 충격 완충제 역할을 하며, 사람들이 위기에 덜 취약해지도록 만든다. 경제학자들은 이와는 반대로 변동성과 불리한 조건이 함께 작용한다는 사실을 인식하고 있다.

## 부패의 경제학

개발경제학자들은 부패가 경제발전을 저해하는 핵심 요소 중 하나라는 것을 점점 더 분명히 강조하고 있다. 2009년, 말레이시아 총리 나집 라작은 '1MDB'라는 국부펀드를 설립하고 수억 달러의 공적 자금을 빼돌려, 자신이 소속된 정당의 정치 자금과 측근들의 사적 소비에 유용했다. 이 사기를 주도한 주요 인물 조 로우는 런던, 뉴욕, 로스앤젤레스에서 수백만 달러짜리 부동산을 사들이고, 3500만 달러짜리 봄바디어 글로벌 5000 제트기와 800만 달러짜리 보석류(당시 여자친구였던 미란다 커에게 주기 위해)를 구입했으며, 시드니와 라스베이거스 두 도시에서 새해 전야를 축하하기 위해 국제선 항공기를 전세 내 며칠간 파티를 벌이기도 했다. 빼돌린 돈은 영화 〈더 울프 오브 월스트리트〉의 제작 자금으로 쓰이기도 했다. 이 영화는 사기꾼 주식중개인의 사치스러운 삶을 다룬 작품이다. 한때 조 로우는 전 세계에서 가장 많은 현금을 자유롭게 사용할 수 있는 인물로 여겨졌다.

부패를 연구하는 경제학자들은 부패가 개발을 어떻게 가로막는지 다양한 방식으로 분석해왔다. 인도네시아의 수하르토 대통령, 자이르(현 콩고민주공화국)의 모부투 대통령, 필리핀의 마르코스 대통령 등이 저지른 부패는 자국의 성장률을 떨어뜨리고 불평등을 심화했다. 고급 주택, 고급차, 요트 구입에 쓰기 위해 이들이 빼돌린 공공 자금은 국민을 위한 의료와 교육에 사용되었어야 하는 소중한 돈이었다. 기업 분야에서도 부패는 가격을 올리고 혁신을 저해하며, 정직한 공직자들을 무력화하는 해악을 끼친다. 부패는 경제 권력과 부패한 정치가 공공의 감시 밖에서 결합할 때 번성한다. 한 연구자는 부패를 다음과 같은 수식으로 정리했다.

부패 = 독점 + 재량 − 책임[8]

경제학자들은 조세피난처가 부패를 가능하게 하는 데 어떤 역할을 하는지도 점점 더 명확히 인식하고 있다. 1MDB 자금 유용 사건은 영국령 버진아일랜드에 있는 은행 계좌를 통해 실행되었다. '파나마 페이퍼', '판도라 페이퍼', '룩셈부르크 유출자료' 등 각종 폭로 자료는 마약 밀매자, 독재자, 자금 세탁범뿐 아니라 초고소득자들도 조세피난처를 광범위하게 이용하고 있음을 드러냈다. 한 추산에 따르면, 역외 계좌에 있는 돈의 5분의 4는 다른 국가의 조세법을 위반한 자금이다.[9] 이 문제의 심각성을 밝혀낸 경제학 연구는 각국 조세당국과 정보를 공유하도록 조세피난처에 압력을 가하는 데 일조했다.

저소득 국가에서는 '국경 없는 세무조사관Tax Inspectors Without Borders'◆을 통해 파견된 세무 전문가들이 당국의 철저한 세무조사를 돕는다. 어떤 경우에 이들은 조사에 투입된 비용의 100배에 달하는 세수를 확보하기도 한다. 또 하나의 유용한 접근법은 '가증스러운 부채odious debt'라는 개념이다. 이 개념은 국제사회가 독재자에게 제공된 대출은 정부에 대한 진정한 대출이 아니라 개인 대출로 간주하는 것이다.[10] 이것은 대출기관의 인센티브를 바꾸는 데 목적이 있다. 만약 어떤 은행이 독재자가 무기를 구입하는 데 쓰려는 돈을 빌려주었는데, 그 나라가 민주국가가 되면 그 부채가 무효 처리된다고 가정해보자. 그렇다면 처음부터 그 대출의 제공을 재고하게 될 것이다. 이는 곧 독재자의 자금줄을 차단하는 효과를 낼 수 있다.

## 사람은 시장을 이길 수 없다

금융위기 이후 성장세가 다시 시작되면서, 전 세계의 자산운용사들이 내세운 주장 가운데 일부가 허상일 수 있다는 인식이 점차 퍼지기 시작했다. 한 연구에서는, 톰 피터스Tom Peters와 로버트 워터먼Robert Waterman의 『초우량 기업의 조건In Search

◆ 경제협력개발기구OECD와 유엔개발계획UNDP이 국제적인 조세 정의를 촉진하기 위해 공동으로 운영하는 혁신적인 세무 감사 역량 강화 프로그램.

of Excellence』에서 설명된 43개 기업을 추적조사했다. 그 결과, 이 책 출간 후 단 2년 만에 이 기업들 중 거의 3분의 1이 심각한 재정난에 빠져 있다는 사실을 발견했다.[11] 당시 가장 영향력 있던 경영서조차 실제로는 성공적인 기업을 잘 골라내지 못했던 것이다. 또 다른 연구에서는 여섯 살짜리 침팬지 '레이븐'이 월스트리트의 전문 브로커 99%보다 나은 성과를 보였다. 레이븐은 단순히 다트를 던져 주식을 선택했을 뿐이다.[12]

펀드매니저에게 가장 큰 질문은 '주식시장 평균 수익률을 능가할 수 있는가'다. 최근 보고서에 따르면, 미국의 액티브펀드 active fund◆ 가운데 65%가 1년이라는 기간 동안 시장 평균을 밑돌았다.[13] 즉, 일반적인 해에는 액티브펀드의 약 3분의 2가 시장 수익률을 따라잡지 못한다는 뜻이다. 5년 기준으로 이 비율은 88%로 올라가며, 10년 기준으로는 무려 92%의 펀드가 시장 평균보다 못한 성과를 낸다.

이런 결과가 나타나는 것은 펀드매니저가 어리석어서가 아니다. 경제 이론이 예측하듯, 주식시장에서 초과 수익을 거두는 일이 어렵기 때문이다. 주식 매매 결정을 할 때, 애널리스트들은 제품, 경영진, 시장 여건에 대한 사소한 정보 하나하나까지 면밀히 분석한다. 어떤 애널리스트들은 소매 수요를 예측하기 위해

◆ 주식시장 전체의 움직임을 상회하는 운용 성과를 목표로 하는 펀드.

위성사진을 이용해 주차장의 차량 수를 세고, 곡물 수확량을 예상하기 위해 장기 일기예보를 분석한다. 알고리즘 기반 트레이딩 모델은 시장 간의 가격차를 포착해 몇 밀리초 안에 차익 거래를 실행한다.

주식시장의 기본 원리는 '효율적 시장 가설efficient market hypothesis'이다. 즉, 주식의 가격이 공공에 알려진 모든 정보를 반영하고 있다는 것이다. 내부자 정보를 바탕으로 거래하는 것은 불법이기 때문에, 대부분의 액티브펀드와 개인 투자자는 시장 평균 수익률을 넘어서기 어렵다. 경제학자들이 흔히 말하듯, 길가에 20달러 지폐가 떨어져 있는 경우는 드물다. 누군가가 먼저 집어갔을 가능성이 크기 때문이다.

액티브펀드에 대한 대안으로 각광받는 것이 '인덱스펀드index fund'다. 인덱스펀드는 주식시장 구성 기업들을 시가총액 비중 그대로 담아 구성된다. 예를 들어, 현재의 S&P 500 지수펀드는 애플 주식을 전체 자산의 약 7% 비중으로 포함하고, 셰브런은 1%, 페덱스는 0.1% 비중으로 포함하며, 나머지 497개 기업도 각각의 시가총액에 비례해 펀드 내에 편입한다. 인덱스펀드는 특정 주가지수를 그대로 따라가도록 만들어져 있어서, 수익률도 그 지수와 거의 똑같고 거기서 소액의 수수료만 빠진다. 특정 주가지수를 따라가는 일은 어렵지 않기 때문에, 인덱스펀드는 개별 종목을 고르기 위해 전문가에게 돈을 들이는 적극적 운용

펀드보다 훨씬 적은 수수료가 든다.

인덱스펀드는 1975년에 미국의 전문 투자자문사 뱅가드 그룹의 창립자 잭 보글Jack Bogle이 처음 선보였다. 당시 비판자들은 인덱스펀드를 '보글의 바보짓'이라고 불렀다. 하지만 2010년대에 접어들며 인덱스펀드는 시장의 '거물'로 성장했다. 한 추산에 따르면, 2011년에는 미국 주식시장의 5분의 1이 이런 패시브(소극적) 투자자들에 의해 운용되었고, 이 비율은 그 뒤 10년에 걸쳐 두 배로 증가했다.[14] 오늘날 S&P 500에 속한 기업의 약 90%는 3대 인덱스 투자그룹 뱅가드, 블랙록, 스테이트스트리트 중 한 곳이 최대 주주다.[15]

경제학자들은 여러 사안에 대해 의견이 엇갈린다. 하지만 노벨상 수상자를 포함한 주요 경제학자 40여 명을 대상으로 한 설문조사에서, '투자자들은 인덱스펀드에 투자하는 것이 더 유리하다'는 주장에 이의를 제기한 사람은 단 한 명도 없었다.[16] 인덱스펀드는 심지어 전설적인 가치 투자자 워런 버핏Warren Buffett의 지지도 받고 있다. 그는 자신은 액티브(적극적) 투자자지만, 대부분의 사람은 저비용 인덱스펀드에 돈을 넣는 것이 낫다고 본다. 그는 2017년 주주 서한에서 이렇게 썼다. "미국 투자자들을 위해 가장 큰 공헌을 한 사람을 기리는 동상이 세워진다면, 그 인물은 단연 잭 보글이어야 한다."

## 구조적 침체와 고립주의의 망령

2010년대 전 세계에는 투자처를 찾는 막대한 자금이 넘쳐났다. 캐나다 연금기금부터 고소득을 올리는 중국 가정까지, 전 세계적인 저축 과잉은 금리를 하향 압박했다. 하버드대학교의 래리 서머스Larry Summers는 세계가 '장기침체secular stagnation'에 진입했을 가능성을 경고했다. 즉, 생산성과 성장률이 둔화했다는 것이다. 조지메이슨대학교의 타일러 코웬Tyler Cowen은 20세기의 획기적 진보(대중교육, 대규모 이민, 전기화, 교통혁명)에 비하면, 컴퓨터와 스마트폰이 가져온 경제적 이익은 상대적으로 미미하다고 주장했다.[17] 위키피디아, 유튜브, 구글 같은 혁신적인 인터넷 서비스들은 지적 호기심이 많은 사람에게는 큰 도움이 되었지만, 전체적인 생산성 향상에는 그다지 기여하지 못했다는 것이다. 물론, 컴퓨팅 기술의 생산성 효과가 석탄이나 전기처럼 수십 년 뒤에야 본격적으로 나타날 수 있다고 보는 낙관적인 사람들도 있다.

저금리는 통화 정책 입안자들에게도 어려운 과제를 안겼다. 2015년, 영국 중앙은행의 이코노미스트인 앤디 홀데인Andy Haldane은 지난 5000년에 걸친 역사적 데이터를 분석하고, 현재처럼 낮은 금리는 전례가 없다고 결론지었다.[18] 그는 중앙은행이 금리를 올리려는 시도를, 연이 나무에 걸리자 그것을 빼내기 위해 아이가 나무에 이것저것 계속 던지는 상황에 비유했다. 그리고 자산 매입 중단 또는 매각, 유동성 회수, 향후 금리 방향에 대한 사전 예고 등은 모두 연을 꺼내려는 시도였지만, 효과는 미미했다고 평가했다. 2010년대 후반에 이르러 많은 나라의 중앙은행들은 디플레이션과 씨름하게 되었다.

이 시기의 공통된 문제는 금리가 0%에 근접하는 '제로 하한 zero lower bound'이었다. 이는 금리를 마이너스로 설정하는 것이 어렵다는 현실적 한계에서 비롯된다. 만약 내가 현금을 보관하는 데 비용이 들지 않는다면, 왜 누군가에게 돈을 빌려주고 나중에 더 적게 돌려받으려 하겠는가? 이에 중앙은행들은 '양적완화quantitative easing'로 방향을 틀었다. 이는 금융자산을 매입함으로써 경기를 부양하려는 정책이다. 2010년대 말까지 미국 연방준비제도, 영국 중앙은행, 일본은행, 유럽중앙은행 등 4개 주요 중앙은행은 모두 합쳐 20조 달러가 넘는 금융자산을 보유하게 되었다. 이는 미국의 연간 경제 생산량과 맞먹는 규모였다.[19]

한편 이 시기에 발생한 경제적 피해 중 일부는 외부 요인(예를 들어 전쟁, 자연재해, 세계 경제침체 등) 때문이 아니라, 정부의 잘못된 정책, 판단 착오, 불필요한 선택들의 결과였다. 50년 넘게 전 세계 무역 장벽을 낮추는 데 앞장섰던 미국은 2018년 갑작스럽게 방향을 틀어 철강, 알루미늄 그리고 다수의 중국산 수입품에 관세를 부과했다. 당시 도널드 트럼프 대통령은 관세 부과를 외국에 대한 응징이라고 발표했지만, 실제로 그 부담은 대부분 미국 국민이 떠안았다. 트럼프가 부과한 관세는 미국 가정들이 수십 년 만에 처음 당한 대규모 세금 인상 중 하나였다.[20] 미국에는 철강 제조업 노동자보다 철강을 사용하는 산업(건설업, 자동차 제조업 등)에 종사하는 노동자가 훨씬 많기 때문에, 철강 제조업에서 일자리가 1개 늘어날 때마다 철강 사용 산업의 일자리가 16개 줄었다.[21]♦ 게다가, 주요 교역국들이 보복관세를 부과하면서 해당 제품의 미국 수출 물량도 10% 감소했다.[22] 군사전쟁과 마찬가지로, 무역전쟁도 승자보다는 패자가 더 많은 법이다.

2016년 국민투표에서 영국 유권자의 52%는 유럽연합 탈퇴(브렉시트)를 선택했고, 이 결정은 2020년 발효되었다. 브렉시트는 다수의 영국 기반 기업이 유럽 대륙으로 사무실을 이전하게 만들었고, 수입업자와 수출업자 모두에게 큰 불확실성을 초래했다. 브렉시트는 사람, 서비스, 상품, 자본의 자유로운 이동을 제한함으로써 영국과 유럽 대륙 간의 통합된 시장을 약화했다. 영국 예산책임처는 브렉시트가 장기적으로 영국의 국민소득을 4% 감소시킬 것이라고 추정했다.[23] 경제학자들은 거의 예외 없이 브렉시트에 반대했지만, 반反엘리트 정서, 반反이민 정서, 국

---

♦ 정부가 수입 철강에 관세를 부과하자 미국 철강 제조업은 경쟁력이 높아져 일자리가 늘어났지만, 철강 사용 산업에서는 원가 상승으로 인한 비용 부담이 커져 고용을 줄이게 되었다.

제기구에 대한 불신에 기반한 선전 캠페인을 막기에는 역부족이었다.

21세기에 들어서면서, 경제학자들은 이전 세대에서는 경제학의 범주를 벗어난다고 여기던 부패, 기후변화 등 다양한 주제로 관심을 확장했다. 경제학자들은 순수한 합리성 모델의 한계를 인정했고, 행동경제학을 활용해 사람들이 왜 저축을 충분히 하지 않는지, 왜 과식을 하게 되는지 등을 설명했다. 그리고 곡물법 논쟁, 스무트-홀리 관세법과 마찬가지로, 트럼프의 관세정책과 브렉시트는 우리에게 개방은 경제적으로는 옳은 길일 수 있지만, 고립주의가 정치에서 종종 승리를 거둔다는 사실을 상기하게 해주었다.

*세상을 읽는 경제학*

# 성별 임금 격차

전 세계적으로 여성의 시간당 임금은 남성보다 20% 낮다.[24] 이는 상당한 격차이지만, 시간이 흐르며 점차 줄어들고 있다. 평균적으로 1960년대의 성별 임금 격차는 현재의 두 배 수준이었다.[25] 1300년부터 1800년까지 유럽에서는 그 격차가 훨씬 더 컸으며, 대부분의 여성은 남성의 절반 수준의 돈밖에 벌지 못했다.[26]

그렇다면 이 격차는 무엇으로 설명할 수 있을까? 과거에는 여성의 정규교육 수준이 남성보다 낮았던 것이 주요 요인이었다. 하지만 지금은 대부분의 나라에서 여성의 교육 수준이 오히려 남성보다 높다. 현재 성별 임금 격차의 중요한 요인은 남성과 여성이 종사하는 직업군의 차이다. 돌봄 노동 등 '돌봄 경제care economy' 분야는 여성의 비율이 높고 평균 임금이 낮다. 반면에, 공학이나 컴퓨터 프로그래밍처럼 남성 비율이 높은 분야의 직업은 평균 이상의 임금을

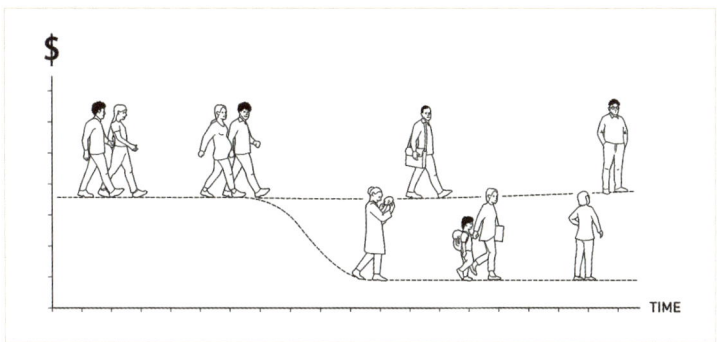

클로디아 골딘은 "여성의 노동시장 성과에 대한 이해를 진전시킨 공로"로 2023년 노벨 경제학상을 수상했다. 수상자 발표와 함께 스웨덴 왕립과학원은 부모가 되는 것이 성별 임금 격차를 확대하는 데 어떤 역할을 하는지 보여주는 골딘의 연구 결과를 설명하는 만화를 공개했다.

지급하는 경우가 많다.

과거에 일부 경제학자는 남성과 여성이 직업을 자유롭게 선택한다고 보았다. 하지만 최근 연구들은 이 관점에 의문을 제기한다. 예를 들어, 여성은 직장에서 성희롱을 당할 가능성이 더 높으며, 이는 여성이 특정 직종에서 멀어지게 만든다. 만약 기술직에서 성희롱 발생률이 높다면 여성은 기술직을 피하게 되고, 이는 성별 임금 격차를 더욱 심화한다.

또 다른 요인은 차별이다. 여성은 직장에서 더 높은 수준의 차별을 경험한다(차별이 지난 세기에 걸쳐 점차 줄어들기는 했지만). 흥미로운 연구 중 하나는 트랜스젠더인 남성과 여성의 소득 변화를 추적한 것이다. 여성으로 전환한 사람들은 임금이 줄어들고, 남성으로

전환한 사람들은 임금이 상승하는 경향을 보였다.[27]

오늘날 성별 임금 격차에 가장 크게 기여하는 요인은 '모성 페널티motherhood penalty'일 가능성이 높다. 많은 국가에서, 자녀가 없는 남성과 여성의 소득 경로는 큰 차이가 없다. 하지만 자녀가 있는 경우, 여성은 남성보다 노동시장에서 더 오랜 기간 이탈되는 경향이 있다. 여성이 아이를 낳으면 소득이 줄어들거나 정체된다. 이는 단지 많은 여성이 시간제 근무를 하기 때문만이 아니라, '엄마 트랙mummy track'이라 불리는 경력 경로에 놓이기 때문이다. 여성은 경력이 단절되어 노동시장 내 경험이 적어지고, 결과적으로 남성보다 낮은 임금을 받게 된다.

이 격차는 하버드대학교의 경제학자 클로디아 골딘이 "탐욕스러운 직업greedy jobs"이라고 부른 직종에서 특히 두드러진다.[28] 많은 나라에서 최고경영자, 로펌 파트너, 정치인, 외과의사 등 시간 집약적 직책에 여성은 극히 적게 분포한다. 직장과 가정을 병행하기 어려운 직업일수록 성별 임금 격차가 더 크다. 또한 보육 접근성이 낮은 나라일수록 임금 격차가 크다. 모성 페널티의 한 가지 결과는 성별 임금 격차를 시간당 임금이 아니라 생애소득lifetime earnings 기준으로 측정할 때 그 격차가 훨씬 커진다는 점이다. 심지어 선진국에서도 유자녀 여성의 평균 생애소득은 남성의 절반에 불과하며, 이는 500년 전 시간당 임금 격차와 비슷한 수준이다.[29]

# 13장

## 팬데믹과 그 이후

### 전염병, 알고리즘, 빅데이터

THE SHORTEST HISTORY OF ECONOMICS

       2020년 초, 코로나19의 출현은 세계경제를 1930년대 대공황 이후 최악의 침체로 몰아넣었다. 각국이 봉쇄 조치를 시행하면서 2020년 2분기 세계소득은 5% 감소했다.[1] 기업 투자는 급락했고 관광과 이주는 사실상 중단되었으며, 서비스 소비도 급격히 줄었다. 모든 선진국 경제가 경기침체에 진입했고 전 세계적으로 약 4억 개의 일자리가 사라졌다.[2] 각국 정부는 가계 지원을 위해 노동자와 기업에 총 10조 달러 이상을 지원했다. 2019년 기준으로 전 세계 정부 부채는 전 세계 소득의 10개월치에 해당했지만 2020년에는 전 세계 소득 1년치에 맞먹는 수준으로 급증했다.[3]

  이 시기에는 두 가지 발명품이 결정적인 역할을 했다. 코로나19 진단검사 키트는 경제학자들이 '정보 문제information problem'라고 부르는 사안을 해결하는 데 기여했다. 다른 사람들이 감염

13장 | 팬데믹과 그 이후

되지 않도록 질병 초기 단계에서 자가 격리를 가능하게 만든 것이다. 백신은 접종자에게 상당한 혜택을 제공했는데, 백신 미접종자에 비해 사망 위험을 10분의 1 이하로 줄여주었다.[4] 백신은 질병 확산 속도를 줄임으로써 상당한 긍정적 외부효과도 제공했다. 이러한 긍정적 외부효과 때문에 전 세계 정부는 백신을 무상으로 제공했으며, 사람들에게 비용을 부담하게 하지 않았다.

## 딜레마에 빠진 중앙은행

통화 정책 담당자들에게 코로나19 팬데믹과 관련된 놀라운 점은 봉쇄 해제 이후 발생한 인플레이션이었다. 가계는 억눌렸던 소비 욕구를 분출했고 러시아의 우크라이나 침공은 에너지 가격의 급등을 초래했다. 중앙은행들은 갑자기 1970년대 수준에 필적하는 인플레이션과 맞서야 했다. 인플레이션을 억제하려면 금리를 인하하는 것이 아니라 인상해야 했기 때문에 비전통적 통화 정책은 더 이상 필요하지 않았다. 문제는 고금리가 저금리에 익숙해진 주택담보 대출자와 기업가 들에게 고통을 안겼다는 점이었다. 많은 사람은 중앙은행이 왜 더 일찍 조치를 취하지 않았는지, 낮은 인플레이션과 낮은 금리를 예측했던 그들의 전망이 왜 틀렸는지 의문시했다.

사실 예측의 어려움은 경제학 전반이 직면한 과제 중 하나다. 기상예보관이나 스포츠 평론가처럼, 중앙은행가들도 미래를 정확히 내다볼 수는 없다. '야구 철학자'로 불리는 요기 베라의 말처럼 "예측을 하긴 어렵다. 특히 미래에 관해서는." 경제학자들은 일반적으로 예측에 회의적인데, 이는 위기가 대개 예상치 못한 충격에서 비롯되기 때문이다. 갈등, 전염병, 기근, 파산, 채무불이행, 무역전쟁 등은 느리게 움직이는 변수에만 초점을 맞춘 경제 모델로는 포착하기 어렵다.

중앙은행은 예측력이 불완전하다는 비판 외에도 다른 여러 가지 비판을 받는다. 왜 정부 부채의 누적을 더 효과적으로 억제하지 못했는가? 왜 오스트레일리아, 아일랜드, 미국과 같은 국가는 2000년대 초 10년 동안 주택 가격이 두 배로 뛸 때 이를 방치했는가? 왜 가계가 지나치게 많은 부채를 떠안도록 허용했는가?

이에 대한 해답은 '틴베르헌의 법칙Tinbergen Rule'으로 알려진 개념에 있다. 이 법칙은 간단하게 말해, 도구가 하나뿐이라면 목표도 하나만 겨냥할 수 있다는 것이다. 중앙은행의 주요 도구는 금리다. 이 법칙에 따르면, 만약 주택 가격이 폭등하는 동시에 인플레이션이 목표치보다 낮다면, 중앙은행은 두 문제를 동시에 해결할 수 없다. 마찬가지로, 가계가 과도한 모기지 부담에 시달리는 상황에서 전체적으로 급격한 인플레이션에 직면했다면, 중앙은행은 둘 중 하나를 우선 선택해야 한다.

## 공급망과 데이터 독점의 폐해

코로나19 팬데믹 당시 공급망이 막힌 데는 여러 요인이 있었지만, 그중 하나는 많은 시장에서 소수 기업에 의존하는 구조가 지나치게 심화해 있었다는 점이다. 미국에서는 거의 모든 유아용 분유가 소수의 기업에 의해 생산되며 수입은 엄격히 제한된다. 최대 분유 제조업체 애벗이 오염 가능성을 이유로 가장 큰 공장을 폐쇄하자 위기가 발생했다. 위기 당시 미국 슈퍼마켓 열 곳 중 일곱 곳이 분유를 진열하지 못했다. 소수 생산자 체제는 병목 현상을 초래했고, 그 대가는 부모들이 치러야 했다.

독점이 소비자에게 도움이 될 수도 있다는 시카고학파의 경쟁 정책 관점은 점차 의심받기 시작했다. 유아용 분유(90%를 4개 회사가 제조함)에서부터 관(80%를 상위 2개 제조업체가 생산함)에 이르기까지, 시장 집중은 말 그대로 요람에서 무덤까지 확산되어 있었다.

시장 집중은 단순히 대기업이 경쟁업체를 제치고 성장한 결과만은 아니었다. 시카고학파의 '소비자 후생 기준'에 따라 경쟁 감독기관과 법원은 페이스북(현 메타)의 인스타그램 인수, 구글의 유튜브를 인수, 양조업체 AB 인베브의 SAB밀러 인수 등 수많은 인수합병을 허용했다. 하지만 그 시점에서 경제학자들은 시장 집중이 다른 부정적인 효과를 낳고 있다고 우려하기 시작했다. 연간 수익 기준으로 보면, 최대 기업들은 하나의 국가에 버금가는 규모다. 월마트는 경제 규모로 태국과 비슷하며, 아마존은 오스트리아, 엑슨모빌은 페루와 맞먹는다. 이제 경제학자들은 '큰 것이 반드시 아름답지만은 않다'는 생각을 하기 시작한 듯하다.

시장 지배력에 대한 두려움은 특히 기술 분야에서 가장 강하게 나타났다. 이 분야는 '승자독식winner-takes-all'의 역동성이 자주 적용되는 곳이다. 선진국에서는 '마마MAMAA'로 불리는 5개 기업, 즉 메타, 애플, 마이크로소프트, 알파벳, 아마존이 각각 소셜미디어, 스마트폰, 소프트웨어, 검색 및 온라인 쇼핑을 지배하고 있다. 중국에서는 '비에이티엑스BATX', 즉 바이두, 알리바바, 텐센트, 샤오미가 검색, 전자상거래, 소셜미디어, 스마트폰 시장을 장악하고 있다.

경제학자들은 시장 집중이 소비자뿐 아니라 노동자에게도 해를 끼칠 수 있다는 데 점점 더 우려를 표하고 있다. 미국 노동자 5분의 1의 고용계약서는 현 직장의 경쟁사에 취업하지 못하도록 제한하는 조항을 포함하고 있다.[5] 실리콘밸리의 일부 기업이 서로의 소프트웨어 엔지니어를 스카우트하지 않기로 비밀리에 합의한 사례는 직원의 임금을 낮추는 결과를 낳았다. 조앤 로빈슨이 제기했던 '수요독점' 문제는 지금도 여전히 유효하다.

수요독점은 공급업체에도 손해를 끼칠 수 있다. 애플의 앱스토어는 '닫힌 정원walled garden'◆으로 불리는데, 애플은 개발자가 앱스토어를 통해 벌어들인 수익의 최대 30%를 수수료로 가져간다. 유사한 문제가 중국에서도 제기되었다. 알리바바는 판매자들의 경쟁 플랫폼 입점을 막았다가 미화 28억 달러 상당의 벌금을 부과받았다. 총 9개 기업인 마마와 비에이티엑스는 인공지능 분야에서도 세계를 선도하고 있다. 따라서 이들은 컴퓨팅 기술의 혁신으로부터 막대한 이득을 볼 가능성이 크다.⁶

많은 사람이 기술이 초거대 기업들의 덩치를 더욱 키울 것이라고 우려한다. 하지만 기술 발전은 일부 기업의 규모를 오히려 줄일 수도 있다. 로널드 코스는 기업의 경계를 다룬 획기적인 연구에서, 어떤 업무를 기업 내부에서 처리할지 아니면 외부에 위탁할지 결정하는 기준은 거래비용과 정보비용이라고 설명했다. 온라인 플랫폼이 비직원 인력이나 외부 조직과 쉽게 연결될 수 있도록 해준다면, 오히려 기업은 축소될 수도 있다. 메타의 콘텐츠 검열 담당자 대부분은 메타 소속이 아니며, 아마존의 배송기사 다수도 아마존 직원이 아니다. 미래에는 미쓰이, 스와이어, 타타와 같은 거대 복합기업들이 더 전문화된 경쟁자들과의 경쟁에서 밀릴 수도 있다.

◆ 애플은 독점적인 앱 배포처, 하드웨어와 소프트웨어의 통합, 결제 시스템 독점 등으로 자사 생태계 내에서 매우 강력한 통제권을 행사한다.

컴퓨팅 기술의 확대와 활용은 경쟁 정책뿐만 아니라 여러 영역에 영향을 미치고 있다. 수학자 해나 프라이Hannah Fry는 알고리즘이 불편한 결과를 낳은 다양한 사례를 소개한다.[7] 예를 들어, 본인 이름을 구글에 검색할 때 아프리카계 미국인은 백인보다 전과자를 겨냥한 광고를 볼 가능성이 더 높았다. 여성은 남성보다 고소득 경영직에 대한 온라인 광고를 받을 가능성이 낮았다.

이런 사건도 있었다. 영국 슈퍼마켓 체인 테스코에 남편과 매장 포인트카드를 공유한다는 한 고객이 연락을 해왔다. 그녀는 '내가 자주 구매하는 제품' 목록에 콘돔이 있는 것을 보고 오류가 분명하다고 말했다. 사실은 오류가 아니었지만, 테스코는 조용히 '데이터 오류'에 대해 사과하며 부부 갈등의 씨앗이 사라지도록 조치했다. 미국 사법제도에서는 알고리즘이 피고인의 재범 가능성을 계산해 판사의 판결에 영향을 주기도 한다.[8] 하지만 피고인은 자신에 대한 결정의 근거가 된 정보에 접근을 거부당할 수 있다. 중국에서는 사회 신용 시스템이 국민 수백만 명의 항공편 및 고속철도 이용을 제한하고 있다. 이는 무단횡단, 노부모 방문 의무 소홀, 정부 비판 등의 이유로 '신뢰도'가 낮다고 판단된 경우다.

## 빅데이터와 경제학

사회심리학자 쇼샤나 주보프Shoshana Zuboff는 민간기업들이 개인 데이터를 활용하는 방식을 '감시 자본주의surveillance capitalism'라 부르며, 이로 인해 점점 더 정교한 맞춤 광고가 이루어지고 기업들이 사용자 데이터를 탐내는 경향이 강화된다고 지적한다.[9] 앞에서 다룬 사례들이 보여주듯, 빅데이터는 불평등을 악화할 수 있다. 하지만 경제학자들 또한 이제 거대한 데이터세트를 이용해 이전에는 답할 수 없었던 질문들에 답하고 있다. 대표적인 사례를 하버드대학교의 라지 체티Raj Chetty가 보여준다. 그의 '기회통찰 연구소'는 빅데이터를 활용해 경제적 기회를 연구하고 있다.

체티의 연구팀은 미국 전체 인구의 거의 모든 납세 자료를 약 30년에 걸쳐 분석하여 세대 간 소득 이동성을 조사했다. 즉, 한 세대에서 다음 세대로 이행할 때 사람들이 소득 분포 상위 또는 하위 계층으로 이동하는 경향성을 살펴보았다.[10] 연구팀은 1940년대에 태어난 아동 중 거의 10명 중 9명이 부모보다 더 많은 소득을 올릴 것으로 기대할 수 있었다는 사실을 밝혀냈다. 하지만 1980년대에 태어난 아동의 경우 그 비율은 절반으로 줄어들었다. 이 연구는 지역 사회가 아동에게 미치는 인과적 영향이 매우 강력하다는 점을 보여준다. 체티의 연구팀은 미국 전역의 기회를 지도로 시각화하며 다음과 같은 사실을 밝혔다. 빈곤 집중도가 낮고 소득 불평등이 덜하며, 교육 여건이 좋고, 양쪽 부모 가정의 비율이 높고, 범죄율이 낮은 카운티일수록 빈곤 가정 아동의 성과가 더 낫다는 것이다.

또 다른 연구는 미국 주민 7000만 명 이상의 페이스북 데이터를 분석해 친구 네트워크가 계층에 따라 뚜렷하게 구분된다는 사실을 보여주었다.[11] 사회경제적 분포 상위 10%에 속한 사람들은 하위 50%에 속한 친구보다 상위 10%에 속한 친구가 두 배나 더 많았다. 부자와 빈자는 친구의 유형도 서로 달랐다. 상위 계층은 대체로 대학에서 사귄 친구가 많은 반면, 하위 계층은 지역 사회에서 가까운 친구를 사귀는 경향이 있었다. 연구팀은 지역 수준에서도 친구 네트워크 패턴을 조사해, 미국 중서부에 거주하는 사람들이 다른 사회 계층 사람과 친구가 될 가능성이 더 높다는 사실을 보여주었다.

체티의 연구는 경제학이 점점 더 데이터 중심으로 변화하고 있다는 사실을 보여준다. 경제학 학술지에서는 이제 이론 모델만 제시하고 데이터로 예측을 검증하지 않는 논문은 보기 힘들다. 1960년대의 유아교육 연구 이후 무작위 실험의 활용은 급격히 증가했고, 자연실험을 통해 인과관계를 규명하는 데 능숙해진 연구자들도 늘었다. 컴퓨팅 성능의 향상은 대규모 데이터세트의 분석비용을 낮췄다. 나 역시 2004년에 100만 명 이상의 데이터를 분석한 박사 논문을 작성했는데, 이는 그로부터 10년 전만 해도 노트북으로는 불가능했을 것이다.[12] 그로부터 10년 후에는 동일한 코드가 몇 시간이 아니라 몇 초 만에 실행되었을 것이다. 빅데이터 분석은 무어의 법칙◆의 수혜자다.

빅데이터는 성과 인종처럼 불편한 주제에 대해서도 통찰을 제공한다. 인터넷 검색 결과를 분석한 데이터과학자 세스 스티븐스다비도위츠는 다음과 같은 사실을 밝혀냈다.[13] 동성애에 대한 관용이 가장 낮은 지역에서는 '내 남편은 게이일까?'라는 검색이 이루어질 가능성이 더 높다. 인종차별적 농담에 대한 검색 빈도는 2016년 미국 대선에서 도널드 트럼프에게 투표한 경향과 강한 상관관계를 보인다. 부모는 '우리 아들은 영재일까?'라는 검색을 '우리 딸은 영재일까?'보다 두 배 더 많이 한다. 반대로, '우리 딸은 과체중일까?'라는 검색은 '우리 아들은 과체중일까?'보다 두 배 더 많다. 인종차별, 성차별, 동성애 혐오를 줄이려면, 우선 그 문제를 제대로 이해하는 것이 중요하다. 빅데이터는 기존의 설문조사가 다다를 수 없는 영역까지 도달하게 해준다.

위성 데이터는 경제적 번영의 진실을 밝혀내고 있다. 부유한 지역에 있는 집들은 밤에 환하게 불을 밝히지만, 가장 가난한

---

◆ 인텔의 공동 창립자 고든 무어Gordon Moore가 트랜지스터의 집적 밀도가 1년마다 두 배로 증가할 것이라고 예측한 데서 비롯된 법칙이다. 이 예측은 이후 약 2년마다 두 배로 증가하는 것으로 수정됐다.

지역은 암흑에 잠긴다. 이런 패턴은 한 국가 내에서도 동일하게 나타난다. 성장 속도가 빠를수록 밤에 더 많은 불빛이 관측된다. 미국 내에서도 위성 데이터는 역사적 교통망의 흔적을 드러낸다. 과거 물류가 강을 따라 이루어졌을 때 두 배 사이에서 물건을 옮기던 특정 지역이 있었는데, 그런 일이 중단된 지 100년이 지난 지금도 그 지역들은 여전히 경제적으로 번창하고 있다.[14] 또 다른 연구에서는 전 세계 위성 데이터를 20년에 걸쳐 분석한 결과, 독재자는 자국의 성장률을 실제보다 높게 발표할 가능성이 더 크다는 점이 드러났다.[15] 위성 이미지는 브라질의 산림 파괴나 인도네시아의 공해를 연구하는 데도 사용되고 있다. 이제 위성 이미지들은 해상도가 충분히 높아져, 우간다의 농부가 소유한 나무의 수를 세거나 케냐 나이로비 빈민가에서 어떤 가정이 지붕을 개선했는지까지도 알아낼 수 있게 되었다.[16]

새로운 형태의 데이터는 우리가 경제 통계를 어떻게 최신화해야 할지 다시금 일깨워준다. 국민소득 산출법은 대부분의 사람이 농장이나 공장에서 일하던 시기에 개발되었다. 하지만 온라인 경제는 전통적인 국민소득 산출 방식에 새로운 과제를 제시한다. 한 연구에서는 사람들에게 얼마를 받으면 특정 인터넷 서비스를 1년간 포기하겠냐고 물었다.[17] 사람들은 검색 서비스 포기는 1만 7000달러, 이메일은 8000달러, 지도는 3000달러, 스트리밍 동영상은 1000달러를 받아야 한다고 답했다. 하지만 현재의 국민소득 산출 방식은 부가가치만을 측정하고 소비자 후생은 반영하지 않기 때문에, 이러한 중요한 편익들을 포착하지 못할 수 있다.

무급 노동은 경제 통계에서 심각할 정도로 간과되어왔다. 한 남성이 가사도우미를 고용해 저녁을 차리고 집을 청소하며 아이를 돌보게 하면, 이 노동은 국민소득에 포함되고 가사도우미는 노동력으로 분류된다. 하지만 이 두 남녀가 결혼해 그녀가 동일한 일을 계속하면 임금은 지급되지 않는다. 이들 사이의 자금 흐름은 가계 내 '이전transfers'으로 간주되고, 그녀는 노동력에서 제외된다.[18] 페미니스트 경제학자들은 무급 노동이 전 세계에서 수행되는 노동의 대부분을 차지할 수 있다고 지적해왔다. 오클랜드공과대학교의 마릴린 워링Marilyn Waring 같은 연구자들은 이와 관련해 경제 통계 수집 방식에 설득력 있는 비판을 제기했다. 그럼에도 여전히 현재의 국민소득 산출에 권총을 제조하는 남성의 노동은 포함돼도, 모유 수유를 하는 여성의 노동은 제외된다.[19] 스마트폰을 활용해 사람들의 시간 사용 방식을 더 정확히 파악하면서도 사용자 프라이버시를 보호하는 일은 경제 통계 현대화를 위한 핵심적인 과제다.

*세상을 읽는 경제학*

# 포렌식 경제학

포렌식 경제학은 뜻밖의 장소에서 위법 행위를 밝혀낸다.[20] 한 연구에서는 스키 리조트가 제공한 적설량 보고서를 정부 기상관측소의 자료와 비교했는데, 스키 리조트가 보고한 적설량이 더 많았고 주말에는 그 차이가 더욱 컸다. 또 다른 연구에서는 《와인 스펙테이터》 잡지가 자사 지면에 광고를 낸 와인에 대해 다른 매체에 비해 더 높은 점수를 준다는 사실을 발견했다. 또한 경제 잡지는 광고주가 운용하는 펀드를 추천할 가능성이 더 높고, 패션 잡지는 광고주의 의상을 지면에 실을 가능성이 더 크다. 인센티브는 행동을 왜곡할 수 있다.

부동산 중개인이 자기 집을 팔 때 어떤 일이 벌어지는지 관찰한 한 경제학 연구에 따르면, 이들의 주택은 시장에 열흘 더 오래 머무르며 평균보다 4% 더 비싸게 팔린다. 교육 경제학자들은 어려운 시

**피겨스케이팅 판정에서 포렌식 경제학은 심판이 자기 나라 선수에게 더 높은 점수를 주는 경향이 있다는 사실을 밝혀냈다.**

험이 치러지는 날, 학교들이 학업 성적이 낮은 학생을 정학시키는 빈도가 더 높다는 사실을 밝혔다. 또 시험이 있는 날에는 학교 급식의 칼로리가 더 높다.

　포렌식 경제학은 부패를 추적하기도 한다. 인도네시아의 독재자 수하르토가 건강 이상을 겪었을 때, 그와 정치적으로 연결된 기업의 주가는 하락했다. 유엔 무기 금수 조치가 내려진 국가에서 분쟁이 격화될 경우, 무기 제조업체의 주가는 상승했다. 심리학의 연구를 바탕으로 한 논문은 사람들이 숫자를 만들어낼 때 편향을 갖는다는 것을 보여준다. 특정 숫자(이를테면 7)나 연속된 숫자쌍(이를테면 1-2, 3-4)을 과도하게 사용하는 경향이 있음을 밝힌것이다. 나이지리아와 이란의 선거 결과는 이러한 수상한 패턴을 보였으나, 스웨덴과 미국의 선거 결과는 그렇지 않았다. 데이터가 풍부할수록 포렌식 경제학은 불건전한 행동에 대해 더 많은 것을 밝혀낼 수 있을 것이다.

# 14장

## 경제학의 현재와 미래

### 불확실성의 시대가 던지는 새로운 과제들

THE SHORTEST HISTORY OF ECONOMICS

        경제학자 막스 로저Max Roser는 뉴스 보도 빈도가 언론의 보도 내용을 결정한다고 지적한 바 있다.[1] 주간지는 일간지와 초점이 다르며, 일간지는 소셜미디어와 초점이 다르다. 그렇다면 50년에 한 번 발행되는 신문이 있다면 어떨까? 로저는 그런 신문이라면 장기적이고 긍정적인 추세를 훨씬 더 많이 다룰 가능성이 크다고 주장했다. 50년 주기의 신문 1면에는 연예계 가십 대신 전 세계 아동 사망률이 14%에서 4%로 떨어졌다는 사실이나, 서비스 산업 고용이 전 세계 고용의 과반수를 차지하게 되었다는 소식이 실릴지도 모른다.[2]

  이 책은 조명에 관한 이야기로 시작했다. 이는 기술이 조상들에게는 사치품이었던 것을 오늘날 거의 비용을 의식하지 않을 만큼 저렴한 것으로 바꾼 사례였다. 긴 시간의 흐름 속에서 경제 발전은 대체로 이와 같은 방식으로 진행되어왔다. 아동 건강의 진보는 앤 여왕(재위 1702~1714)◆의 일화에서 잘 드러난다. 당대 최고의 권력을 가진 여성이었던 그녀는, 1684년에서 1700년 사이에 열일곱 번 임신했지만 단 한 번을 제외한 모든 임신이 사산, 유산 또는 유아 사망으로 끝났다. 300년이 지난 지금, 가장 가난한 부모조차 자녀를 잃는 일은 드물다. 위생과 의학의 진보는 수백만 명의 생명을 구했다. 실질 기준으로 보면, 오늘날 대부분의 나라에서 노동자들은 하루 동안 1900년의 노동자가 일주일에 벌었던 것보다 더 많은 수입을 올린다.

## 무엇이 번영을 이끄는가

쟁기에서 인터넷까지, 기술은 경제 활동의 혁신을 이끌어왔다. 사회는 비교우위로부터도 이익을 얻었다. 노동시장 전반에서 전문화는 번영을 높이는 데 핵심적인 역할을 했다. 특정 기술을 연마해본 사람이라면, 전문가들이 일반인보다 더 높은 생활 수준을 누릴 수 있는 이유를 알 것이다. 이 원리는 개인 간뿐만 아니라 국가 간에도 동일하게 작용한다. 무역은 각국이 자신

---

◆ 잉글랜드와 스코틀랜드가 1707년에 합병되어 '그레이트 브리튼 왕국'이 탄생했을 때 그 첫 번째 군주였다.

이 가장 잘하는 분야에 특화할 수 있게 해준다. 무역 상대국은 위협이 아니라 기회다. 무역은 현대 경제의 핵심이며, 무역이 창출한 번영은 실로 방대하다. 지난 수십 년간 수억 명의 중국인이 빈곤에서 벗어날 수 있었던 것도, 그 결과로 중국이 세계 무대에서 다시금 인구 규모에 걸맞은 위상을 회복할 수 있었던 것도 무역 덕분이다.

생활 수준의 향상은 당연하게 생각하기 쉽다. 앞서 살펴보았듯, 봉건주의, 식민주의, 노예 제도 같은 억압적 체제는 한때 전 세계 많은 사람의 삶을 지배했다. 심리학자 스티븐 핑커Steven Pinker는 자신이 가장 좋아하는 말은 "천연두는 전염병이었다"라는 백과사전의 첫 문장이라고 말한다.[3] 인간의 진보 덕분에, 한 세기 동안 5억 명을 죽음에 이르게 했던 질병이 이제는 과거형으로 언급될 수 있게 된 것이다.[4] 핑커는 더 나은 식생활과 교육 기회 덕분에 IQ 점수가 급격히 상승하여, 오늘날 평균적인 사람은 100년 전 인구의 98%보다 높은 점수를 받을 것이라고 지적한다. 일반적인 유럽인이 살해당할 확률은 500년 전의 10분의 1 미만으로 줄었다. 전 세계적으로 젠더, 인종, 성적 지향에 대한 인식도 더 진보적으로 변했다. 오늘날 중동 지역의 젊은 무슬림들은 1960년대의 젊은 서유럽인들만큼 관용적인 태도를 보인다. 수세기 전에는 사치품이었던 수세식 화장실, 냉장고, 에어컨, 세탁기는 이제 필수품이 되었다.

## 행복은 어디서 오는가

경제성장으로 우리는 더 행복해졌을까? 1970년대에 경제학자 리처드 이스터린Richard Easterlin은 초기 국가 간 삶의 만족도 조사를 분석한 뒤, 일정 수준을 넘어서면 소득 증가가 더 이상 사람들을 행복하게 만들지 않는다고 결론지었다. '이스터린 패러독스Easterlin Paradox'로 불리는 이 주장은 2000년대까지 일반적인 정설로 받아들여졌다. 하지만 훨씬 더 방대한 자료에 기반한 새로운 분석은 이 명제가 사실이 아님을 보여주었다.[5] 국가 내부적으로도, 국가 간 비교에서도 더 높은 소득을 가진 사람들은 더 행복하다고 느낀다.

이 새로운 연구 결과는 소득이 많은 사람일수록 행복하다는 사실을 증명하는 데서 그치지 않는다. 국가 내부와 국가 간 비교 연구 결과에 따르면, 더 높은 소득을 가진 사람들이 '푹 쉰 느낌이 든다', '존중받고 있다', '많이 웃고 미소 짓는다', '맛있는 음식을 먹는다'고 말할 가능성이 더 높다.[6] 또한 높은 소득을 가진 개인과 국가일수록 '육체적 고통', '지루함', '슬픔'을 경험한다고 말할 확률이 더 낮다. 국가 내에서도 소득이 높은 사람들은 사랑을 경험했다고 말할 확률이 더 높다. 비틀스의 폴 매카트니는 〈돈으로 사랑을 살 수는 없어〉라는 노래를 만들었다. 매카트니에게 미안하지만, 사랑도 돈으로 살 수 **있다**.

그럼에도 한계효용체감의 법칙은 돈에 대해서도 여전히 유효하다. 행복의 증가는 대체로 소득의 비율적 증가에 비례하는 것으로 보인다. 노숙인이든 사교계 명사이든, 소득 10% 증가로 얻는 행복 증진효과는 비슷하다. 하지만 10%의 소득 증가가 의미하는 절대 금액은 부자에게 훨씬 더 크다. 따라서 지난 세대 동안 여러 나라에서 나타난 불평등의 증가는 행복에 부정적인 영향을 미쳤을 가능성이 있다. 복지국가의 재분배 정책과 누진세 정책을 뒷받침하는 강력한 논거 중 하나는 1달러가 돈이 별로 없는 사람에게 훨씬 더 큰 기쁨을 준다는 사실이다.

국가 간의 소득 격차는 국가 내부의 소득 격차보다 훨씬 크다. 현재 서유럽의 1인당 평균소득은 하루 미화 109달러이고, 라틴아메리카는 하루 39달러, 아프리카는 하루 10달러에 불과하다.[7] 평균적인 미국인이 한 달 동안 생산하는 산출량이 평균적인 나이지리아인이 1년 동안 생산하는 것과 맞먹는다. 아프리카 경제성장의 주요 원동력 중 하나는 도시화이지만, 아프리카 대륙 인구의 절반만이 도시에 거주하고 있다.[8] 그 한 가지 이유는 토지 소유권이 불분명하다는 데 있다. 이 때문에 사람들은 주거에 대한 투자를 꺼리게 되고, 도시 정부는 재산세 수입을 확보하기 어려워진다. 토지 등기 제도를 정비하는 일은 지극히 평범해 보이지만, 아프리카가 미래에 번영을 이루려면 반드시 해내야 하는 일이다.

## 미래 위험을 헤지할 수 있을까

　불평등 심화만이 경제적 우려의 유일한 원인은 아니다. 경제학자 조지 애컬로프의 '정체성의 경제학Economics of Identity' 연구는 사람들이 자신을 어떻게 인식하는지가 얼마나 중요한지 보여주었다. 표준 경제학 모델에서는 일을 하는 유일한 목적이 소비를 위한 소득을 얻는 것이다. 하지만 정체성의 경제학은 우리에게 많은 사람의 정체성이 소비가 아니라 생산에 기반한다는 점을 상기시킨다. 우리는 처음 만난 사람에게 "무엇을 사세요?"라고 묻기보다 "무슨 일을 하세요?"라고 묻는 경우가 훨씬 많다. 그러므로 기술과 무역이라는 쌍두마차가 선진국 공장의 일자리를 앗아갈 때, 힘겨운 삶을 살아가는 중산층에게 텔레비전 가격이 내려가고 있다는 말은 아무런 위안이 되지 않는다. 포퓰리스트 정치인의 부상은 안전한 노동 계층 일자리 상실에 대한 반작용이자, 안정적인 사회를 위해 낮은 실업률이 얼마나 중요한지 상기시켜주는 신호다.

　러다이트 운동 이래로, 새로운 기술이 등장할 때마다 일자리가 사라질 것이라는 끔찍한 예측이 늘 따라붙었지만, 그 예측은 거의 실현되지 않았다. 가장 최근의 위협은 인공지능이 제기하고 있다. 오픈AI의 챗GPT 인터페이스는 컴퓨터 코드를 디버깅하고, 기업의 사명 선언문을 작성하며, 최신 과학 연구를 요약할 수 있다. GPT는 '사전 학습된 생성형 변환기Generative Pre-trained Transformer'의 약자이지만, '범용 기술General-Purpose Technology'의 약자로 볼 수도 있을 것이다. 증기기관이나 전기처럼 인공지능도 궁극적으로는 세상을 바꿔놓을 것이기 때문이다.

인공지능이 널리 채택되면 평균소득은 상승하겠지만, 교환원이나 등대지기가 사라졌듯이 많은 일자리가 사라질 수 있다. 경제학은 기술이 더 저렴해질수록 더 많은 기업이 그 기술을 채택할 가능성이 높으며, 가장 큰 이득은 그 기계를 소유한 사람들에게 돌아간다는 점을 되짚게 한다.

장기적으로 보면, 인공지능은 인류에게 파국적 위험을 초래

오픈AI에서 개발한 이미지 생성형 인공지능 DALL·E를 사용해 내가 생성한 그림 〈세상의 마지막 셀카〉.

할 수 있다.[9] 언젠가는 지능형 기계가 모든 과업에서 인간을 능가하게 될 가능성이 높다. 그 시점이 지나면, 기계와 인간의 능력 격차는 우리와 반려동물 사이의 격차만큼이나 벌어질 것이다. 이 시기가 도래했을 때에는 그 기계들이 우리의 가치를 공유하고 인류와 평화롭게 공존할 의지를 갖는 것이 매우 중요해질 것이다.

만약 악당 인공지능이 등장한다면, 그것은 인류의 미래에 대한 장기적 위협 중 가장 심각한 문제가 될 수 있다. 또 다른 엄청난 위협은 바로 기후변화가 제기하고 있다. 경제학에는 '꼬리위험tail risk', 즉 발생 확률은 낮지만 결과가 치명적인 위험이라는 개념이 있다. 지구 온난화의 경우, 꼬리위험은 앞으로 얼마나 많은 탄소가 배출될지 그리고 지구가 그것에 어떻게 반응할지 우리가 모르기 때문에 생긴다. 그 외에도 그린란드 빙상의 용해나 아마존 열대우림의 소실 같은 잠재적이고 부정적인 피드백 고리가 더 큰 불확실성을 야기한다. 우리는 기후변화가 악영향을 끼칠 것이라는 점을 알고 있지만, 그 악영향은 정말로 심각한 수준이 될 수 있다.[10]

개인적인 삶에서 작은 확률이라도 재앙의 가능성이 있을 때, 경제학적 사고는 우리에게 보험에 가입하라고 조언한다. 예컨대, 집을 잃거나 가족의 주 소득자가 사망할 경우를 대비해 매년 소액의 보험료를 지불하는 것이다. 이와 마찬가지로, 인류 전체가 직면한 위험에 대해서도 우리는 지금 적정 수준의 비용을 들여 윤리적인 인공지능 개발과 탄소 배출 감축에 투자해야 한다. 또한 생물학적 테러나 핵 분쟁 등 다른 존재론적 위협을 줄이는 데도 힘써야 한다.

이러한 파국적 결말을 피할 수 있다면 인류는 경제학이라는 도구를 활용해 보다 일상적이고 평범한 문제들을 해결할 여유를 갖게 될 것이다. 교통 혼잡으로 인해 런던, 보스턴, 파리, 브뤼셀의 차량 평균 속도는 시속 18킬로미터에 불과한데, 이는 1800년대에 말이 그 거리들을 걸어다니던 속도와 비슷하다.[11] 일반적인 운전자에게 교통 체증은 독일에서는 연간 40시간, 미국에서는 51시간, 영국에서는 무려 80시간의 손실을 유발한다.[12] 토론토에서 멕시코시티까지, 교통 체증을 줄이는 일은 수백만 도시 거주자의 삶의 질을 획기적으로 향상시킬 수 있을 것이다.

## 경기 침체는 불가피한가

거시경제학의 관점에서 크게 실망스러운 사실 중 하나는 대공황 이후 거의 100년이 지난 지금까지도 경제학자들이 경기의 호황과 불황이라는 순환을 제대로 통제하지 못한다는 점이다. 전문가 집단으로서 경제학자들은 현대 경제가 여전히 10년~20년마다 한 번씩 경제위기를 맞는다는 사실에도 좌절한다. 위기 대응은 현대 정부의 핵심 역할 중 하나다. 경기침체를 과거의 일로 만드는 것이야말로 경제학이 거둘 가장 큰 성과가 될 것이다.

자본주의 경제 체제에서 살면서 우리는 시장의 존재를 너무나 당연하게 여긴다. 슈퍼마켓에는 항상 원하는 모든 상품이 충분히 갖춰져 있으리라고 생각한다. 하지만 코로나19 팬데믹 당시, 일시적으로라도 화장지가 사라졌을 때 사람들은 큰 충격을 받았다. 그러나 불과 몇 주 만에, 그것도 100년에 만에 한 번 있을 법한 팬데믹이 시작된 와중에도 공급은 정상으로 돌아왔다.

'보이지 않는 손'의 작동 방식은 과거 공산주의 국가의 관료들을 당혹스럽게 만들었다. 소련 붕괴 이후, 한 러시아 관료가 한 영국 경제학자에게 물었다. "런던 시민들에게 빵을 공급하는 책임자는 누구입니까?"[13] 21세기에 들어서 러시아와 중국 경제는 공산주의에서 자본주의로 이행했지만, 이들 국가는 여전히 개방된 민주주의와는 거리가 멀다.

1946년, 미국 언론인 헨리 해즐릿은 『경제학의 한 가지 교훈 Economics in One Lesson』◆을 썼는데, 그 핵심 문장은 "시장 가격은 기회비용을 반영한다"였다. 그로부터 70여 년 뒤, 퀸즐랜드대학

---

◆ 한국어판의 제목은 '보이는 경제학 안 보이는 경제학'이다.

교의 존 퀴긴John Quiggin은 『경제학의 두 가지 교훈Economics in Two Lessons』을 썼고, 이 책의 핵심 문장은 "시장 가격과 실제 가치 사이에는 때로 간극이 존재한다"였다. 해즐릿은 시장이 성장을 이끄는 이유를 설명하며, 성장이야말로 자본주의 국가가 공산주의 국가보다 생활 수준이 높은 이유 중 하나라고 설명했다. 반면에, 퀴긴은 시장이 어떻게 실패할 수 있는지 설명했으며, 시장 실패의 결과로 오염, 실업, 독점기업의 횡포 같은 문제가 발생할 수 있음을 지적했다. 나는 이 책에서 시장에 대한 양면적인 진실을 모두 다뤘다. 이 책은 자유롭고 경쟁적인 시장 환경이 어떻게 수많은 사람을 빈곤에서 벗어나게 했는지, 경제가 지속적으로 번영하기 위해 왜 시장의 실패를 바로잡는 일이 필수적인지 함께 보여주는 책이다. 시장과 자본주의가 많은 사람에게 번영을 가져다준 것은 사실이다. 하지만 자본주의는 자본이 없는 이들의 행복은 보장하지 않는다.

## 정부의 바람직한 역할은 무엇인가

오늘날 정부는 지진, 질병, 경기침체와 같은 다양한 위험에 대비해 사회적 보험을 제공하는 일종의 위험 관리자로 볼 수 있다. 그렇다고 정부가 국민에게 직접 현금을 지급하는 것만이 위험을 완화하는 유일한 방법은 아니다. 예를 들어, 일정 소득 이상이 되어야 상환을 시작하는 '소득 연동 대출income-contingent loans'은 일부 국가에서 대학 등록금 대출 제도로 사용된다. 경제학자들은 이를 가뭄에 시달리는 농민, 고전 중인 기업, 경제적으로 낙후된 지역을 위한 지원책으로도 활용할 수 있다고 제안한다.[14]

경제학의 이야기는 곧 혁신의 이야기이기도 하다. 20세기 초에는 비행기도, 라디오도, 자동차도 거의 존재하지 않았다. 하지만 20세기가 끝날 무렵, 우리는 와이파이가 탑재된 노트북으로 인터넷 서핑을 하고, 비행기를 타고 지구 반대편 지역의 회의에 참석하며, 고층 건물로 도시를 가득 채웠다. 에어컨에서 항생제, 철조망에서 하버-보슈 공정에 이르기까지, 새로운 기술들은 우리의 삶을 완전히 바꾸어놓았다. 기술은 시장의 작동 방식도 더 효율적으로 만들었다. 한 연구에 따르면, 인도 어업에 휴대전화 서비스가 도입되자 지역 간 가격 차이가 줄어들고, 물량 낭비가 거의 완전히 해소되었다.[15] 이처럼 기술은 소비자와 생산자 모두에게 혜택을 안겨준다.

혁신은 결코 천재 한 사람의 노력만으로 이루어지지 않는다.[16] 기술 발전은 구텐베르크, 퀴리, 에디슨, 러브레이스,◆ 빌 게

---

◆ 영국의 수학자이자 세계 최초의 프로그래머로 알려져 있다.

이츠, 스티브 잡스, 제니퍼 다우드나,◆ 일론 머스크 같은 개인들의 노력만으로 이루어진 것이 아니다. 실제로 기술적 돌파구는 대부분 협업하는 팀에서 나온다. 진공관과 텔레비전의 발전은 수많은 기업의 기여로 가능했고, 레이더, 인터넷, 세균 이론, 심박조율기, 자기공명영상MRI, 양자역학과 같은 수많은 혁신은 정부기관이나 대학 같은 비시장non-market 기관에서 나왔다. 우리가 사용하는 스마트폰의 핵심 기술, 예를 들어 GPS, 음성인식 비서, 터치스크린 디스플레이 등은 모두 정부의 자금 지원으로 탄생했다. 혁신의 경제학 중심에는 바로 '정부가 이런 연구를 어떻게 계속해서 장려할 수 있을 것인가'라는 질문이 자리하고 있다.

### 아는 만큼 보인다

경제학은 삶의 거의 모든 측면에 실용적인 조언을 제공한다. 일부 주식 투자가는 고점에 팔고 저점에 사는 타이밍 전략이 가능하다고 주장한다. 하지만 다양한 연구에 따르면, 주가 흐름은 예측 가능한 주기보다는 '랜덤 워크random walk', 즉 무작위 경로

◆ 유전자 편집 기술 '크리스퍼'의 개발 공로로 2020년 노벨 화학상을 받았다.

를 따르는 경우가 많다. 실제로, 20세기 경제학자 중에서 경기순환의 변동 폭을 줄이는 데 가장 큰 공헌을 했던 케인스조차 경기순환을 활용한 투자라는 아이디어는 결국 포기하고 말았다.[17]

앞서 '들어가는 말'에서 나는 이 책의 목적 세 가지를 이야기했다. 첫째, 자본주의와 시장 경제가 어떻게 등장했는지 서술하고, 둘째, 경제학이라는 학문을 형성한 핵심 아이디어와 인물을 다루며, 셋째, 경제적 동인이 세계사에 어떤 영향을 끼쳤는지 조망하는 것이었다.

이 책을 읽고 당신이 인류의 역사를 조금은 다르게 바라보게 되었기를 바란다. 앞으로 세계 지도를 볼 일이 있으면, 대륙의 형태가 한 나라가 다른 나라를 식민지화하는 데 영향을 미쳤다는 사실을 떠올려보라. 매일 보는 거울 앞에서는 거울의 발명이 어떻게 소비자 문화를 탄생시켰는지 생각해보라. 온라인 쇼핑, 검색, 동영상 시청을 이용할 때에는 그 대가로 현금 대신 개인 데이터를 빅테크 기업들에게 제공하고 있다는 것을 기억하길 바란다. 또한 대부분의 인류가 학교, 백신, 인터넷을 이용할 수 있는 시대에 당신이 살고 있는 것이 엄청난 행운이라는 점도 인식하길 바란다.

현대 경제학의 발전은 산업혁명과 궤를 같이했지만, 경기순환을 본격적으로 이해하게 된 것은 대공황 이후였다. 시장의 효율성에 매료된 초기 경제학자들은 시장 실패가 발생하는 경로를 과소평가했고, 시장이 더 잘 작동하도록 하는 정부의 역할을 너무 쉽게 무시했다. 이후의 연구는 독점의 위험과 기후변화의 위협을 조명했다. 행동경제학은 이제 경제학 교육과정의 표준이 되었고, 방대한 데이터 분석은 많은 현대 경제학자의 중심업무가 되었다. 시장 설계자들은 장기 기증을 가능하게 하는 매칭 알고리즘을 개발했고, 경매 이론가들은 정부가 기업에 주파수 대역 이용 권리를 판매해 수십억 달러의 수익을 얻을 수 있는 경매 방식을 설계했다. 개발경제학자들은 생명을 구하고 소득을 높이는 무작위 실험을 시행했다.

경제학 연구자가 아닌 대부분의 사람들에게 경제학이 할 수 있는 가장 큰 기여는 더 나은 삶을 사는 데 도움을 주는 것이다. 어려운 결정을 내릴 때는 비용과 편익을 따져보라. 기회비용을 고려하고, 당신이 포기하고 있는 것이 무엇인지 생각하는 것이다. 한계효용에 기반한 사고를 하라. 하나를 더 가질 만한 가치가 있는지 스스로에게 물어보라. 외부효과도 기억하라. 당신의 결정이 타인에게 미치는 긍정적 또는 부정적 영향을 고려하라. 교육에서 기업가 정신까지, 사회적 관계에서 주식시장에 이르기까지, 경제학은 당신이 더 나은 삶을 살아가는 데 확실히 도움을 줄 수 있다.

*세상을 읽는 경제학*

# 최악의 경우, 어떤 일이 벌어질까?

인공지능의 위험에 대한 논의는 대부분 '나쁜' 결과에 초점을 맞춘다. 예를 들어 허위 정보, 알고리즘 차별, 자동화로 인한 일자리 상실 등이 그것이다. 하지만 더 큰 위험은 바로 파국적 재앙의 가능성이다. 인공지능이 인간의 지능을 초월하게 되면, 기계는 체스나 바둑과 같은 보드게임에서 컴퓨터가 인간을 압도했듯이 인간을 급격히 앞질러 가게 될지도 모른다. 인공지능은 인류의 '마지막 발명'이 될 수 있다.

이 전환점 너머에 무엇이 있을지는 아무도 알 수 없다. 과학자들은 이 시점을 '특이점 singularity'이라고 부른다. 과연 미래는 〈스타트렉〉처럼 평화로운 모습일까, 아니면 〈터미네이터〉처럼 암울한 모습일까? 초지능superintelligence 기계들은 생산성 향상을 통해 모든 사람에게 평온한 삶을 제공할까, 아니면 인류가 그들의 목적에 불필요한 존재라 판단할까?

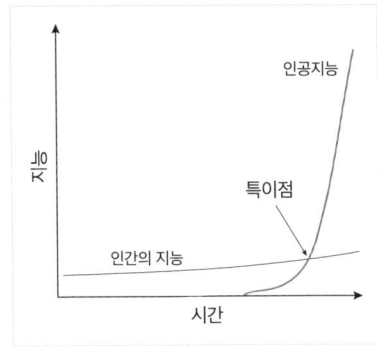

불확실성을 연구하는 경제학자들은 가장 가능성 높은 결과뿐 아니라 가능한 모든 범위의 결과를 고려하는 것이 유익하다고 말한다. 경제학자들은 '기댓값 expected value'이라는 개념을 사용하는데, 이는 어떤 결과의 비용이나 이익에 그 결과가 발생할 확률을 곱해 계산한다. 예를 들어, 1% 확률로 1억 달러를 얻을 수 있다면, 그 기댓값은 100만 달러다. 마찬가지로, 1억 달러의 가치를 지닌 자산이 1% 확률로 손실될 가능성이 있다면, 그에 대한 적정 보험료도 100만 달러가 될 것이다.

인공지능 연구자들에게 특이점의 도래 시점을 물은 한 조사에 따르면 응답들의 중앙값, 즉 통계적으로 중간에 해당하는 응답은 특이점이 2059년에 도래할 것으로 예상했다.[18] 중앙값을 답한 연구자는 '극도로 나쁜' 결과(예컨대 인류 멸종)가 발생할 가능성이 5%라고 답했다. 전체 인공지능 연구자의 3분의 2는 사회가 인공지능의 안전성에 더 높은 우선순위를 부여해야 한다고 믿고 있다. 기댓값의 관점에서 보면, 재앙이 발생할 확률이 아주 작더라도 그로 인한 비용은 막대하다.

## 감사의 말

현대 경제학 연구에서 가장 바람직한 변화 중 하나는 공동 저자의 비중이 점점 늘어나고 있다는 점이다. 나는 많은 협업을 통해 경제학을 배웠는데, 그 과정에서 나눈 수많은 대화가 우리의 연구를 풍성하게 했으며 나를 더 나은 경제학자로 만들어주었다. 의회에서 함께 일한 나의 동료들에게 감사한다. 이들은 경제학자이든 그렇지 않든, 우리의 논의 속에 경제학적 관점을 반영하도록 나를 격려해주었다. 블랙잉크 출판사에서는 크리스 페이크, 커스티 이네스-윌, 조 로젠버그로 구성된 팀이 내 주장을 더욱 날카롭게 다듬고 문장을 세련되게 정제하는 데 큰 도움을 주었다.

제프 볼랜드, 폴 버크, 웬디 칼린, 브루스 채프먼, 셀윈 코니시, 기도 에레이거스, 데이비드 갤런슨, 조슈아 갠스, 로스 기틴스, 밥 그레고리, 니컬러스 그루엔, 댄 하머메시, 팀 해튼, 리처드 홀든, 세바스찬 리, 얀 리비히, 신 멍, 알렉스 밀모우, 크리스틴 닐, 알베르토 포소, 애덤 트리그스, 저스틴 울퍼스는 초기 원고에 대해 귀중한 의견을 제공해주었다.

특별히 부모님인 바버라 리와 마이클 리에게 깊은 감사를 전한다. 따뜻한 격려와 세심한 피드백이 큰 힘이 되었다.

이 책은 아내 그웨네스 그리고 우리의 세 아들, 재커리, 시어도어, 세바스찬에게 바친다. 이 아이들이 자라날 사회는 좋은 경제 정책이 외부효과를 내재화하고, 시장이 풍부한 선택지를 제공하며, 경제학이 이 놀라운 세상을 통찰력 있게 설명해주는 곳이 되기를 바란다.

# 주

### 들어가는 말

1. William Nordhaus, 1997, 'Do real-output and real-wage measures capture reality? The history of lighting suggests not' in William Nordhaus and Charles Hulten (eds), *The Economics of New Goods*, University of Chicago Press, Chicago, pp. 29-66.
2. 미시경제학과 거시경제학의 융합은 오랜 역사를 가지고 있다. 폴 새뮤얼슨이 1948년에 제시한 '신고전파 종합(Neoclassical Synthesis) 이론'과 'CORE 커리큘럼'(공통교육과정)에 담긴 현대 경제학 교육에 대해서는 다음을 참조하라. Samuel Bowles and Wendy Carlin, 2020, 'What students learn in economics 101: Time for a change', *Journal of Economic Literature*, 58(1): 176-214.
3. 다음에서 인용. Avinash Dixit, 2014, *Microeconomics: A Very Short Introduction*, Oxford University Press, Oxford, p. 50.
4. Jeff Borland, 2008, *Microeconomics: Case Studies and Applications*, Cengage, Melbourne, p. 19.
5. Joshua Gans and Andrew Leigh, 2009, 'Born on the first of July: An (un)natural experiment in birth timing', *Journal of Public Economics*, 93.1-2: 246-63.
6. Wojciech Kopczuk and Joel Slemrod, 2003, 'Dying to save taxes: Evidence from estate-tax returns on the death elasticity', *Review of Economics and Statistics* 85(2): 256-65.
7. Lucy Black, 2020, 'Picking a product', *CKGSB Knowledge*, 19 November.
8. Benjamin Zhang, 2017, 'Trump just used Boeing's new global airliner to attack globalization', *Business Insider*, 18 February.
9. Thomas Thwaites, 2011, *The Toaster Project. Or A Heroic Attempt to Build a Simple Electric Appliance from Scratch*, Princeton Architectural Press, Princeton, NJ. 한국

어판은 『토스터 프로젝트』(뜨인돌, 2012년).
10. 2009년 영국의 주당 중위 임금은 약 490파운드(9개월 임금은 약 1만 9000파운드)였다. 쓰웨이츠가 부품과 교통비로 쓴 금액은 총 1187파운드였다. 내가 그에게 이 수치를 확인하기 위해 이메일을 보냈을 때, 그는 2만 파운드라는 내 추정치가 자신이 토스터를 빅토리아앤드앨버트박물관에 판매한 가격과 정확히 일치한다고 능청스럽게 말했다.

## 1장

1. Carina Schlebusch, Helena Malmström, Torsten Günther, Per Sjödin, et al., 2017, 'Southern African ancient genomes estimate modern human divergence to 350,000 to 260,000 years ago', *Science* 358(6363): 652-5.
2. Nicholas R. Longrich, 2020, 'When did we become fully human? What fossils and DNA tell us about the evolution of modern intelligence', *The Conversation*, 9 September.
3. David Baker, 2022, *The Shortest History of the World*, Black Inc., Melbourne, p. 110.
4. Caleb E. Finch, 2010, 'Evolution of the human lifespan and diseases of aging: Roles of infection, inflammation, and nutrition', *Proceedings of the National Academy of Sciences* 107, suppl 1: 1718-24.
5. Steven Pinker, 2011, *The Better Angels of Our Nature: Why Violence Has Declined*, Viking, New York. 이 비율을 2%로 추정하는 다음과 같은 논문도 있지만, 2%도 현대와 비교하면 상당히 높은 것이다. Mark Pagel, 2016, 'Lethal violence deep in the human lineage', *Nature* 538(7624): 180-1.
6. Paul Salopek, 2018, 'Cities of silence', *National Geographic*, 31 August.
7. Ibid.
8. Hetalben Sindhav, 2016, 'The Indus Valley Civilisation (Harappan Civilisation)', *International Journal of Social Impact* 1(2): 69-75.
9. Philip Coggan, 2020, *More: A History of the World Economy from the Iron Age to the Information Age*, Hachette, New York, p. 26.
10. Jeremy Cherfas, 1989, 'Nuts to the desert', *New Scientist*, 19 August, pp. 44-7.
11. Melinda A. Zeder, 2011, 'The origins of agriculture in the Near East', *Current Anthropology* 52 (S4): S221-S235.
12. Shuanglei Wu, Yongping Wei, Brian Head, Yan Zhao and Scott Hann, 2019, 'The

development of ancient Chinese agricultural and water technology from 8000 BC to 1911 AD', *Palgrave Communications* 5(1): 1 – 16.
13. Tim Harford, 2017, 'How the plough made the modern economy possible', BBC World Service, *50 Things That Made the Modern Economy*, 27 November.
14. James Burke, 1978, *Connections*, Macmillan, London, p. 12.
15. Alberto Alesina, Paola Giuliano and Nathan Nunn, 2013, 'On the origins of gender roles: Women and the plough', *Quarterly Journal of Economics* 128(2): 469 – 530.
16. François Pieter Retief and Louise Cilliers, 2006, 'Causes of death among the Caesars (27 BC – AD 476)' *Acta Theologica* 26(2): 89 – 106.
17. 평균 신장은 남성의 경우 5피트 10인치(178cm)에서 5피트 5인치(165cm)로, 여성의 경우 5피트 6인치(168cm)에서 5피트 1인치(155cm)로 감소했다. Michael Hermanussen and Fritz Poustka, 2003, 'Stature of early Europeans', *Hormones* (Athens) 2(3): 175 – 8.
18. 농업혁명의 단기적 영향과 장기적 영향의 차이는 재러드 다이아몬드가 농업혁명을 '인류 역사상 최악의 실수'라고 표현한 것이 왜 잘못인지 보여준다. 재러드 다이아몬드, 1999년, 「인류 역사상 최악의 실수(The worst mistake in the history of the human race)」, 《디스커버 매거진》, 5월 1일. 예를 들어, 농업혁명이 없었다면 우리는 다이아몬드의 탁월한 저작들이 주는 혜택을 누릴 수 없었을지도 모른다.
19. 6세기부터 10세기 사이, 유럽 전역에서 수차의 도입이 광범위하게 이루어졌다. 1086년 정복왕 윌리엄이 잉글랜드 전역을 조사해 『둠즈데이 북(Domesday Book)』을 편찬할 당시, 그는 잉글랜드의 마을마다 평균 거의 2개의 수차가 존재한다는 사실을 확인했다. Rondo Cameron, 1989, *A Concise Economic History of the World: From Paleolithic Times to the Present*, Oxford University Press, New York and Oxford, p. 71.
20. Cameron, 1989, p. 83.
21. Donald Kagan, 1982, 'The dates of the earliest coins', *American Journal of Archaeology* 86(3): 343 – 60.
22. Neil Faulkner, 2012, *A Visitor's Guide to the Ancient Olympics*, Yale University Press, New Haven, CT, p. 126.
23. 이 추정은 로마 황제 디오클레티아누스(재위 284~305)가 발표한 칙령에 기초한 것이다. 다음 책을 참조하라. Coggan, 2020, p. 32.

24. Laurence Iannaccone, 1998, 'Introduction to the economics of religion', *Journal of Economic Literature*, 36(3): 1465–95.
25. Pew Research Center, 2017, The Changing Global Religious Landscape, PEW Research Center, Washington DC.

## 2장

1. Cameron, 1989, p. 83.
2. Yiming Cao and Shuo Chen, 2022, 'Rebel on the canal: Disrupted trade access and social conflict in China, 1650–1911', *American Economic Review*, 112(5): 1555–90.
3. 이 수치는 2011년 기준 미 달러화로 환산된 것이며, 흐로닝언대학교 매디슨 프로젝트 데이터베이스에서 제공한 유타 볼트(Jutta Bolt)와 얀 루이턴 판 잔덴(Jan Luiten van Zanden)의 2020년 보고서 「세계경제의 변화에 대한 매디슨식 추정: 2020년 최신 업데이트(Maddison style estimates of the evolution of the world economy)」에서 인용한 것이다.
4. Niall Kishtainy, 2017, *A Little History of Economics*, Yale University Press, New Haven, p. 17. 한국어판은 『경제학의 역사』(소소의책, 2025년).
5. Diego Puga and Daniel Trefler, 2014, 'International trade and institutional change: Medieval Venice's response to globalization', *Quarterly Journal of Economics* 129(2): 753–821.
6. 다음에서 인용. Tim Harford, 2006, *The Undercover Economist*, Oxford University Press, Oxford, pp. 201–2. 한국어판은 『경제학 콘서트』(웅진지식하우스, 2006년).
7. Baker, 2022, p. 157.
8. Sascha O. Becker and Ludger Woessmann, 2009, 'Was Weber wrong? A human capital theory of Protestant economic history', *Quarterly Journal of Economics* 124(2): 531–96.
9. Coggan, 2020, p. 57.
10. Gary Anderson, Robert B. Ekelund, Robert F. Hebert and Robert D. Tollison, 1992, 'An economic interpretation of the medieval crusades', *Journal of European Economic History* 21(2): 339–63.
11. Coggan, 2020, pp. 7–8.
12. Şevket Pamuk, 2007, 'The Black Death and the origins of the "Great Divergence"

across Europe, 1300 – 1600', *European Review of Economic History* 11(3): 289 – 317.
13. Miles Corak, 2013, 'Inequality from generation to generation', in Robert Rycroft (ed.), *The Economics of Inequality, Poverty, and Discrimination in the 21st Century*, ABC-CLIO, Santa Barbara, CA, pp. 107 – 26.
14. Gregory Clark, 2014, *The Son Also Rises: Surnames and the History of Social Mobility*, Princeton University, Princeton, NJ.

## 3장

1. Trans-Atlantic Slave Trade Database, at slavevoyages.org.
2. 이 단락과 다음 단락에 제시된 노예제 관련 통계는 데이비드 베이커(David Baker)의 2022년 저서 171~172쪽에서 인용한 것이다.
3. 'Family separation among slaves in America was shockingly prevalent', *The Economist*, 18 June 2022.
4. Stephan Heblich, Stephen Redding and Hans-Joachim Voth, 2022, 'Slavery and the British Industrial Revolution', NBER Working Paper 30451, NBER, Cambridge, MA.
5. Carlos J. Charotti, Nuno Palma and João Pereira dos Santos, 2022, 'American treasure and the decline of Spain', Economics Discussion Paper Series EDP-2201, University of Manchester, Manchester.
6. Daron Acemoglu, Simon Johnson and James A. Robinson, 2001, 'The colonial origins of comparative development: An empirical investigation', *American Economic Review* 91(5): 1369 – 1401.
7. 'Armies of the East India Company', National Army Museum website, www.nam.ac.uk/explore/armies-east-india-company (undated).
8. John Brande Trend, 1957, *Portugal*, Praeger, New York, p. 103.
9. Emily Oster, 2004, 'Witchcraft, weather and economic growth in Renaissance Europe', *Journal of Economic Perspectives* 18(1): 215 – 28.
10. Peter Garber, 1990, 'Famous first bubbles', *Journal of Economic Perspectives*, 4(2): 35 – 54.

## 4장

1. 이 수치는 2011년 기준 미 달러화로 환산된 것이며, 볼트와 루이턴 판 잔던의

2020년 보고서에서 인용한 것이다.

2. Gregory Clark, 2007, *A Farewell to Alms: A Brief Economic History of the World*, Princeton University Press, Princeton, NJ, p. 38. 한국어판은 『맬서스 산업혁명 그리고 이해할 수 없는 신세계』(한스미디어, 2009년).
3. 볼트와 루이턴 판 잔덴의 2020년 보고서와 다음 자료를 출처로 한다. Max Roser, Cameron Appel and Hannah Ritchie, 2013, 'Human height', ourworldindata.org/human-height.
4. Robert Allen, 2017, *The Industrial Revolution: A Very Short Introduction*, Oxford University Press, Oxford, pp. 4-7.
5. T.S. Ashton, 1948, *The Industrial Revolution 1760–1830*, Oxford University Press, Oxford, p. 42. 한국어판은 『산업혁명 1760-1830』(삼천리, 2020년).
6. R.U. Ayres, 1989, *Technological Transformations and Long Waves*, International Institute for Applied Systems Analysis, Lazenburg, Austria, p. 17.
7. Nicholas Crafts, 2004, 'Steam as a general purpose technology: A growth accounting perspective', *Economic Journal* 114(49): 338-51.
8. Coggan, 2020, pp. 100-1.
9. Alexander C.R. Hammond, 2019, 'Heroes of progress, Pt. 13: James Watt', HumanProgress.org, 7 March.
10. Jesse Norman, 2018, *Adam Smith: What He Thought, and Why It Matters*, Penguin, London.
11. Todd Buchholz, 1999, *New Ideas from Dead Economists: An Introduction to Modern Economic Thought*, Penguin Books, London, p.14
12. 폴리티 프로젝트(Polity Project)나 이코노미스트 인텔리전스 유닛(Economist Intelligence Unit) 같은 기관들은 '완전한 민주주의 국가'를 시민의 자유를 존중하고 민주주의적 정치 문화를 갖추고 있으며, 사법의 독립성과 언론의 자유를 보장하는 국가로 정의한다.
13. Ben Broadbent, 2020, 'Government debt and inflation', Bank of England speech, 2 September.
14. 밀의 저작은 '호모 이코노미쿠스' 개념의 기초가 되었지만, 그가 이 용어를 직접 사용하지는 않았다. 자세한 내용은 다음을 참조하라. Joseph Persky, 1995, 'Retrospectives: The ethology of homo economicus', *Journal of Economic Perspectives* 9(2): 221-31.

15. Steven Johnson, 2014, *How We Got to Now: Six Innovations That Made the Modern World*, Riverhead Books, New York, p. 32. 한국어판은 『우리는 어떻게 여기까지 왔을까』(프런티어, 2015년).

16. E.P. Thompson, 1967, 'Work-discipline, and industrial capitalism', *Past and Present* 38: 56-97.

17. John Brown, 1990, 'The condition of England and the standard of living: Cotton textiles in the northwest, 1806-1850', *Journal of Economic History* 50(3): 591-614.

18. Joshua Gans and Andrew Leigh, 2019, *Innovation + Equality: How to Create a Future That Is More Star Trek Than Terminator*, MIT Press, Cambridge, MA, p. 24.

19. J.A. Schumpeter, 1954, *History of Economic Analysis*, Oxford University Press, New York, p. 500. 한국어판은 『경제분석의 역사』(한길사, 2013년).

20. Wolfgang Keller and Carol H. Shiue, 2020, 'China's foreign trade and investment, 1800-1950', NBER Working Paper 27558, NBER, Cambridge, MA.

21. Allen, 2017, p. 97.

22. Steven Pressman, 1999, *Fifty Major Economists*, Routledge, London, p. 36.

23. 다음에서 인용. Kishtainy, 2017, p. 40.

## 5장

1. Mr Cobden, 1965, *The Collected Works of Walter Bagehot*, Norman St John-Stevas (ed.), vol. 3, p. 216.

2. A.C. Howe, 2008, 'Anti-Corn Law League', *Oxford Dictionary of National Biography* [online resource].

3. Allen, 2017, p. 119.

4. United Nations Office on Drugs and Crime, 2008, *World Drug Report 2008*, United Nations, New York, p. 175.

5. 일본의 경제발전에 대한 이 논의는 다음을 참고했다. Allen, 2017, pp. 119-24.

6. Cameron, 1989, pp. 275-6.

7. Richard Baldwin, 2006, 'Globalisation: The great unbundling(s)', Prime Minister's Office, Economic Council of Finland.

8. 볼트와 루이턴 판 잔덴의 2020년 보고서를 출처로 한다.

9. Allen, 2017, p. 76.

10. 다음에서 인용. 'Our World in Data', ourworldindata.org/grapher/cross-country-literacy-rates.
11. Matthew J. Gallman, 1994, *The North Fights the Civil War: The Home Front*, Ivan R. Dee, Chicago, p. 95.
12. Sophia Twarog, 1997, 'Heights and living standards in Germany, 1850–1939: The case of Wurttemberg' in Richard H. Steckel and Roderick Floud (eds), *Health and Welfare During Industrialization*, University of Chicago Press, Chicago, pp. 285–330.
13. Peter Dunn, 2002, 'Stéphane Tarnier (1828–97), the architect of perinatology in France', *Archives of Disease in Childhood: Fetal and Neonatal Edition* 86(2): F137–9.
14. Geoff Boeing, 2019, 'Urban spatial order: Street network orientation, configuration, and entropy', *Applied Network Science* 4(1): 1–19.
15. David Galenson, 2006, *Old Masters and Young Geniuses: The Two Cycles of Artistic Creativity*, Princeton University Press, Princeton, NJ.

## 6장

1. Thomas M. Humphrey, 1992, 'Marshallian cross diagrams and their uses before Alfred Marshall: The origins of supply and demand geometry', *Economic Review*, 78: 3–23.
2. Henry Ford and Samuel Crowther, 1922, *My Life and Work*, Garden City Publishing Company, Garden City, New York, p. 72.
3. Coggan, 2020, p. 156.
4. 다음 기사 등을 참조하라. 'Say drug habit grips the nation', *The New York Times*, 5 December 1913, p. 8.
5. Tim Hatton, 개인 서신.
6. Niall Ferguson, 2008, *The Ascent of Money: A Financial History of the World*, Penguin, New York, p.186. 한국어판은 『금융의 지배』(민음사, 2016년).
7. Stephen Broadberry and Mark Harrison (eds), 2005, *The Economics of World War I*, Cambridge University Press, Cambridge, UK. 이 계산은 1914년을 기준으로 한 것이므로, 당시 연합국에는 이후 전쟁에서 이탈하게 되는 러시아가 포함되지만 나중에 참전한 이탈리아나 미국은 제외된다.
8. Andrei Markevich and Mark Harrison, 2011, 'Great War, Civil War, and

recovery: Russia's national income, 1913 to 1928', *Journal of Economic History* 71(3): 672–703.
9. George Rose and Sherrylynn Rowe, 2015, 'Northern cod comeback', *Canadian Journal of Fisheries and Aquatic Sciences* 72, no. 12: 1789–98.

## 7장

1. Broadberry and Harrison, 2005, p.28.
2. 이 결과에 대한 예측은 다음을 참조하라. John Maynard Keynes, 1919, *The Economic Consequences of the Peace*, Macmillan, London.
3. Coggan, 2020, p. 181.
4. Paul Krugman, 1998, 'The hangover theory', *Slate*, 4 December.
5. Bruce Caldwell and Hansjoerg Klausinger, 2022, *Hayek: A Life 1899–1950*, University of Chicago Press, Chicago.
6. Kishtainy, 2017, p. 104.
7. Richard Davenport-Hines, 2015, *Universal Man: The Seven Lives of John Maynard Keynes*, William Collins, London, p. 214.
8. Lionel Robbins, 1971, *Autobiography of an Economist*, Palgrave, London, p. 154.
9. 월터 갤런슨(Walter Galenson)과 아널드 젤너(Arnold Zellner)는 1957년 NBER에서 발간한 『실업의 측정과 동향(The Measurement and Behavior of Unemployment)』에 실린 논문「실업률에 대한 국제 비교」(439~584쪽)에서 관련 내용을 다루었다. 최근의 일부 연구는 이 수치와 다소 차이를 보이는데, 예를 들어 오스트레일리아는 실업률을 10% 이상, 영국은 10% 미만으로 추정하기도 한다. 1939년에는 미국의 실업률 또한 10%를 초과했다. 관련 통계는 fred.stlouisfed.org/series/M0892AUSM156SNBR에서 확인할 수 있다.
10. 관세가 자국 생산에 어떤 피해를 주었는지 보여주는 사례들은 다음에서 인용한 것이다. Alan Reynolds, 1979, 'What do we know about the Great Crash?' *National Review*, 9 November.
11. 이 단락에 제시된 보복성 무역 조치의 사례들은 다음 자료에서 인용한 것이다. Kris James Mitchener, Kevin Hjortshøj O'Rourke and Kirsten Wandschneider, 2022, 'The Smoot-Hawley trade war', *Economic Journal* 132(647): 2500–33.
12. 이 단락에 제시된 이민 제한 조치의 사례들은 다음에서 인용한 것이다. Joseph Ferrie and Timothy Hatton, 2015, 'Two centuries of international migration',

*Handbook of the Economics of International Migration*, 1: 53-88.
13. 다음 논문을 참조하라. Nick Freeman, 2002, 'Foreign direct investment in Cambodia, Laos and Vietnam: A regional overview.', 이 논문은 2002년 8월 16~17일 베트남 하노이에서 열린 '캄보디아, 라오스, 베트남의 위기와 기회'라는 학술회의에서 발표됐다.
14. Sadie Alexander (ed. Nina Banks), 2021, *Democracy, Race, and Justice: The Speeches and Writings of Sadie T. M. Alexander*, Yale Press, New Haven, CT; 'Economists are rediscovering a lost heroine', *The Economist*, 19 December 2020.
15. Manuel Funke, Moritz Schularick and Christoph Trebesch, 2016, 'Going to extremes: Politics after financial crises, 1870-2014', *European Economic Review* 88, 227-60.

## 8장

1. 더 자세한 내용은 다음을 참조하라. Coggan, 2020, p. 198.
2. 제2차 세계대전에 대한 경제적 비교 자료는 마크 해리슨(Mark Harrison)이 1998년에 펴낸 『제2차 세계대전의 경제학: 6대 강대국의 국제 비교(The Economics of World War II: Six Great Powers in International Comparison)』(Cambridge University Press, Cambridge, UK)에서 인용한 것이다. 이 계산은 1938년을 기준으로 한 것이므로, 이후 연합국 측에서 이탈하게 될 국가(폴란드, 체코슬로바키아, 프랑스 및 그 식민제국)는 포함하고, 나중에 연합국 측에 가담하게 될 국가(소련과 미국)는 제외되어 있다.
3. J. Bradford DeLong, 2023, *Slouching Towards Utopia: An Economic History of the Twentieth Century*, Hachette, New York, p. 304. 한국어판은 『20세기 경제사』(생각의힘, 2024년).
4. Phillips Payson O'Brien, 2015, *How the War Was Won: Air-Sea Power and Allied Victory in World War II*, Cambridge University Press, Cambridge, UK.
5. Harrison, 1998.
6. J. Bradford DeLong and Barry Eichengreen, 1993, 'The Marshall Plan: History's most successful structural adjustment program' in Rudiger Dornbusch, Wilhelm Nolling and Richard Layard (eds), *Postwar Economic Reconstruction and Lessons for the East Today*, MIT Press, Cambridge, MA, pp. 189-230.
7. Selwyn Cornish and Alex Millmow, 2016, 'A.W.H. Phillips and Australia',

*History of Economics Review* 63(1): 2-20.

8. Vito Tanzi and Ludger Schuknecht, 2000, *Public Spending in the 20th century: A Global Perspective*, Cambridge University Press, Cambridge, UK, p. 6.

## 9장

1. Branko Milanović, 2008, 'Where in the world are you? Assessing the importance of circumstance and effort in a world of different mean country incomes and (almost) no migration', Policy Research Working Paper 4493, World Bank, Washington, DC.
2. OECD, 2019, *Negotiating Our Way Up: Collective Bargaining in a Changing World of Work*, OECD, Paris.
3. Jan Tinbergen, 1974, 'Substitution of graduate by other labour', *Kyklos* 27(2): 217-26; Claudia Goldin and Lawrence Katz, 2008, *The Race Between Education and Technology*, Harvard University Press, Cambridge, MA.
4. Andrew Stanley, 2022, *Global Inequalities*, International Monetary Fund, Washington, DC.
5. Andrew Leigh, 2009, 'Does the world economy swing national elections?', *Oxford Bulletin of Economics and Statistics* 71(2): 163-81.
6. Alan Holmans, 2005, *Historical Statistics of Housing in Britain*, Cambridge Centre for Housing & Planning Research, University of Cambridge, Cambridge, UK, pp. 130, 143.
7. Steven Johnson, 2010, *Where Good Ideas Come From: The Natural History of Innovation*, Penguin, New York, pp. 214-15. 한국어판은 『탁월한 아이디어는 어디서 오는가』(한국경제신문사, 2012년).
8. Kishtainy, 2017, p. 134.
9. Gary Becker, 1968, 'Crime and punishment: An economic approach', *Journal of Political Economy*, 76(2): 169-217.
10. Gary Becker, 1957, *The Economics of Discrimination*, University of Chicago Press, Chicago.
11. 이 수치는 브렉시트 이후의 것이다.
12. Air Transport Association of America, 1970, *1970 Air Transport Facts and Figures*, ATAA, Washington, DC.

13. 'Credit card debt statistics', balancingeverything.com/credit-card-debt-statistics/, updated 6 January 2023.
14. Anja Achtziger, 2022, 'Overspending, debt, and poverty', *Current Opinion in Psychology*: 101342.
15. George Akerlof, 1970, 'The market for lemons: Quality uncertainty and the market mechanism', *Quarterly Journal of Economics* 84(3): 488–500.
16. David Card and Stefano DellaVigna, 2013, 'Nine facts about top journals in economics', *Journal of Economic Literature* 51(5): 144–61.
17. Coggan, 2020, pp. 234–5.
18. 볼트와 루이턴 판 잔덴(2020)의 연구를 바탕으로 한 저자의 계산이다.
19. Helen Yaffe, 2009, *Che Guevara: The Economics of Revolution*, Palgrave Macmillan, London, p. 21.
20. Gordon Corera, 'India: The economy', BBC, 3 December 1998.
21. Marco Colagrossi, Domenico Rossignoli and Mario A. Maggioni. 2020, 'Does democracy cause growth? A meta-analysis (of 2000 regressions)', *European Journal of Political Economy* 61: 101824.
22. MV Lee Badgett, Sheila Nezhad, Kees Waaldijk and Yana van der Meulen Rodgers, 2014, 'The relationship between LGBT inclusion and economic development: An analysis of emerging economies', Williams Institute and US AID, Washington, DC.
23. Aniruddha Mitra, James T. Bang and Arnab Biswas, 2015, 'Gender equality and economic growth: Is it equality of opportunity or equality of outcomes?', *Feminist Economics* 21(1): 110–35.
24. Angus Maddison, 2006, *The World Economy*. OECD, Paris, p. 178.
25. 볼트와 루이턴 판 잔덴의 연구(2020)를 바탕으로 한 저자의 계산이다.
26. Cormac Ó Gráda, 2007, 'Making famine history', *Journal of Economic Literature*, 45(1): 5–38.

## 10장

1. Ke Wang, 2008, 'Xiaogang Village, birthplace of rural reform, moves on', China.org.cn, 15 December.
2. 이 설명은 주로 다음 자료에서 가져온 것이다. David Kestenbaum and Jacob

Goldstein, 2012, 'The secret document that transformed China', *Planet Money*, 20 January.

3. Nicholas Lardy, 2016, 'The changing role of the private sector in China' in Iris Day and John Simon (eds), *Structural Change in China: Implications for Australia and the World*, Reserve Bank of Australia, Sydney, pp. 37–50.
4. Shujie Yao, 2000, 'Economic development and poverty reduction in China over 20 years of reforms', *Economic Development and Cultural Change* 48(3): 447–74.
5. Julia Simon and Kenny Malone, 2021, 'Looking back on when President Reagan fired the air traffic controllers', *NPR Morning Edition*, 5 August.
6. William A. Niskanen, 1988, *Reaganomics: An Insider's Account of the Policies and the People*, Oxford University Press, Oxford.
7. Mark Carney, 2021, *Value(s): Building a Better World for All*, William Collins, London, p. 173.
8. William L. Megginson and Jeffry M. Netter, 2001, 'From state to market: A survey of empirical studies on privatization', *Journal of Economic Literature* 39(2): 321–389.
9. Michael Porter, 1979, 'How competitive forces shape strategy', *Harvard Business Review* 57: 137–145.
10. Daniel Hamermesh, 2011, *Beauty Pays: Why Attractive People Are More Successful*, Princeton University Press, Princeton, NJ.

## 11장

1. Coggan, 2020, p. 224.
2. '$100 billion for three eggs', *Herald Sun*, 25 July 2008.
3. Coggan, 2020, p. 258.
4. 1982년 당시 캐나다 중앙은행의 총재였던 제럴드 부이(Gerald Bouey)가 한 말이다.
5. Kenneth Rogoff, 2022, 'The age of inflation', *Foreign Affairs*, Nov/Dec.
6. William McChesney Martin Jr, 1955, 'Address before the New York Group of Investment Bankers Association of America', 19 October.
7. 'One more push', *The Economist*, 21 July 2011.
8. Facundo Alvaredo, Lucas Chancel, Thomas Piketty, Emmanuel Saez and Gabriel Zucman, 2017, *World Inequality Report 2018*, Paris School of Economics, Paris,

pp. 123 – 30.
9. World Bank, Doing Business project, www.worldbank.org/en/programs/business-enabling-environment/doing-business-legacy (세계은행의 이 추정 프로젝트는 2021년에 중단됐다.).
10. Douglas Irwin, 2022, 'The trade reform wave of 1985 – 1995', *AEA Papers and Proceedings*, 112: 244 – 51.
11. Chad Bown and Douglas Irwin, 2015, 'The GATT's starting point: Tariff levels circa 1947', NBER Working Paper 21782; World Bank, 'Tariff rate, applied, weighted mean, all products (%)', data.worldbank.org/indicator/TM.TAX.MRCH.WM.AR.ZS.
12. 볼트와 루이턴 판 잔덴의 2020년 보고서를 출처로 한다.
13. 다음 논문 등을 참조하라. Justin Yifu Lin, 2019, 'New structural economics: The third generation of development economics', GEGI Working Paper 27, Global Development Policy Center, Boston University, Boston.
14. Mariana Mazzucato, 2013. *The Entrepreneurial State: Debunking Public vs. Private Myths in Risk and Innovation*, Anthem Press, London. 한국어판은 『기업가형 국가』 (매경출판, 2015년).
15. 「인도의 인구, 예상보다 이른 시점에 감소하기 시작할 것(India's population will start to shrink sooner than expected)」, 《이코노미스트》, 2021년 12월 2일.
16. United Nations Department of Economic and Social Affairs, Population Division, 2022. *World Population Prospects 2022*, United Nations, New York.
17. Steven Ritter, 2008, 'The Haber – Bosch reaction: An early chemical impact on sustainability', *Chemical and Engineering News* 86(33).
18. Stuart Smyth, 2020, 'The human health benefits from GM crops', *Plant Biotechnology Journal* 18(4): 887 – 8.
19. Abdul Latif Jameel Poverty Action Lab (J-PAL), 2018, 'Free bednets to fight malaria', J-PAL Evidence to Policy Case Study.
20. Facundo Alvaredo, Lucas Chancel, Thomas Piketty, Emmanuel Saez and Gabriel Zucman, 2017, *World Inequality Report 2018*, Paris School of Economics, Paris, pp. 113 – 22.
21. 이 점에 대한 보다 자세한 논의는 다음을 참조하라. Gans and Leigh, 2019.
22. William Kissick, 1994, *Medicine's Dilemmas: Infinite Needs Versus Finite Resources*,

Yale University Press, New Haven, CT.
23. 이 사례들은 다음에서 인용한 것이다. David Cutler and Mark McClellan, 2001, 'Is technological change in medicine worth it?', *Health Affairs* 20(5): 11-29.
24. John Kenneth Galbraith, 1958, *The Affluent Society*, Houghton Mifflin Company, Boston. 한국어판은 『풍요한 사회』(한국경제신문사, 2006년)
25. The Business Research Company, 2023, *Sports Global Market Report 2023*, The Business Research Company, London.
26. Joseph Price and Justin Wolfers, 2010, 'Racial discrimination among NBA referees', *Quarterly Journal of Economics*, 125(4): 1859-87.
27. Kai Fischer, J. James Reade and W. Benedikt Schmal, 2022, 'What cannot be cured must be endured: The long-lasting effect of a COVID-19 infection on workplace productivity', *Labour Economics 79*, 102281.
28. Graham Kendall and Liam Lenten, 2017, 'When sports rules go awry', *European Journal of Operational Research* 257(2): 377-94.

## 12장

1. 다음을 참조하라. www.internetworldstats.com/emarketing.htm.
2. 최근 몇 년간 말라리아로 인한 사망자는 연평균 약 60만 명에 달했으며(세계보건기구 「세계 말라리아 보고서」), 상어로 인한 사망자는 연평균 약 70명 수준이었다(플로리다 자연사박물관의 '국제 상어 공격 데이터베이스'). 자동차 사고로 인한 사망자는 연평균 약 130만 명이었으며(세계보건기구), 항공 사고로 인한 사망자는 연평균 약 300명이었다(항공안전네트워크).
3. Daniel Kahneman, 2011, *Thinking, Fast and Slow*, Farrar, Straus and Giroux, New York.
4. OECD, 2022, 'HM 1.2 House Prices', OECD Affordable Housing Database, OECD, Paris.
5. 실러의 롤러코스터 시뮬레이션에 대해서는 다음을 참조하라. www.youtube.com/watch?v=kUldGc06S3U.
6. Michael Lewis, 2010, *The Big Short: Inside the Doomsday Machine*, WW Norton, New York. 한국어판은 『빅 숏』(비즈니스맵, 2010년).
7. Jhacova Williams, 'Laid off more, hired less: Black workers in the COVID-19 recession', RAND blog, 29 September 2020.

8. Robert Klitgaard, 1988, *Controlling Corruption*, University of California Press, Oakland, CA.
9. Annette Alstadsæter, Niels Johannesen and Gabriel Zucman, 2018, 'Who owns the wealth in tax havens? Macro evidence and implications for global inequality', *Journal of Public Economics* 162: 89–100.
10. Seema Jayachandran and Michael Kremer, 2006, 'Odious debt', *American Economic Review* 96(1): 82–92.
11. Tim Harford, 2020, *How to Make the World Add Up: Ten Rules for Thinking Differently About Numbers*, Little, Brown Book Group, London. 한국어판은 『슈퍼 팩트』(세종서적, 2022년).
12. 다음을 참조하라. www.guinnessworldrecords.com/world-records/most-successful-chimpanzee-on-wall-street.
13. Tim Edwards, Anu R. Ganti, Craig Lazzara, Joseph Nelesen and Davide Di Gioia, 2022, 'SPIVA U.S. Mid-Year 2022', S&P Dow Jones Indices, New York, p. 7.
14. Alexander Chinco and Marco Sammon, 2022, 'The passive-ownership share is double what you think it is', ssrn.com/abstract=4188052.
15. Annie Lowrey, 2021, 'Could index funds be "worse than Marxism"?', *The Atlantic*, 5 April.
16. IGM Economic Experts Panel, 2019, 'Diversified investing', Initiative on Global Markets, Chicago Booth, Chicago, 28 January.
17. Tyler Cowen, 2011, *The Great Stagnation: How America Ate All the Low-Hanging Fruit of Modern History, Got Sick, and Will (Eventually) Feel Better*, Dutton, New York.
18. Andrew G Haldane, 2015, 'Stuck', Speech given at the Open University, Milton Keynes, 30 June.
19. 다음을 참조하라. The Atlantic Council's 'Global QE Tracker', www.atlanticcouncil.org/global-qe-tracker/.
20. Steve Liesman, 2019, 'Trump's tariffs are equivalent to one of the largest tax increases in decades', *CNBC*, 16 May.
21. Joseph Francois, Laura Baughman and Daniel Anthony, 2018, 'Round 3: "Trade discussion" or "trade war"? The estimated impacts of tariffs on steel and aluminum', Trade Partnership, Washington, DC, 5 June.

22. Pablo Fajgelbaum, Pinelopi Goldberg, Patrick Kennedy and Amit Khandelwal, 2020, 'The return to protectionism', *Quarterly Journal of Economics* 135(1): 1–55.
23. 'Impact of Brexit on economy "worse than Covid"', *BBC News*, 27 October 2021.
24. International Labour Organization, 2018, *Global Wage Report 2018/19: What Lies Behind Gender Pay Gaps*, ILO, Geneva.
25. Doris Weichselbaumer and Rudof Winter-Ebmer, 2005, 'A meta-analysis on the international gender wage gap', *Journal of Economic Surveys* 19 (3): 479–511.
26. Alexandra de Pleijt and Jan Luiten van Zanden, 2021, 'Two worlds of female labour: gender wage inequality in western Europe, 1300–1800', *Economic History Review* 74 (3): 611–38.
27. Kristen Schilt and Matthew Wiswall, 2008, 'Before and after: Gender transitions, human capital, and workplace experiences', *BE Journal of Economic Analysis & Policy* 8(1).
28. Claudia Goldin, 2021, *Career and Family: Women's Century-Long Journey Toward Equity*, Princeton University Press, Princeton, NJ. 한국어판은 『커리어 그리고 가정』(생각의힘, 2021년).
29. Rick Glaubitz, Astrid Harnack-Eber and Miriam Wetter, 2022, 'The gender gap in lifetime earnings: The role of parenthood', DIW Berlin Discussion Paper 2001, DIW, Berlin; Fatih Guvenen, Greg Kaplan, Jae Song and Justin Weidner, 2022, 'Lifetime earnings in the United States over six decades', *American Economic Journal: Applied Economics* 14(4): 446–79.

## 13장

1. Rakesh Padhan and K.P. Prabheesh, 2021, 'The economics of COVID-19 pandemic: A survey', *Economic Analysis and Policy* 70: 220–37.
2. Padhan and Prabheesh, 2021.
3. International Monetary Fund, 2022, *2022 Global Debt Monitor*, IMF, Washington, DC, p. 7.
4. 다음 보고서 등을 참조하라. Centers for Disease Control and Prevention, 2021, 'Morbidity and mortality weekly report' 70(37), 17 September.
5. Evan P. Starr, James J. Prescott and Norman D. Bishara, 2021, 'Noncompete agreements in the US labor force', *Journal of Law and Economics* 64(1): 53–84.

6. Amy Webb, 2019, *The Big Nine: How the Tech Titans and Their Thinking Machines Could Warp Humanity*, Public Affairs, New York. 한국어판은 『빅 나인』(토트, 2019년).
7. Hannah Fry, 2018, *Hello World: Being Human in the Age of Algorithms*, WW Norton, London. 한국어판은 『안녕, 인간』(와이즈베리, 2019년).
8. Cathy O'Neil, 2016, *Weapons of Math Destruction*, Crown, New York. 한국어판은 『대량살상 수학무기』(흐름출판, 2017년).
9. Shoshana Zuboff, 2019, *The Age of Surveillance Capitalism: The Fight for a Human Future at the New Frontier of Power*, Profile Books, New York. 한국어판은 『감시 자본주의 시대』(문학사상, 2021년).
10. Raj Chetty, David Grusky, Maximilian Hell, Nathaniel Hendren, Robert Manduca and Jimmy Narang, 2017, 'The fading American dream: Trends in absolute income mobility since 1940', *Science* 356(6336): 398–406; Raj Chetty and Nathaniel Hendren, 2018, 'The effects of neighborhoods on intergenerational mobility I: Childhood exposure effects', *Quarterly Journal of Economics* 133(3): 1107–62; Raj Chetty and Nathaniel Hendren, 2018, 'The effects of neighborhoods on intergenerational mobility II: County level estimates', *Quarterly Journal of Economics* 133(3): 1163–1228.
11. Raj Chetty, Matthew O. Jackson, Theresa Kuchler, Johannes Stroebel et al., 2022, 'Social Capital I: Measurement and Associations with Economic Mobility', *Nature* 608(7921): 108–21; Raj Chetty, Matthew O. Jackson, Theresa Kuchler, Johannes Stroebel et al., 2022, 'Social Capital II: Determinants of Economic Connectedness', *Nature* 608(7921): 122–34.
12. 연구는 최종적으로 앤드류 리의 논문 「근로소득세액공제로부터 누가 혜택을 받는가? 수혜자, 동료 근로자, 기업 간의 분배 효과(Who benefits from the earned income tax credit? Incidence among recipients, coworkers and firms)」로 출판되었으며, 《BE 저널 오브 이코노믹 애널리시스 앤드 폴리시》 2010년 제10권 제1호에 실렸다.
13. Seth Stephens-Davidowitz, 2017, *Everybody Lies: What the Internet Can Tell Us About Who We Really Are*, Bloomsbury, London. 한국어판은 『모두 거짓말을 한다』(더퀘스트, 2022년).
14. Hoyt Bleakley and Jeffrey Lin, 2012, 'Portage and path dependence', *Quarterly Journal of Economics* 127(2): 587–644.

15. Luis Martinez, 2022, 'How much should we trust the dictator's GDP growth estimates?' *Journal of Political Economy* 130(10): 2731-69.
16. 이 사례들을 비롯한 많은 예시는 다음에서 요약한 것이다. Dave Donaldson and Adam Storeygard, 2016, 'The view from above: Applications of satellite data in economics', *Journal of Economic Perspectives* 30(4): 171-98.
17. Erik Brynjolfsson, Avinash Collis and Felix Eggers, 2019, 'Using massive online choice experiments to measure changes in well-being', *Proceedings of the National Academy of Sciences* 116(15): 7250-5.
18. Kishtainy, 2017, pp. 208-9.
19. Marilyn Waring, 1988, *If Women Counted: A New Feminist Economics*. Harper and Row, San Francisco.
20. 모든 포렌식 경제학 사례는 다음에서 인용한 것이다. Eric Zitzewitz, 2012, 'Forensic economics', *Journal of Economic Literature*, 50(3): 731-69.

## 14장

1. Max Roser, 2016, 'Stop saying that 2016 was the "worst year"', *The Washington Post*, 29 December.
2. 아동 사망률에 관한 수치는 다음을 참조하라. ourworldindata.org/child-mortality (for early 1970s) and childmortality.org (for 2021, the most recent year available at the time of writing). Services employment figures from World Bank (indicator SL.SRV. EMPL.ZS)
3. Steven Pinker, 2018, *Enlightenment Now: The Case for Reason, Science, Humanism, and Progress*, Viking, New York. 한국어판은 『지금 다시 계몽』(사이언스북스, 2021년).
4. 천연두로 인한 사망자 수는 다음을 참조하라. Donald Henderson, 2009, *Smallpox: The Death of a Disease*, Prometheus Books, Amherst, New York, p. 12.
5. Betsey Stevenson and Justin Wolfers, 2008, 'Economic growth and happiness: Reassessing the Easterlin paradox', *Brookings Papers on Economic Activity*, Spring 2008, pp. 1-87; Angus Deaton, 2008, 'Income, health, and well-being around the world: Evidence from the Gallup World Poll', *Journal of Economic Perspectives* 22(2), pp. 53-72.
6. Stevenson and Wolfers, 2008.

7. 단락에 제시된 하루 소득 추정치는 볼트와 루이턴 판 잔덴의 2020년 보고서에서 인용한 것이다.
8. OECD/SWAC, 2020, *Africa's Urbanisation Dynamics 2020: Africapolis, Mapping a New Urban Geography*, West African Studies, OECD Publishing, Paris.
9. 재앙적인 위험에 대해서는 다음을 참조하라. Andrew Leigh, 2021, *What's the Worst That Could Happen? Existential Risk and Extreme Politics*, MIT Press, Cambridge, MA.
10. Gernot Wagner and Martin L. Weitzman, 2016, *Climate Shock: The Economic Consequences of a Hotter Planet*, Princeton University Press, Princeton NJ.
11. Bob Pishue, 2023, *2022 INRIX Global Traffic Scorecard*, INRIX, Kirkland, WA.
12. Pishue, 2023.
13. Coggan, 2020, p. 357.
14. Bruce Chapman (ed.), 2006, *Government Managing Risk: Income Contingent Loans for Social and Economic Progress*, Routledge, London.
15. Robert Jensen, 2007, 'The digital provide: Information (technology), market performance, and welfare in the South Indian fisheries sector', *Quarterly Journal of Economics* 122(3): 879–924.
16. 이 단락의 논의는 다음 내용을 바탕으로 하고 있다. Johnson, 2010, pp. 230, 236.
17. Harford, 2020, p. 273.
18. Zach Stein-Perlman, Benjamin Weinstein-Raun and Katja Grace, '2022 expert survey on progress in AI', AI Impacts, 3 August 2022, https://aiimpacts.org/2022-expert-survey-on-progress-in-ai/.

# 도판 저작권

10쪽: P. Maxwell Photography/Shutterstock.
11쪽: Vladimir Gjorgiev / Shutterstock.
26쪽: Courtesy of Archestudy.
31쪽: Jared Diamond. Image via Wikimedia Commons.
38쪽: Image via r/ArtefactPorn, Reddit.
54쪽: Unknown artist, c. 1665. Image via Wikimedia Commons.
68쪽: Duncan1890 / iStockPhoto.
73쪽: Unknown artist, c. 1640, Norton Simon Art Foundation. Image via Wikimedia Commons.
80쪽: James Watt's Patent via itakehistory.com.
85쪽: Heritage Image Partnership Ltd / Alamy Stock Photo.
90쪽: Working Class Movement Library catalogue. Image via Wikimedia Commons.
92쪽: Chronicle / Alamy Stock Photo.
101쪽: Watercolour by Richard Simkin held in the Anne S.K. Brown Military Collection, Brown University. Image via Wikimedia Commons.
109쪽: Chronicle / Alamy Stock Photo.
112쪽: The Landlord's Game, designed by Lizzie J. Magie (Phillips), published in 1906 by the Economic Game Company, New York. Image: Thomas Forsyth.
115쪽: Photograph by Carl Van Vechten, 13 November 1948, Van Vechten Collection at Library of Congress. Image via Wikimedia Commons.
125쪽: Photographer unknown, Henry Ford Interview, Literary Digest, 1 July 1928. Image via Wikimedia Commons.
126쪽: Martin Forstenzer / Hulton Archive / Getty.
127쪽: Mpv_51. Image via Wikimedia Commons.
131쪽: © Holger Motzkau 2010. Image via Wikimedia Commons.

136쪽: Pictorial Press / Alamy Stock Photo.

138쪽: Fotosearch / Stringer / Getty Images.

147쪽: Library of Congress Prints and Photographs Division Washington. Image via Wikimedia Commons.

151쪽: Unknown photographer, c. June 1921. Image via Wikimedia Commons.

158쪽: Artwork by Trevor Bragdon / Pitch + Persuade.

162쪽: From 'The Phillips Machine Project' by Nicholas Barr, LSE Magazine, June 1988, no. 75, p.3. Image via Wikimedia Commons.

171쪽: People's History Museum.

175쪽: Carol M. Highsmith Archive, Library of Congress. Image via Wikimedia Commons.

179쪽: Fig. 2 taken from Kathryn Cardarelli and Rachael S. Jackson, Education Policy as Health Promotion, white paper presented at the First Annual Conference of the J. McDonald Williams Institute in Dallas, Texas, in October 2005.

181쪽: apiguide / Shutterstock.

188쪽: Bettmann / Getty Images.

191쪽: Illustrated London News, 22 December 1849. Image via Wikimedia Commons.

205쪽: Art_Photo / Shutterstock.

214쪽: Graph by Alan Laver based on 'Inflation and central bank independence: OECD countries', Our World in Data.

229쪽: Graph by Alan Laver, based on Fig. 2, World Inequality Report 2018, compiled by Facundo Alvaredo, Lucas Chancel, Thomas Piketty, Emmanuel Saez and Gabriel Zucman, presented at the Paris School of Economics.

233쪽: Caio Pederneiras / Shutterstock.

235쪽: Alex Bogatyrev / Shutterstock.

248쪽: CP PHOTO / Troy Fleece.

263쪽: ©Johan Jarnestad/The Royal Swedish Academy of Sciences.

280쪽: Leonard Zhukovsky / Shutterstock.

289쪽: DALL-E, used under an Open AI Responsible Licence.

## 찾아보기

\* 이탤릭체로 표시한 숫자는 그림이 실린 페이지,
　괄호 속 숫자는 주(註)의 번호를 가리킨다.

### 가

가마, 바스코 다 62
'가증스러운 부채' 254
감시 자본주의 274
갤런슨, 데이비드 114
게바라, 체 186
『경제학 원리』(마셜) 119
『고용·이자 및 화폐의 일반 이론』(케인스) 162
곡물법 95~96, 100, 216
골드만삭스 250
골딘, 클로디아 174, *263*, 263~264
공유지의 비극 130~131
『국부론』(스미스) 82~83
기회비용 88, 120, 292, 297
기후변화에 관한 정부 간 협의체 245

### 나

네덜란드 동인도회사 66~67
네루, 자와할랄 187

### 

'노동총량 불변의 오류' 93
농업혁명 18, 25, 32~34, 77, 304(18)
뉴커먼, 토머스 79
닉슨, 리처드 211

### 다

대공황 86, 137, 143, 145, 164, 267, 296
대처, 마거릿 197
대항해 시대 65
덩샤오핑 196
드레이크, 프랜시스 64
디플레이션 212, 259

### 라

라작, 나집 252
러다이트 운동 *90*, 90~91, 288
레이건, 로널드 197~198, 200
로버츠, 러스 142
로빈슨, 조앤 147, 148, 271

로우, 조 252
록펠러, 존 D. 110~111
루스벨트, 프랭클린 D. 146~147, *147*, 152
리비히, 유스투스 폰 88
리슨, 닉 219~220
리카도, 데이비드 95~96, 163
린, 저스틴 이푸 221~222

## 마

마셜 플랜 159
마셜, 앨프리드 79, 119~121, 147
마오쩌둥 184~185
마젤란, 페르디난드 62
매기, 리지 111~112
매클레인, 맬컴 182~183
맥도널드 175
맬서스, 토머스 223~224
모건, J. P. 122
무어의 법칙 276
민영화 197, 201, 203
밀, 존 스튜어트 88
밀라노비치, 브랑코 228

## 바

배젓, 월터 99
밴더빌트, 코넬리어스 111
버핏, 워런 257
번스, 아서 211
베버리지 보고서 164
베커, 게리 176~177
벤담, 제러미 86~87

보글, 잭 257
보울리, 아서 149
보크, 로버트 200
본색, 제임스 127
볼로그, 노먼 225
봉건제 51, 53~55, 85
브레튼우즈 협정 88, 160
브렉시트 260~261
비교우위 96, 163, 205, 222, 284
비스마르크, 오토 폰 108
빈민법(1601, 1834, 영국) 70, 91

## 사

사회보장법(1935, 미국) 146~147, *147*
산업혁명 18, 78~79, 81~82, 84, 90, 94, 104~105, 109, 296
새뮤얼슨, 폴 161~163, 302(2)
서브프라임 250
세계무역기구 218~219
세계식량계획 191
세계은행 160, 217, 222
센, 아마르티아 187~189
셀프리지, 해리 125
셔먼 반독점법(1890, 미국) 111
수요독점 148, 271
수입대체 산업화 186, 222
슐츠, 시어도어 221
스무트 홀리 관세법 144, 163, 261
스미스, 애덤, 82~83, 95~96
스웨이츠, 토머스 17
스탈린, 이오시프 150
스탠더드 오일 트러스트 110~111

스탬프, 조사이아 149
스턴 보고서 243~246
시진핑 187
시카고학파 200, 270
식량농업기구 191
실러, 로버트 248
싱, 만모한 216

## 아

알렉산더, 세이디 151~152, 151
애컬로프, 조지 183, 288
연방준비제도(미국) 122~123, 211, 215
영국 동인도회사 68
예일, 일라이후 68
오스트롬, 엘리너 14, 131, *131*
왈드, 아브라함 158~159
울워스 매장 *126*, 126~127
울퍼스, 저스틴 229
워터먼, 로버트 254
'위대한 개츠비 곡선' 56
유럽경제공동체 182
유럽연합 182, 218, 260
유한책임법(1855, 영국) 104
이스터린, 리처드 286
『21세기 자본』(피케티) 173
『인구 폭탄』(에얼릭) 223
인덱스 펀드 256~257
인플레이션 137, 146, 209~215, *214*, 268~269

## 자

'자원의 저주' 64

전국산업부흥법(1933, 미국) 152
전미경제조사국 150
정체성의 경제학 288
제1차 세계대전 128, 135, 141, 144, 155, 158, 160, 174, 209
제2차 세계대전 12, 18, 155~159, 161, 164~165, 178, 187, 209, 311(2)
제번스, 윌리엄 스탠리 87
조지, 헨리 111
주보프, 쇼샤나 274
증기기관 79~80, *80*, 82, 289

## 차

처칠, 윈스턴 164
체티, 라지 274~275
최혜국 조항 103, 218

## 카

카너먼, 대니얼 240~242
카네기, 앤드루 111
카스트로, 피델 185
칼라일, 토머스 13
케인스, 존 메이너드 19, 139~142, 147, 160~163, 296
'코끼리 곡선' 228
코스, 로널드 244, 272
'콜럼버스의 교환' 62
콜럼버스, 크리스토퍼 62
쿠즈네츠, 사이먼 150
퀴긴, 존 293
크록, 레이 175
클라크, 그레고리 56

클라크, 콜린 149

## 타

타르니에, 스테판 109
터벨, 아이다 111
튤립 파동 72
트럼프, 도널드 259~260, 276
트버스키, 에이머스 241
트와이닝, 토머스 68
특허법(1474, 베네치아) 50
틴베르헌의 법칙 269

## 파

패즐릿, 헨리 292
퍼킨스, 프랜시스 145~146, *147*
포드 124, 125, *125*
포스너, 리처드 200
포터, 마이클 202
풀러, 아이다 146
프라이, 해나 273
프랑스, 피에르 망데스 160
프레비시, 라울 186, 222
프리드먼, 로즈 198
프리드먼, 밀턴 198~199
피구, 아서 243
피비어이어, A. E. 149
피셔, 어빙 137
피케티, 토마 173
피터스, 톰 254
필립스, 빌 161, *162*

## 하

하그리브스, 제임스 79
하이에크, 프리드리히 폰 140~142
하이퍼인플레이션 136~137, *138*, 155, 209~210
한계효용체감 법칙 87, 120, 287
해머메시, 댄 204
해즐릿, 헨리 292
호모 이코노미쿠스 20, 88, 240, 307(14)
홀데인, 앤디 258
화이트, 해리 덱스터 160
히틀러 155~156, 137

**옮긴이 고현석**

연세대학교 생화학과를 졸업하고 『서울신문』 과학부, 『경향신문』 생활과학부, 국제부, 사회부 등에서 기자로 일했다. 과학기술처와 정보통신부를 출입하면서 과학 정책, IT 관련 기사를 전문적으로 다루었다. 현재는 인문, 역사, 과학 등 다양한 분야의 영미서를 우리말로 옮기고 있다. 옮긴 책으로 안토니오 다마지오의 『느낌의 진화』와 『느끼고 아는 존재』, 『느낌의 발견』을 비롯하여 『수학 머리는 어떻게 만들어지는가』, 『창의성에 집착하는 시대』, 『전쟁이 만든 세계』 등이 있다.


## 5000년 부의 흐름을 읽는
## 세상에서 가장 짧은 경제사

초판 1쇄 발행 2025년 6월 26일
초판 2쇄 발행 2025년 7월 25일

지은이 앤드루 리
옮긴이 고현석
발행인 윤승현  단행본사업본부장 신동해
편집장 김경립  책임편집 이민경
교정교열 유지현  디자인 studio forb
마케팅 최혜진 이은미  홍보 반여진
국제업무 김은정 심지민  제작 정석훈

브랜드 웅진지식하우스
주소 경기도 파주시 회동길 20
문의전화 031-956-7430(편집) 02-3670-1123(마케팅)

홈페이지 www.wjbooks.co.kr
인스타그램 www.instagram.com/woongjin_readers
페이스북 www.facebook.com/woongjinreaders
블로그 blog.naver.com/wj_booking

발행처 ㈜웅진씽크빅
출판신고 1980년 3월 29일 제406-2007-000046호

한국어판 출판권 ⓒ ㈜웅진씽크빅, 2025
ISBN 978-89-01-29569-5 03320

- 웅진지식하우스는 ㈜웅진씽크빅 단행본사업본부의 브랜드입니다.
- 이 책은 저작권법에 의해 한국 내에서 보호를 받는 저작물이므로 무단 전재와 무단 복제를 금합니다.
- 책 내용의 전부 또는 일부를 이용하려면 반드시 저작권자와 ㈜웅진씽크빅의 서면 동의를 받아야 합니다.